Simone Gottwald-Blaser, Adelheid Unterstaller

Prävention all inclusive

Gedanken und Anregungen zur Gestaltung institutioneller Schutzkonzepte zur Prävention von sexuellem Missbrauch an Mädchen* und Jungen* mit und ohne Behinderung

AMYNA e. V. (Hg.)

Impressum

Bibliografische Information der Deutschen Nationalbibliothek: Die Deutsche Nationalbibliothek verzeichnet diese Publikation in der Deutschen Nationalbibliografie; detaillierte bibliografische Daten sind im Internet über dnb.dnb.de abrufbar.

ISBN Print-Ausgabe: 978-3-934735-19-4

ISBN E-Book-Ausgabe: 978-3-934735-18-7

Titel: Prävention all inclusive. Gedanken und Anregungen zur Gestaltung institutioneller Schutzkonzepte zur Prävention von sexuellem Missbrauch an Mädchen* und Jungen* mit und ohne Behinderung

Herausgeberin: AMYNA e. V., Mariahilfplatz 9, 81541 München, Tel.: (089) 890 57 45 - 100, Fax (089) 890 57 45 - 199, E-Mail: info@amyna.de

Autorinnen: Simone Gottwald-Blaser, Adelheid Unterstaller AMYNA e. V.

Redaktion und Bearbeitung: Anja Bawidamann und Christine Rudolf-Jilg, AMYNA e. V.

Lektorat: Anna Singer, münchen lektorat

Layout und Satz: eolas informationsdesign GmbH. München

Umschlaggestaltung: designergold - Büro für Gestaltung, Julia Kessler, München

Herstellung: BoD - Books on Demand, Norderstedt, www.bod.de

Das Institut zur Prävention von sexuellem Missbrauch und GrenzwertICH werden unterstützt durch die Landeshauptstadt München.

Inhalt

Kapitel I

Einige Gedanken vorweg ...

Im Jahr 2013 wurde vom Stadtrat der Landeshauptstadt München der 1. Aktionsplan zur Umsetzung der UN-Konvention über die Rechte von Menschen mit Behinderung (UN-BRK) beschlossen. Diese „neue" politische Aufmerksamkeit führte dazu, dass auch bei AMYNA, im Institut zur Prävention von sexuellem Missbrauch, Personalstunden geschaffen werden konnten, die explizit für die Erarbeitung von Ideen zur Umsetzung von Inklusion bei der Prävention von sexuellem Missbrauch genutzt werden[1]. Im Zentrum der Arbeit des Instituts steht die Frage: Wie können wir Prävention gestalten, sodass wirklich *alle* Mädchen* und Jungen*[2] bestmöglich vor sexuellem Missbrauch durch Erwachsene geschützt sind?

Obwohl der Schutz von Kindern und Jugendlichen mit Behinderung schon seit der Gründung des Vereins mitgedacht wurde, zeigte die intensive Beschäftigung mit dem Thema sowie der Austausch mit Fachkräften im Rahmen von Fortbildungen und Beratungen, dass in diesem Bereich weiterhin Handlungsbedarf besteht, denn:

Einerseits zeigen aktuelle Studien nach wie vor, dass Menschen mit unterschiedlichen Behinderungen ein erhöhtes Risiko haben, in ihrer Kindheit und Jugend von sexuellem Missbrauch betroffen zu sein. Andererseits zeigt sich in den meisten Einrichtungen und Institutionen, die von Kindern und Jugendlichen mit Behinderung besucht werden, dass das Bewusstsein für sexuellen Missbrauch zwar bei immer mehr Mitarbeitenden vorhanden ist und dass diese sich auch bemühen, einzelne Schutzmaßnahmen in ihrem Berufsalltag umzusetzen. Allerdings sind Einrichtungen, die tatsächlich ein umfassendes, einrichtungsspezifisches und strukturell sowie im pädagogischen Alltag zuverlässig umgesetztes Schutzkonzept entwickelt haben, unserem Eindruck nach heute immer noch sehr selten.

---

[1] Im Bereich AMYNA, GrenzwertICH wurden ebenfalls Personalstunden geschaffen, in denen sich die Kolleginnen mit Fragen rund um sexuelle Grenzverletzungen durch Kinder und Jugendliche mit und ohne Behinderung beschäftigen.

[2] In dieser Veröffentlichung wird von Mädchen* und Jungen* gesprochen, um zu betonen, dass damit auch immer transidente, intersexuelle und queer lebende Kinder und Jugendliche gemeint sind. Der Stern* möchte ihre Situation und Bedürfnisse sichtbar machen und daran erinnern, dass die inklusive Gestaltung von Präventionsmaßnahmen immer einen individuellen Blick auf die Mädchen* und Jungen* werfen muss, die hierdurch geschützt werden sollen.

Neben der oftmals angespannten Personalsituation im pädagogischen und pflegerischen Bereich und den fehlenden Ressourcen und/oder Strukturen für Prävention in den Einrichtungen berichten die Mitarbeitenden davon, dass ihnen das „Handwerkszeug" fehlt, um Prävention in ihrem Arbeitsalltag umzusetzen – gerade auch für die inklusive Gestaltung von Maßnahmen, die versucht, möglichst *allen* Mädchen* und Jungen* der Einrichtung und ihrer Vielfalt und Unterschiedlichkeit gerecht zu werden.

Die Idee dieser Veröffentlichung war es darum, Leitungs- und Fachkräften in Einrichtungen und Institutionen, die (auch) von Kindern und Jugendlichen mit Behinderung besucht werden, Ideen zu geben, wie ein solches Handwerkszeug für inklusive Präventionsmaßnahmen aussehen kann. Auf dem Weg dahin wurden auch wir immer wieder mit der Komplexität dieser Aufgabe konfrontiert. Um nur einige dieser Aspekte aufzuzeigen:

- Mädchen* und Jungen* mit Behinderung besuchen und nutzen ganz unterschiedliche Einrichtungen, Institutionen und Dienste, wie beispielsweise (inklusive) Kindertagesstätten, Heilpädagogische Tagesstätten, Regel- und Förderschulen, Internate, (teil-)stationäre Wohngruppen, (inklusive) Freizeittreffs, spezialisierte Fahrdienste, unterschiedliche therapeutische Angebote etc. Somit richten sich Präventionsmaßnahmen sowohl an Einrichtungen der Kinder- und Jugendhilfe als auch an diejenigen der sogenannten Behindertenhilfe sowie an Schulen und Internate, die im Verantwortungsbereich der Kultusministerien stehen. Diese unterschiedlichen Strukturen und Zuständigkeiten führen unter anderem zu sehr unterschiedlichen Rahmenbedingungen, unter denen Maßnahmen zur Prävention von sexuellem Missbrauch geplant werden müssen, um umsetzbar zu sein.
- Auch das Alter und der Entwicklungsstand der Mädchen* und Jungen*, die geschützt werden sollen, muss bei der Entwicklung von Schutzmaßnahmen mitgedacht werden: Erscheint eine Regelung für den Schutz von Kindern angemessen, so schränkt diese mit hoher Wahrscheinlichkeit die Rechte und Möglichkeiten von Jugendlichen unangemessen ein. Eine Herausforderung ist hier vor allem der Umgang mit Schutzmaßnahmen für Mädchen* und Jungen*, bei denen eine große Diskrepanz zwischen der körperlichen und der kognitiven Entwicklung besteht, z. B. bei Menschen mit Lernschwierigkeiten[3]. Die

[3] Obwohl der Begriff „geistige Behinderung" in Praxis und Forschung noch immer gängig ist, verwenden wir in dieser Veröffentlichung überwiegend den Begriff Lernschwierigkeiten, um

Aspekte Alter und Entwicklungsstand müssen differenzieren hinsichtlich der Frage, wer mit einer Schutzmaßnahme geschützt werden kann und soll und welche Anforderungen die meist zunehmende Fähigkeit zur (sexuellen) Selbstbestimmung bei der Umsetzung der Maßnahmen mit sich bringt.

- Ähnliches gilt für unterschiedliche Behinderungen, Beeinträchtigungen und Erkrankungen: Auch diese sind von Mensch zu Mensch sehr verschieden und stellen darum verständlicherweise auch ganz unterschiedliche Anforderungen an Schutzmaßnahmen. Die Anforderungen von Menschen mit körperlicher Behinderung sind nicht vergleichbar mit denen von Menschen mit Lernschwierigkeiten oder von denen mit unterschiedlichen Sinnesbehinderungen, seelischen Behinderungen oder auch unterschiedlichen chronischen Erkrankungen. Selbst innerhalb dieser „Oberbegriffe" gibt es natürlich ebenfalls keine Homogenität: Jeder Mensch ohne und mit Behinderung ist unterschiedlich – und dieser Unterschiedlichkeit gilt es im Sinne von Inklusion auch bei Schutzmaßnahmen gerecht zu werden. Aufgabe ist es darum, von der Orientierung an meist weitgefassten „Zielgruppen" wegzukommen und den individuellen Blick auf einzelne Menschen zu üben und zu pflegen.
- Die Komplexität der Anforderungen an Präventionsmaßnahmen wird außerdem durch unterschiedliche Berufsgruppen gesteigert, die mit Mädchen* und Jungen* mit unterschiedlichen Behinderungen arbeiten. Von Erzieher*innen und Sozialpädagog*innen über Heilerziehungspfleger*innen und therapeutische Fachkräfte bis hin zu Lehrkräften, Busfahrer*innen oder vielen anderen Berufsgruppen: Sie alle arbeiten in unterschiedlichen Situationen und mit unterschiedlichem Auftrag mit den Mädchen* und Jungen*. Verbunden sind sie manchmal nur durch den gemeinsamen Auftrag, das Wohl und die Entwicklung von Kindern zu fördern und deren körperliche und psychische Unversehrtheit zu schützen.

Diese unterschiedlichen Aspekte sollen einen Einblick geben, wie schwer es fällt, „allgemeine" Empfehlungen für inklusive Präventionsmaßnahmen auszusprechen, die allen Situationen gerecht werden und in denen sich alle Leser*innen wiederfinden. Hätten wir dies zumindest in Ansätzen versuchen wollen, so hätten wir starke Einschränkungen machen müssen

---

den Wunsch des Netzwerkes „People First" zu unterstützen, den als überholt und diskriminierend empfundenen Begriff „geistige Behinderung" nicht mehr zu verwenden.

und den Fokus beispielsweise auf Präventionsmaßnahmen für Kinder mit unterschiedlichen Körperbehinderungen in Kindertageseinrichtungen richten müssen.

Für diese Veröffentlichung haben wir uns jedoch dazu entschieden, erst einmal keine Einschränkung hinsichtlich der angesprochenen Einrichtungen oder Berufsgruppen, aber auch nicht hinsichtlich der angesprochenen Altersgruppen oder „Arten" der Behinderung vorzunehmen. Dies hat natürlich Konsequenzen: Für die Leser*innen werden an vielen Stellen Lücken und Fragen offen bleiben. Nicht jede Einrichtung wird sich in jedem Beispiel wiederfinden, nicht alle Probleme werden gesehen, besprochen oder gar gelöst werden.

Dennoch haben wir diese Entscheidung getroffen, weil wir davon überzeugt sind: Umsetzbare und alltagstaugliche Schutzkonzepte können nur erstellt werden, wenn das Wissen aus der Präventionsarbeit von den Leitungs- und Fachkräften vor Ort an die Mädchen* und Jungen* sowie an die Situation und die Rahmenbedingungen der Einrichtungen und Institutionen angepasst wird. Mitarbeitende sind eine große und wichtige Ressource für den Schutz und auch für die Entwicklung von Schutzmaßnahmen für Mädchen* und Jungen* ohne und mit Behinderung, die wir gerne nutzen und aktivieren möchten, um Prävention inklusiv zu gestalten.

Wir laden unsere Leser*innen darum ein, das Gelesene selbst an ihre eigene Praxis anzupassen – als Expert*innen für die eigene Arbeitssituation und auch für die anvertrauten Mädchen* und Jungen*. Wir vertrauen auf ihren Blick, ihre Kompetenzen und ihre Kreativität, um fehlende Inhalte oder nicht passende Beispiele in Bezug auf ihre eigene Arbeitssituation weiterzudenken und anzupassen und sich auf den Weg zu machen, eigene Wege zu finden und zu erkunden.

Wir hoffen, dass unsere Gedanken und Ideen dieses „Weiterspinnen" der Leitungs- und Fachkräfte in den Einrichtungen anregt und sie vielleicht sogar Spaß daran entwickeln, die wahrgenommenen Lücken zu schließen und die entstehenden Fragen durch das Ausprobieren individueller Lösungen weiterzudenken oder sogar zu klären.

Letztlich ist genau das das Potenzial und die Idee von inklusiven Herangehensweisen: Vorgefertigte Standardlösungen können nicht funktionieren. Es braucht neue, eigene Ideen und Wege, die vor Ort und gemeinsam von allen Beteiligten entwickelt werden, denn nur sie können bewerten, welche Herangehensweise ihren Bedürfnissen und Anforderungen gerecht wird. Es gilt darum auch für die Prävention von sexuellem Missbrauch die

Erkenntnis von Hubert Hüppe, dem ehemaligen Beauftragten der Bundesregierung für Belange von Menschen mit Behinderung:

Wer Inklusion will, sucht Wege. Wer sie nicht will, findet Gründe.

Wir möchten mit diesem Buch versuchen, solche Wege aufzuzeigen und Anregungen dafür zu geben, wie Schutzmaßnahmen gestaltet werden können, um auch Mädchen* und Jungen* mit unterschiedlichen Behinderungen vor sexuellem Missbrauch in den Einrichtungen und Institutionen, die sie besuchen, zu schützen. Wir möchten Probleme aufzeigen, Verantwortlichkeiten benennen, konkrete Vorschläge für die Umsetzung machen und so die unterschiedlichen Einrichtungen dabei unterstützen, den Anfang auf ihrem Weg zu einem passenden, umsetzbaren und möglichst wirksamen Schutzkonzept zu finden.

Der Schwerpunkt liegt dabei auf den Bausteinen, die im pädagogischen Alltag von Bedeutung sind. Bausteine, die ausschließlich die Träger- und Leitungsebene betreffen (wie z. B. ein präventiv gestaltetes Personalmanagement), werden aus Kapazitätsgründen nur angesprochen, obwohl sie ebenfalls wichtige Maßnahmen für einen umfassenden Schutz darstellen und darum unbedingt mitbearbeitet werden sollen.

Kapitel II vermittelt Basiswissen rund um den sexuellen Missbrauch an Mädchen* und Jungen* mit und ohne Behinderung. Auf dieser Grundlage zeigt es auf, was der Gedanke, Sinn und Nutzen hinter (inklusiven) institutionellen Schutzkonzepten ist, welche Bausteine diese enthalten und was ein „gutes Schutzkonzept" ausmacht.

Baustein 1 zeigt die Bedeutung einer präventiven und inklusiven Haltung in den Einrichtungen auf, denn die Haltung von Menschen prägt offensichtlich deren alltägliche Handlungen. Und genau diese alltäglichen Handlungen sind es, die sowohl den Gedanken von Inklusion wie auch die beschlossenen Präventionsmaßnahmen für Mädchen* und Jungen* spür- und erlebbar machen. Darum sind reflektierte und sensibilisierte Haltungen der Fachkräfte Ausgangspunkt und Voraussetzung für die nachhaltige Implementierung von Schutzmaßnahmen in Einrichtungen und Institutionen.

Baustein 2 beschäftigt sich mit Situationen der besonderen Nähe in der Arbeit mit Mädchen* und Jungen* mit unterschiedlichen Behinderungen. Der professionelle und reflektierte Umgang mit Nähe und Distanz spielt in deren Alltag eine große Rolle und hat auch im Kontext der Prävention von sexuellem Missbrauch eine große Bedeutung, was ihn zu einem wichtigen Baustein eines jeden Schutzkonzeptes macht.

Baustein 3 beschäftigt sich mit der Aufgabe von Einrichtungen, die Rechte von Mädchen* und Jungen* zuverlässig zu schützen. Für die Prävention von sexuellem Missbrauch ist vor allem die Stärkung des Rechtes auf Beteiligung und Beschwerde von Bedeutung und bildet darum den Schwerpunkt dieses Kapitels.

Baustein 4 kümmert sich um die Frage, wie man mit Mädchen* und Jungen* ohne und mit Behinderung geschlechterrollenöffnend arbeiten kann – in dem Bewusstsein, dass tradierte und einschränkende Rollenbilder Präventionsmaßnahmen und auch die Aufdeckung von sexuellem Missbrauch an Mädchen* und an Jungen* erschweren oder gar verhindern können.

Baustein 5 stellt sich der Frage, welche Bedeutung Elternarbeit im Kontext der Prävention von sexuellem Missbrauch hat. Die Gestaltung von Erziehungspartnerschaften mit Eltern ist nicht nur „offiziell“ Aufgabe von Einrichtungen, sondern auch aus Perspektive des Kinderschutzes von Bedeutung, wenn es darum geht, dass alle erwachsenen Bezugspersonen (gemeinsam) Verantwortung für den Schutz von Mädchen* und Jungen* übernehmen müssen, damit diese bestmöglich vor sexuellem Missbrauch durch Erwachsene geschützt sind.

Kapitel II

Basiswissen

Was ist sexueller Missbrauch?

In Anlehnung an Bange und Deegener (1996, S. 105) wird sexueller Missbrauch[4] an Kindern in dieser Veröffentlichung definiert als jede sexuelle Handlung, die an oder vor einem Kind vorgenommen wird oder zu der ein Kind veranlasst wird, sie an einer anderen Person oder an sich selbst vorzunehmen. Der Täter oder die Täterin nutzt dabei Macht oder auch die Abhängigkeit oder das Vertrauen eines Kindes aus, um eigene Bedürfnisse auf Kosten des Mädchen*s oder des Jungen* zu befriedigen.

Man unterscheidet zwischen missbräuchlichen Handlungen mit Körperkontakt („Hands-on Delikte"), wie beispielsweise Zungenküsse, sexualisierte Berührungen oder Penetration (auch mit Fingern und Gegenständen), und Handlungen ohne Körperkontakt („Hands-off Delikte"). Bei diesen stellt die misshandelnde Person keinen Körperkontakt her, sondern verletzt die Grenzen des Kindes, beispielsweise durch eine verbale sexuelle Belästigung, durch exhibitionistische Handlungen oder Voyeurismus. Sexueller Missbrauch kann somit auch stattfinden, wenn sich Täter*in und betroffenes Kind nicht in einem Raum befinden, z. B. durch die Aufforderung zur Übermittlung von Nacktbildern über das Internet.

Aus strafrechtlicher Sicht sind alle sexuellen Handlungen mit und ohne Körperkontakt unter Strafe gestellt, wenn die betroffene Person jünger als 14 Jahre (also aus rechtlicher Sicht ein Kind) ist, denn man geht davon aus, dass Mädchen* und Jungen* sexuellen Handlungen in diesem Alter entwicklungsbedingt noch nicht wissentlich zustimmen können. Ihre ungestörte sexuelle Entwicklung stellt der Gesetzgeber darum unter einen besonderen, absoluten Schutz. Somit ist jede sexuelle Handlung, die an, mit und vor ihnen vorgenommen wird oder zu der sie veranlasst werden, eine Straftat nach § 176 StGB.

---

[4] Der hier verwendete Begriff „Missbrauch" soll nicht andeuten, dass es auch einen „richtigen Gebrauch" von Kindern gibt. Er wird verwendet, weil er sich sowohl in der Fachwelt als auch im Strafrecht durchgesetzt hat. Die Begriffe „sexualisierte Gewalt" und „sexuelle Übergriffe" werden synonym verwendet.

Bei Jugendlichen, also Mädchen* und Jungen* zwischen 14 und 18 Jahren, berücksichtigt der Gesetzgeber die zunehmende Fähigkeit zur sexuellen Selbstbestimmung. Der Schutz ist bei ihnen darum nicht mehr absolut, sondern es werden diejenigen Situationen unter Schutz gestellt, in denen ihre Fähigkeit zur sexuellen Selbstbestimmung eingeschränkt ist oder sein kann, z. B. wenn ein Entgelt für sexuelle Handlungen bezahlt oder eine Zwangslage ausgenutzt wird (§ 182 StGB).

§ 174 StGB schützt Kinder und Jugendliche vor sexuellem Missbrauch durch Personen, denen sie zur Erziehung, Ausbildung oder Betreuung anvertraut sind, also beispielsweise Eltern und elternähnliche Personen, Vormunde, Lehrkräfte, Betreuer*innen in Wohngruppen oder Anleiter*innen in Werkstätten. Bis zum Alter von 16 Jahren ist dieser Schutz absolut. Zwischen 16 und 18 Jahren ist der Schutz absolut, wenn für die sexuellen Handlungen das Abhängigkeitsverhältnis missbraucht wird, das sich aus dem Erziehungs-, Ausbildungs-, Betreuungs-, Dienst- oder Arbeitsverhältnis ergibt, wenn also beispielsweise schlechtere Noten als Druckmittel verwendet werden.

§ 174c schützt – altersunabhängig – Personen, die wegen einer geistigen, seelischen oder körperlichen Krankheit oder Behinderung Beratung, Behandlung oder Betreuung benötigen, vor sexuellen Handlungen unter Missbrauch dieses Beratungs-, Behandlungs- oder Betreuungsverhältnisses.

Sowohl bei § 176 als auch bei § 174 ist bereits der Versuch unter Strafe gestellt.

Der pädagogische Auftrag und die ethischen Anforderungen an Menschen, die mit Kindern und Jugendlichen arbeiten, Schaden von diesen fernzuhalten, gehen jedoch weit über den strafrechtlichen Rahmen hinaus. Schädigend für Kinder und Jugendliche können viele sexuelle und sexualisierte Handlungen gegen die sexuelle Selbstbestimmung sein, die vom Strafrecht nicht oder noch nicht erfasst sind, wie beispielsweise abwertende oder beschämende Bemerkungen, die sich z. B. auf die körperliche Entwicklung oder die Sexualität von Kindern und Jugendlichen ohne und mit Behinderung beziehen.

Insbesondere der Begriff des Schutzbefohlenen-Verhältnisses, wie er im Strafrecht definiert wird, greift im Hinblick auf tatsächlich existierende (emotionale) Abhängigkeiten von Kindern und Jugendlichen nur unzureichend. Hier gilt es, einrichtungsbezogen (z. B. über einen Verhaltenskodex und/oder über Schutzvereinbarungen (vgl. Baustein: Nähe und

Distanz) sorgfältig zu bearbeiten, in welchen Konstellationen für welche Personen im Rahmen der Arbeit eine sexuelle Kontaktaufnahme zu Kindern und Jugendlichen über die Regelungen des Strafrechts hinaus ausgeschlossen werden sollen.

Wie viele Mädchen* und Jungen* sind von sexuellem Missbrauch betroffen?

Die jährlich erscheinende Polizeiliche Kriminalstatistik des Bundeskriminalamtes, die das sogenannte „Hellfeld“ beleuchtet, erfasst für das Jahr 2015 749 versuchte und 12.984 vollendete Straftaten nach § 176, 176a und 176b, 1.147 betroffene Jugendliche nach § 182 sowie 416 Fälle nach § 174. Obwohl schon diese Zahlen erschreckend hoch sind und deutlich machen, wie wichtig es ist, Maßnahmen zum Schutz von Mädchen* und Jungen* zu etablieren, muss man bedenken, dass Hellfeld-Studien nur einen kleinen Ausschnitt der Wirklichkeit abbilden können: Straftaten, die den Strafverfolgungsbehörden nicht bekannt werden, tauchen in diesen Zahlen nicht auf. Dabei geht man in der Fachwelt gerade bei sexuellem Missbrauch davon aus, dass dieser in vielen Fällen nicht aufgedeckt und nur in bestimmten Konstellationen mit höherer Wahrscheinlichkeit angezeigt wird, z. B. wenn die missbrauchende Person dem Kind und/oder seiner Familie eher fremd ist. Je näher sich Täter*in und betroffene Person stehen und je größer die Abhängigkeit der betroffenen Person (oder ihrer Familie) von dem/der Täter*in ist, umso unwahrscheinlicher ist die Aufdeckung[5] solcher Straftaten.

Die Dunkelfeld-Forschung (also Studien, in denen Erwachsene und/oder Jugendliche anonym zu Missbrauchserfahrungen in der Kindheit und Jugend befragt werden) dagegen geht von deutlich höheren Zahlen aus. Hier wird vermutet, dass jedes vierte bis fünfte Mädchen* und jeder achte bis zehnte Junge* in der Kindheit und Jugend von sexuellem Missbrauch betroffen sein könnte (vgl. z. B. Bange 2002, S. 679).

Was wissen wir über die Betroffenheit von Mädchen* und Jungen* mit Behinderung?

Auch Mädchen* und Jungen* mit Beeinträchtigungen und Behinderungen erleben sexuellen Missbrauch durch Erwachsene oder Jugendliche. In

[5] Der Prozess der Aufdeckung wird in der Fachsprache als „Disclosure“ bezeichnet.

empirischen Studien zu deren Betroffenheit zeigt sich sogar, dass sie ein zwei- bis dreifach erhöhtes Risiko haben, von sexuellem Missbrauch betroffen zu sein[6].

Generell zeigen Studien ein erhöhtes Risiko für Kinder und Jugendliche mit einer geminderten Selbstschutz- und/oder Mitteilungsfähigkeit sowie für Mädchen* und Jungen*, die wenig emotionalen Rückhalt durch ihre nächsten Bezugspersonen erfahren. Besonders gefährdet sind diesen Studien zufolge auch emotional vernachlässigte Kinder und Jugendliche, Mädchen* und Jungen*, die bereits Viktimisierungserfahrungen von Missbrauch oder Gewalt haben, diejenigen, die Partnergewalt erleben mussten und Kinder und Jugendliche mit Fluchthintergrund (vgl. z. B. DJI 2011, S. 40 f.; Kindler & Schmidt-Ndasi 2011, S. 29 f.). Es lässt sich vermuten, dass sich das Risiko für Kinder und Jugendliche, auf die mehrere Faktoren zutreffen, noch weiter erhöht. Ein Beispiel hierfür wären geflüchtete Kinder mit Beeinträchtigungen.

In einer repräsentativen Studie zur Lebenssituation von Frauen* mit Beeinträchtigungen und Behinderungen in Deutschland geben beispielsweise 20 bis 31 Prozent der Befragten an, in ihrer Kindheit und Jugend sexuellen Missbrauch durch Erwachsene erlebt zu haben (vgl. Schröttle et al. 2012, S. 162). Werden sexuelle Übergriffe durch andere Kinder und Jugendliche einbezogen, so berichten vor allem gehörlose Frauen* (52 Prozent), psychisch erkrankte Frauen* (36 Prozent), Frauen* mit Körper- und mehrfacher Behinderung (34 Prozent) sowie Frauen* mit Lernschwierigkeiten (25 Prozent) von sexuellen Übergriffen, die sie in der Kindheit und Jugend erleben mussten. Gerade bei Frauen* mit Lernschwierigkeiten weisen die Autorinnen darauf hin, dass hier (trotz einer Befragung in leichter Sprache) von einem erheblichen Dunkelfeld ausgegangen werden muss (vgl. Schröttle 2012, S. 21).

Der Bedarf an Schutzmaßnahmen, die (auch) Menschen mit unterschiedlichen Behinderungen gerecht werden und diese möglichst zuverlässig schützen, wird in Anbetracht dieser Zahlen deutlich und muss sowohl gesellschaftlich, politisch als auch in den Einrichtungen und Institutionen zur Aufgabe aller Erwachsenen werden.

---

[6] An dieser Stelle soll wenigstens erwähnt werden, dass sexueller Missbrauch in der Fachwelt auch als Ursache für Behinderungen diskutiert wird.

Was müssen wir über sexuellen Missbrauch wissen, um (auch) Mädchen* und Jungen* mit unterschiedlichen Behinderungen schützen zu können?

Damit Schutzkonzepte tatsächlich *alle* Mädchen* und Jungen* bestmöglich vor sexuellem Missbrauch in Einrichtungen schützen, muss bei ihrer Entwicklung das Wissen rund um die Eigenschaften und Vorgehensweisen von in Einrichtungen missbrauchenden Personen mitgedacht werden.

Was wissen wir über den Kontext von sexuellem Missbrauch?

- Sowohl Männer* als auch Frauen* missbrauchen Mädchen* und Jungen*. Je nach Untersuchung sind zwischen drei und 15 Prozent der missbrauchenden Personen Frauen*, wobei auch hier mit einem Dunkelfeld gerechnet werden muss.
- Rund ein Drittel der Täter*innen werden schon vor ihrem 21. Lebensjahr übergriffig.
- Täter*innen können Personen sein, die den Mädchen* und Jungen* bisher fremd waren. Es können aber auch Verwandte der Kinder und Jugendlichen sein oder Personen aus dem sozialen Umfeld des Kindes oder der Familie. In diese letzte Gruppe eingeschlossen sind Personen aus den betreuenden Einrichtungen und Institutionen. Für Deutschland liegen dafür aktuell leider keine aussagekräftigen Untersuchungen und somit keine belastbaren Zahlen vor (vgl. Arbeitsstab des Unabhängigen Beauftragten für Fragen des sexuellen Kindesmissbrauchs (Hrsg.) 2016, S. 39).

Bei Mädchen* und Jungen*, die aufgrund ihrer kognitiven und/oder körperlichen Einschränkungen nie oder nur sehr selten ohne die Begleitung einer ihnen bekannten erwachsenen Person unterwegs sind, muss allerdings davon ausgegangen werden, dass der Anteil an Fremdtäter*innen sehr gering ist (vgl. Unterstaller 2009, S. 16).

Es besteht außerdem die Vermutung, dass bei sexuellem Missbrauch an Kindern mit Behinderung der Anteil an Täter*innen höher ist, der über Einrichtungen, Institutionen und durch Dienste mit diesen in Kontakt kommt. In einer Studie von 1991 waren beispielsweise knapp 44 Prozent der Täter*innen durch Einrichtungen und Dienste der Behindertenhilfe mit den Betroffenen in Kontakt gekommen, z. B. als Fahrer*in von speziellen Transportdiensten, als Therapeut*in oder als professionelle Pflegekraft

(Sobsey & Doe 1991, S. 243). Auch Wissink et al. gehen davon aus, dass bei Mädchen* und Jungen* mit Behinderungen gerade diese Täter*innen-Gruppe noch deutlich größer sein könnte, als bisher gedacht (vgl. 2015, S. 29).

Der Fokus dieser Veröffentlichung liegt darum auf den Möglichkeiten der Prävention von sexuellem Missbrauch durch Mitarbeitende in Einrichtungen und Institutionen. Dies geschieht in dem Wissen und in der Hoffnung, dass Schutzkonzepte in Einrichtungen den Mädchen* und Jungen* helfen können (und sollen), hier geeignete Vertrauens- und Ansprechpersonen zu finden, denen sie von erlebtem sexuellen Missbrauch in Familie, Partnerschaft oder sozialem Umfeld berichten können und die dann auch wissen, was zu tun ist, um das betroffene Mädchen* oder den betroffenen Jungen* bestmöglich und langfristig vor weiteren Gewalterfahrungen zu schützen.

Welche äußeren Faktoren begünstigen sexuellen Missbrauch in Einrichtungen und Institutionen?

Nicht nur die Frage, wer die Täter*innen sind, sondern auch die Frage, wie diese vorgehen, ist für die Entwicklung von wirksamen Schutzkonzepten relevant: Wer die erfahrungsgemäß oftmals recht ähnlichen Strategien und Vorgehensweisen von Täter*innen kennt, kann daraus ganz konkrete Ansatzpunkte für wirksame Präventionsmaßnahmen ableiten und Täter*innen so ihr meist strategisches Vorgehen auch strategisch erschweren.

Zum Vorgehen von – insbesondere männlichen – Tätern, vor allem im institutionellen Bereich, gibt es inzwischen langjährige Forschung und fundierte Erkenntnisse. Leider gibt es bislang wenige gesicherte Erkenntnisse dazu, wie Täter*innen vorgehen, die Mädchen* und Jungen* mit unterschiedlichen Behinderungen sexuell missbrauchen. Da es aber auch keine Hinweise darauf gibt, dass sich das Vorgehen und die Strategien von Täter*innen bei sexuellem Missbrauch an Mädchen* und Jungen* mit Behinderung maßgeblich unterscheiden und da bekannt gewordene Fälle eine ähnliche Vorgehensweise vermuten lassen, soll das vorhandene Wissen als Basis für die weiteren Ausführungen herangezogen werden.

Für die strukturelle Gestaltung von Einrichtungen ist es von Bedeutung zu wissen, dass es sich bei sexuellem Missbrauch um eine beabsichtigte Tat handelt, die nicht „zufällig“ oder „spontan“ passiert. Es gibt Täter*innen, die bewusst über ihren Beruf in Kontakt zu Mädchen* oder Jungen* (ohne oder auch mit Behinderung) kommen möchten und die sehr gezielt schauen, welches Berufsbild, aber dann auch, welche Einrichtung sich für ihr Vorhaben „eignet". In Fortbildungen wird oft spürbar, dass es vielen Teilnehmer*innen schwerfällt zu glauben, dass Täter*innen wirklich so geplant vorgehen und sich teilweise sogar bewusst für einen Beruf oder eine Einrichtung entscheiden, der ihrem „Vorhaben" nutzt. Verständlicher wird es, wenn man versucht, sich in die Täter*innen-Perspektive zu versetzen: Täter*innen sind sich in den meisten Fällen bewusst, dass ihr Handeln nicht richtig, sondern eine Straftat ist. Ihr oberstes Ziel ist es darum, dass ihre Tat(en) geheim bleiben und nicht aufgedeckt werden, denn andernfalls müssen sie nicht nur mit strafrechtlichen Konsequenzen, sondern auch mit den sozialen Reaktionen auf eine solche Tat rechnen.

Es muss also aufgrund des aktuellen Erkenntnisstandes davon ausgegangen werden, dass ein Teil der Täter*innen sich ihr soziales und berufliches Umfeld sehr gezielt aussucht und abwägt, wie wahrscheinlich eine Aufdeckung seiner Tat in diesem Umfeld erscheint.

Aufbauend auf dem Wissen, dass es tatbegünstigende Faktoren gibt, die bislang noch nicht ins Bewusstsein der Forschung und Praxis gelangt sind, sollen darum (basierend auf mittlerweile fundierten Forschungsergebnissen) Faktoren herausgearbeitet werden, die sexuellen Missbrauch in Institutionen und Einrichtungen begünstigen können. Einen sehr aufschlussreichen und lesenswerten Einblick in dieses Thema gibt eine online verfügbare Expertise von Dr. Claudia Bundschuh (2010, S. 47-58), aus der im Folgenden einige Aspekte für ein besseres Verständnis aufgezeigt werden sollen. Ein „geeignetes Umfeld" aus Täter*innen-Sicht kann demzufolge eine Einrichtung sein,

- die ein weitgehend geschlossenes oder aber ein weitgehend offenes System darstellt: In geschlossenen Systemen (wie zum Beispiel dem Internat des Klosters Ettal, in dem zahlreiche Missbrauchsfälle stattgefunden haben) entwickeln sich starke Abhängigkeiten nach innen. Es fehlt ein äußeres Korrektiv. In offenen Systemen dagegen verwischen die Grenzen zwischen innen und außen, nahezu jeder kann – unkontrolliert – in die Einrichtung gehen und sie wieder verlassen. Gemeinschaftsunterkünfte für Flüchtlinge sind häufig ein Beispiel dafür.
- die unter rigider und autoritärer Leitung steht („überstrukturiert") oder aber in der es eine wenig strukturierte und unklare Leitung gibt

(„unterstrukturiert"): Überstrukturierte Einrichtungen sind gekennzeichnet von starren Hierarchien. Entscheidungen werden von der Leitung getroffen, aber nicht transparent gemacht. Sie sind oder erscheinen willkürlich. Die Interessen der Mitarbeitenden werden nicht berücksichtigt - sie werden sozusagen aus ihrer Verantwortung entlassen. Unterstrukturierte Einrichtungen sind gekennzeichnet durch ein „Leitungsvakuum". Sie bieten wenige fachliche Orientierung, die Mitarbeitenden sind auf sich gestellt. Es besteht ein Mangel an verbindlichen Werten und gemeinsamen Konzepten.

- in der Machtverhältnisse zwischen Erwachsenen und Kindern wenig reflektiert werden und in dem folglich die Autonomie- und Mitbestimmungsrechte von Kindern und Jugendlichen oftmals unzureichend geachtet werden.
- in der es wenig Gespür und keine verbindlichen Leitlinien für einen achtsamen, Grenzen achtenden Umgang miteinander gibt.
- in dem es keine oder eine rigide Sexualerziehung gibt.
- in denen es wenig Wissen um sexuellen Missbrauch gibt und die Möglichkeit, dass „so etwas" im eigenen Umfeld passieren kann, verdrängt wird.
- in dem wenig Wissen um Hilfemöglichkeiten und das Vorgehen im Verdachtsfall vorhanden ist, was unter Umständen dazu führen kann, dass im Verdachtsfall eher weggeschaut wird, als einen „derartigen Vorwurf" gegen einen Kollegen oder eine Kollegin zu erheben und sich damit vielleicht selbst in Schwierigkeiten zu bringen oder im Team unbeliebt zu machen.

Schutzkonzepte sollen eine Reaktion auf solche tatbegünstigenden Rahmenbedingungen in Einrichtungen sein, indem sie beispielsweise Verantwortlichkeiten und Kommunikationswege klären und diese transparent machen oder indem die Rechte der Mädchen* und Jungen* gestärkt werden und nach Möglichkeiten gesucht wird, wie diese in der Einrichtung zuverlässig ermöglicht und geschützt werden können. Auch die Erarbeitung von überprüfbaren eindeutigen Handlungsver- und -geboten für standardisierbare Risikofaktoren („Schutzvereinbarungen") oder die Gestaltung einer (positiven und bestärkenden sowie geschlechterrollenöffnenden) sexualpädagogischen Arbeit in den Einrichtungen können tatbegünstigende Faktoren reduzieren und so den Schutz der Mädchen* und Jungen* erhöhen. Darum sind alle genannten Maßnahmen wichtige Bausteine von institutionellen Schutzkonzepten (siehe unten).

Wie gehen Täter*innen in Einrichtungen und Institutionen vor?

Neben dem Wissen um strukturelle Rahmenbedingungen, die sich tatbegünstigend auswirken können, ist auch das Wissen um mögliche Vorgehensweisen von Täter*innen wichtig, um Prävention in Einrichtungen und Institutionen wirksam gestalten zu können.

Kindler und Schmidt-Ndasi berichten, dass zwischen zehn und 40 Prozent der befragten Täter*innen angeben, ihre sexuellen Übergriffe nicht allmählich angebahnt zu haben, sondern dass sie versuchten, das betroffene Kind zu überrumpeln und dass sie hierfür auch von Anfang an körperliche Gewalt ausübten (vgl. 2011, S. 26).

Bei einer Mehrzahl der Täter*innen zeigt sich jedoch, dass diese ihre Tat strategisch planen, gezielt vorbereiten und allmählich anbahnen (vgl. ebd., S. 25). Tschan (2012, S. 69) spricht in diesem Kontext davon, dass Täter*innen sich ihre Tatorte schaffen – also den geplanten sexuellen Missbrauch sowohl innerhalb der Einrichtung als auch im Kontakt zu dem betroffenen Kind oder dem/der Jugendlichen vorbereiten.

Hierfür nehmen sie einerseits häufig eine Position in ihrem Umfeld ein (z. B. Autoritäts- oder Vertrauensperson, unentbehrliche*r Mitarbeiter*in, Spaßmacher*in), in der es ihnen die Kolleg*innen nicht zutrauen, dass „ausgerechnet" er oder sie „so etwas" macht. Hat das Umfeld eine solch hohe, respektvolle oder harmlose Meinung von der missbrauchenden Person, so sinkt die Wahrscheinlichkeit, dass grenzverletzendes Verhalten wahrgenommen oder als solches bewertet wird, oder dass Mädchen* und Jungen* gehört und/oder ernst genommen werden, die Andeutungen auf das machen, was ihnen durch genau diese Person widerfahren ist. Dies wiederum senkt zwar für die Täterin oder den Täter die Gefahr, dass der sexuelle Missbrauch aufgedeckt wird – aber gleichzeitig heißt es aus der Sicht des betroffenen Kindes, dass die nichtmissbrauchenden Erwachsenen es mit geringerer Wahrscheinlichkeit vor weiteren Übergriffen schützen.

Wie gehen Täter*innen gegenüber den Mädchen* und Jungen* vor?

Auch gegenüber dem betroffenen Kind oder dem/der Jugendlichen wird sexueller Missbrauch in vielen Fällen allmählich angebahnt. In der Fachsprache nennt man diesen Prozess „Grooming" (von engl. to groom: etwas vorbereiten). In diesem Prozess wird durch Aufmerksamkeit, emotionale Zuwendung, gemeinsame Spiele oder persönliche Geschenke versucht, eine vertraute spezielle Beziehung zu dem ausgewählten Mädchen* oder Jungen* aufzubauen (vgl. Kindler & Schmidt-Ndasi 2011, S. 25). Bei einer Befragung von Betroffenen gaben zwei Drittel an, dass die missbrauchende Person vorab versucht habe, eine emotional enge Bindung zu ihnen aufzubauen (vgl. ebd.). Rooch (2015, S. 37) schreibt hierzu: „Die Betroffenen selbst fühlen sich nicht selten geschmeichelt, schätzen die Aufmerksamkeit und freuen sich über Komplimente und Geschenke. Viele Frauen*, die zu uns in die Beratung kommen, mochten (und mögen häufig noch!) den Täter gern und kommen durch diesen Zwiespalt in große innere Nöte.“

Diese „besonderen“ Beziehungen sind häufig ein Grund dafür, dass Mädchen* und Jungen* durch das Geschehene verwirrt sind und nicht einordnen können, was los ist, wenn diese vertraute, gemochte Person plötzlich beginnt, unter das T-Shirt oder in die Hose zu greifen, anzügliche Kommentare zu machen oder auf andere Weise persönliche und intime Grenzen zu überschreiten. Diese Verwunderung und Irritation nutzt die missbrauchende Person nicht nur, um die Reaktion des Kindes, sondern auch um die Reaktion des Umfeldes zu testen: Wehrt sich das Kind? Wird das Umfeld auf diese ersten Grenzverletzungen aufmerksam? Wie reagieren die anderen Erwachsenen darauf? Sagen sie etwas oder schauen sie weg? Gibt es eine aus Täter*innen-Sicht bedrohliche Reaktion des Kindes oder des Umfeldes, so kann das aufgedeckte grenzverletzende Verhalten als „zufällig“, „unbeabsichtigt“ oder als „nicht so wild“ abgetan werden – in den meisten Fällen, ohne negative Konsequenzen befürchten zu müssen.

Betroffene Kinder berichten außerdem, dass in diesem Anbahnungsprozess versucht wurde, sie von ihrer sozialen Umgebung zu isolieren, z. B. durch den Wunsch der missbrauchenden Person nach exklusiv zu zweit verbrachter Zeit (Kindler & Schmidt-Ndasi 2011, S. 26). Zu dieser Isolierung kommen dann oftmals auferlegte Schweigegebote: „Mehr als zwei Drittel der Täter schienen demnach ein Schweigen des Kindes ausdrücklich einzufordern“ (vgl. ebd.).

Dieses Schweigen wird sichergestellt durch Drohungen („Wenn du jemandem von dem erzählst, was du gemacht hast, mag dich niemand mehr“, „Wenn du es jemandem erzählst, stirbt deine Mutter“), aber auch durch die Bagatellisierung („Das ist normal. Das machen alle, wenn sie erwachsen werden. Du bist doch schon groß, oder?“) oder die Umdeutung des Geschehenen („Sei froh, dass ich dich ausgewählt habe. Das ist, weil ich dich besonders gerne mag"). So erhöht die Schwächung der sozialen Beziehungen zu anderen Menschen die Abhängigkeit von der missbrauchenden Person. Die Wahrscheinlichkeit einer Aufdeckung der Tat(en) sinkt. Rooch (2015, S. 37) schreibt hierzu: „Das Grooming schafft ein Abhängigkeitsgefühl und sorgt für einen Schock und Fassungslosigkeit, wenn für die Betroffenen ihr Weltbild, ihr Gefühl von Menschenkenntnis, ihr Vertrauen in die Mitmenschen durch die sexualisierte Gewalt unendlich erschüttert wird."

Diese emotionale Verwirrung, das verletzte Vertrauen in andere Menschen, das Gefühl des Alleinseins, der Mitverantwortung für das Geschehene oder der Scham sind nur einige Gründe, warum es für Mädchen* und Jungen* mit und ohne Behinderung nicht nur schwer, sondern in vielen Fällen sogar scheinbar unmöglich erscheint, jemandem von dem Geschehenen zu erzählen oder Hilfe bei anderen Menschen zu suchen.

Selbst für erwachsene Menschen ist eine solche Situation schwer nachvollziehbar und durchschaubar. Von Kindern und Jugendlichen mit und ohne Behinderung kann darum unmöglich verlangt werden, dass diese sich in einer so verworrenen Situation selbst vor Übergriffen schützen. Darum gilt in der Prävention der Grundsatz:

Kein Kind kann sich alleine schützen!

Hierfür müssen alle Erwachsenen – sowohl Bezugspersonen als auch die auf politischer, gesellschaftlicher und in den Einrichtungen auf struktureller Ebene zuständigen Erwachsenen – ihre Verantwortung kennen und ernst nehmen. Es gilt Rahmenbedingungen zu schaffen, in denen tatbegünstigende Faktoren bestmöglich reduziert werden und in denen strukturell wie auch im pädagogischen Alltag alles getan wird, um sexuellen Missbrauch zu verhindern. Und um es allen Mädchen* und Jungen* leicht zu machen, erlebte Grenzverletzungen und erlebten sexuellen Missbrauch aufzudecken und sich Hilfe zu holen, z. B. weil sie wissen, dass ihnen Unrecht getan wurde, weil sie sich selbst als liebens- und schützenswert empfinden oder weil sie im Alltag bisher zuverlässig die Erfahrung gesammelt haben, dass sie (auch als junger, vielleicht in manchen Bereichen abhängiger Mensch) mit ihren Möglichkeiten etwas bewirken können. Und auch, weil sie wissen, dass es in ihrem Umfeld Erwachsene gibt, die wissen, dass es sexuellen Missbrauch gibt und bei denen sie berechtigterweise davon ausgehen dürfen, dass diese ihnen glauben und ihnen helfen können, den sexuellen Missbrauch so bald wie möglich zu beenden.

Diese präventiven Rahmenbedingungen sollen durch Schutzkonzepte in Einrichtungen und Institutionen verankert werden, sodass ihre Umsetzung nicht von einzelnen engagierten Mitarbeitenden abhängt, sondern dass Kinderschutz und die Prävention von sexuellem Missbrauch zum gemeinsamen Ziel aller in der Einrichtung und darum auch zuverlässig und langfristig umgesetzt wird.

Was ist ein institutionelles Schutzkonzept?

Der Schutz von Mädchen* und Jungen* mit und ohne Behinderung ist eine Aufgabe der gesamten Einrichtung oder Institution. Inzwischen gibt es eine überschaubare Anzahl von Bausteinen, die sich hierfür als hilfreich erwiesen haben.

Kommt eine Einrichtung ihrer Verantwortung für den Schutz der Mädchen* und Jungen* vor sexuellem Missbrauch nach und macht sich auf den Weg, ein möglichst sicherer Ort zu werden, so ist es die Aufgabe, diese Bausteine so zu bearbeiten, dass sie auf die Situation der jeweiligen Einrichtung zugeschnitten sind. Die gesammelten Schutzmaßnahmen werden im Fachdiskurs als Schutzkonzept bezeichnet.

In einem Schutzkonzept wird (manchmal in einem speziellen Dokument, teilweise aber auch an den unterschiedlichen passenden Stellen) festgeschrieben,

- dass und welche Haltung die Einrichtung zum Thema Kinderschutz und Prävention von sexuellem Missbrauch bezieht – z. B. im Leitbild der Institution. Eine gemeinsame inklusive und schützende Haltung ist nicht nur Ausgangspunkt für präventives Handeln in Einrichtungen, sondern sie trägt dazu bei, alle für das Thema zu sensibilisieren und sexuellen Missbrauch so ansprechbar zu machen und zu enttabuisieren.
- wer wann und wofür verantwortlich ist. Geklärte und transparente Strukturen, Zuständigkeiten, Verantwortungsbereiche und Kommunikationswege geben allen Beteiligten im Alltag Orientierung und im Verdachtsfall (Handlungs-)Sicherheit.
- welche Maßnahmen auf struktureller und pädagogischer Ebene in der Einrichtung zur Verhinderung von sexueller Gewalt ergriffen werden. So soll Prävention spürbar, nachhaltig und wirksam in der Einrichtung verankert werden.

- welche Verfahren und Abläufe im Verdachtsfall einzuhalten sind und welche internen und externen Ansprechpersonen und Anlaufstellen in einem solchen Fall zur Verfügung stehen. Ziel ist es, durch einen aktuellen und einrichtungsspezifischen Ablaufplan, häufig als Krisenleitfaden bezeichnet, eine fachlich angemessene Intervention in einer emotional sehr aufwühlenden Situation zu ermöglichen.
- wie die Qualität und Nachhaltigkeit der vereinbarten Schutzmaßnahmen in der Einrichtung gesichert werden wird. Solche Maßnahmen zur Qualitätssicherung sind beispielsweise regelmäßige Reflexionsgespräche zur Wirksamkeit und Umsetzbarkeit von Schutzmaßnahmen im Rahmen einer einrichtungsinternen Arbeitsgruppe, die Schaffung der einrichtungsinternen Position einer/eines Kinderschutz-/Präventionsbeauftragten und die „offizielle" Aufnahme von Kinderschutz in das Qualitätsmanagement der Einrichtung.

Gibt es behinderungsspezifische Gefährdungsaspekte, die bei Schutzkonzepten mitgedacht werden müssen?

Eines muss an dieser Stelle vorab geklärt werden: Mädchen* und Jungen* haben niemals Schuld daran, wenn sie sexuell missbraucht werden, und eine Behinderung ist niemals Grund dafür, dass ein Mädchen* oder Junge* sexuell missbraucht wird. Die Schuld trägt immer die missbrauchende Person, die Verantwortung ggf. auch die Personen, die für den Schutz zuständig gewesen wären.

Eine Behinderung erscheint also immer nur auf den ersten Blick als „Risikofaktor" oder „Gefährdungsaspekt", denn ein zweiter Blick zeigt sehr deutlich, dass es vielmehr die sozialen, räumlichen, strukturellen, aber auch gesellschaftlichen Rahmenbedingungen sind, die das erhöhte Risiko von Kindern und Jugendlichen mit Behinderung erklären können. Ein Blick auf diese Rahmenbedingungen soll weitere Anregungen für eine inklusive Präventionsarbeit geben, also für Schutzmaßnahmen, die versuchen, *alle* Mädchen* und Jungen* bestmöglich vor sexuellem Missbrauch durch Erwachsene zu schützen.

Fremdbestimmung und Abhängigkeit

Viele Menschen mit Behinderung oder chronischen Erkrankungen leben ein weitgehend selbstbestimmtes und unabhängiges Leben. Ihre Behinderung ist ein, aber gewiss nicht der einzige oder bestimmende Teil ihrer

Persönlichkeit. Sie beeinflusst vielleicht Entscheidungen, Wege oder Möglichkeiten, macht es aber in den meisten Fällen nicht unmöglich, selbstbestimmt zu leben und eigene Ziele zu verwirklichen. Damit dies nicht nur *im besten Fall*, sondern *in der Regel* auf Menschen mit Behinderung zutrifft, braucht es politische, gesellschaftliche, institutionelle und auch familiäre Rahmenbedingungen, die Diskriminierung verhindern und die uneingeschränkte Teilhabe an allen Lebensbereichen sichern.

Erfahren Kinder und Jugendliche in ganz unterschiedlichen alltäglichen Situationen allerdings, dass es normal ist, abhängig zu sein, fremdbestimmt leben zu müssen und (entgegen ihrem inneren Empfinden) das für „richtig" hinzunehmen, was Erwachsene ihnen sagen, so lernen sie sozusagen: „Es ist normal, dass andere über mich bestimmen. Auch wenn ich etwas nicht möchte oder sich etwas nicht gut anfühlt, muss ich es aushalten, weil Erwachsene bestimmen und besser wissen, was gut und richtig für mich ist." Das geht von der Auswahl der Kleidung am Morgen über therapeutische Maßnahmen bis hin zu „großen" Lebensentscheidungen, z. B. die Entscheidung über die besuchte Schule oder Einrichtung.

Machen Mädchen* und Jungen* dagegen immer wieder die Erfahrung, dass Erwachsene sie alters- und entwicklungsangemessen nach ihrer Meinung fragen, sie bei allen möglichen Fragen mitentscheiden lassen und sie ernst nehmen – unabhängig davon, wie alt sie sind oder welche Möglichkeiten sie zur Kommunikation haben –, so wird das Gefühl der Selbstwirksamkeit bei den Mädchen* und Jungen* gestärkt. Sie erleben sich selbst als aktiv und kompetent und lernen, auf sich selbst und (in diesem Fall berechtigterweise) auch auf andere (erwachsene) Menschen zu vertrauen. Sie wissen, dass sie es sagen können, wenn sie etwas stört oder wenn sie etwas als unangenehm empfinden, weil es Erwachsene gibt, die sie in diesen Situationen ernst nehmen und sie angemessen unterstützen. Solche Erfahrungen verringern das Gefühl von Fremdbestimmung, Abhängigkeit und „Ausgeliefert-Sein".

Darum ist der Baustein „Partizipation und Beschwerde" eine Möglichkeit, um tatbegünstigende Rahmenbedingungen durch strukturelle und pädagogische Präventionsmaßnahmen zu reduzieren (siehe Baustein 3).

Soziale Isolation und wenige Vertrauenspersonen

Gerade bei Mädchen* und Jungen* mit Lernschwierigkeiten sowie mit schwerer/mehrfacher Behinderung ist die Wahrscheinlichkeit hoch, dass die missbrauchende Person aus dem nahen sozialen Umfeld oder den betreuenden Einrichtungen stammt. Dies kann dazu führen, dass alle für eine Aufdeckung eventuell infrage kommenden Bezugspersonen die missbrauchende Person kennen und mit dieser (durch Freundschaft oder auch durch Abhängigkeiten o. Ä.) in Verbindung stehen.

Diese „Verstrickungen“ können dazu führen, dass die Aufdeckung eines sexuellen Missbrauchs durch Beobachtungen von Kolleg*innen sehr unwahrscheinlich wird, während die Wahrscheinlichkeit wächst, dass Schilderungen oder Andeutungen des betroffenen Kindes oder des/der Jugendlichen überhört bzw. übersehen oder nicht ernst genommen werden.

Ein gehörloser Junge wird im Internat über längere Zeit und regelmäßig von einem Lehrer sexuell missbraucht. Der Junge kennt niemanden, dem er von dem Geschehenen berichten kann, denn alle Erwachsenen, die – wie er selbst – die Deutsche Gebärdensprache sprechen und seine Schilderungen vielleicht verstehen würden, kennen den Täter und mögen ihn. Seine Eltern und seine Familie (also quasi die einzigen Menschen, die er außerhalb der Einrichtung kennt) sprechen seine Sprache nur sehr schlecht. Außerdem schämt er sich für das, was ihm passiert ist und möchte vor allem seine Mutter nicht traurig machen. Darum behält er das Geschehene für sich und hofft, dass die Schulzeit bald vorbei ist.

Leben die Jugendlichen in weitgehend geschlossenen Systemen wie Internaten oder stationären Einrichtungen der sogenannten Behindertenhilfe, so haben sie erfahrungsgemäß meist nur wenige Freund*innen und Vertrauenspersonen außerhalb der Familie oder Einrichtung.

Eine solche soziale Isolation kann aus Sicht der Prävention von sexuellem Missbrauch als tatbegünstigend betrachtet werden und muss darum im Rahmen der Erarbeitung von Schutzkonzepten Raum finden: Welche internen und externen Ansprechpersonen können wir den Mädchen* und Jungen* zur Seite stellen? Wie können sie diese – unabhängig von ihrer Behinderung – niedrigschwellig erreichen? Wie kann man den Mädchen* und Jungen* verständlich machen, dass diese Personen sie ernst nehmen, ihnen glauben und ihnen helfen können – auch, wenn diese den Täter oder die Täterin kennen und auch, wenn es sich um so ein intimes Thema wie sexuellen Missbrauch handelt?

Außerdem gilt es, Einrichtungen und Institutionen so zu gestalten, dass soziale Isolation bestmöglich verhindert und eine volle gesellschaftliche Teilhabe ermöglicht wird, z. B. durch inklusive Mädchen*- oder Jungen*angebote, Mitgliedschaften in ortsansässigen Vereinen oder wofür auch immer sich die Mädchen* und Jungen* interessieren. Auch dies wirkt auf lange Sicht gesehen präventiv.

Der Wunsch, „normal" zu sein

Mit zunehmendem Alter entwickelt sich bei den meisten Mädchen* und Jungen* der Wunsch, von anderen Menschen (vor allem von Gleichaltrigen oder potenziellen Partner*innen) gemocht, akzeptiert, anerkannt und vielleicht auch „begehrt" zu werden.

Viele Mädchen* und Jungen* mit Behinderungen oder chronischen Erkrankungen machen im Laufe ihrer Kindheit und vor allem mit Beginn ihrer Pubertät allerdings die Erfahrung, dass ihre Umwelt sie als „anders" wahrnimmt und sie eventuell auch „anders" behandelt. Daraus kann der berechtigte Wunsch entstehen, als „normal" akzeptiert und behandelt zu werden, um sich selbst auch als „normal" empfinden zu können.

Besonders in einer Umgebung, in der die Mädchen* und Jungen* eine große Diskrepanz zwischen sich und den Erwartungen ihrer Umwelt spüren oder in denen Unterschiede stärker betont werden als Gemeinsamkeiten, kann der Wunsch, als Mensch und Persönlichkeit anerkannt und wertgeschätzt zu werden und als gleichwertiges Mitglied zu einer Gruppe zu gehören, zu Bedürftigkeit und teilweise bedenklichen Kompromissen führen. Dreisigacker (o. J., S. 9 f.) zitiert beispielsweise Eltern, die derartige Kompromisse bei ihrer autistischen Tochter beobachtet haben:

Der macht sich an sie heran ... nimmt sie in den Arm und streichelt sie. Ich weiß nicht, sie lässt sich das irgendwie gefallen, also nicht wie die Autisten, die den Hautkontakt ablehnen. Sie lässt sich das erstaunlicherweise gefallen, aber nicht so, dass sie das als Spaß empfindet, sondern eher gleichgültig lässt sie ihn an sich herumstreicheln.

Das eigene Empfinden und die eigenen Bedürfnisse werden unter Umständen in den Hintergrund gestellt, um Erfahrungen zu sammeln, die man als „normal" bewertet und die in diesem Alter als bedeutsam erscheinen. Für diese Erfahrungen und die Befriedigung des Wunsches nach Normalität und Anerkannt-Sein lassen sich Mädchen* und Jungen* auf Situationen ein, in denen unter Umständen ihre Grenzen und ihre Intimsphäre verletzt werden. Werden diese Situationen von Täter*innen missbraucht, fühlen sich die Betroffenen nicht nur verwirrt und verunsichert, sondern unter Umständen auch „mitschuldig" an dem, was ihnen – letztlich doch gegen ihren Willen – passiert ist.

Die Aufdeckung eines erlebten sexuellen Missbrauchs kann somit nicht nur dadurch erschwert sein, dass die Mädchen* und Jungen* nicht wissen oder einschätzen können, dass ihnen Unrecht geschehen ist oder dass sie keine Vertrauensperson für die Aufdeckung haben, sondern auch dadurch, dass sie sich selbst eine Mitschuld an dem Geschehenen geben. Teilweise nutzt der/die Täter*in diese Unsicherheit aus im Sinne von „Du wolltest es doch genauso" oder „Du hast mich doch verführt. Wenn das jemand erfährt, mag niemand mehr zu dir Kontakt".

Somit sind auch die Haltung und das Bewusstsein, dass es normal ist, verschieden zu sein, sowie die Gestaltung eines diskriminierungsfreien Alltages wichtig für den Schutz und die Sicherheit von Mädchen* und Jungen* mit unterschiedlichen Behinderungen. Sie brauchen viele Gelegenheiten, um sich selbst in einem geschützten Rahmen ausprobieren und entdecken zu können, um ein Gespür dafür zu entwickeln, was die eigene Person ausmacht und was man mag bzw. nicht mag. Sie sollen erkennen, dass sie mit anderen Menschen Gemeinsamkeiten haben, die verbinden, aber dass es eben auch Unterschiede zwischen Menschen gibt, die jeden Menschen einzigartig und einmalig machen – und dass sowohl Unterschiede als auch Gemeinsamkeiten wichtig sind und wertgeschätzt werden müssen. Diese Erfahrungen sollen durch gute Schutzkonzepte in Einrichtungen und Institutionen geschaffen und zuverlässig ermöglicht werden.

Fehlende sexualpädagogische Arbeit und unzureichende sexuelle Bildung der Mädchen* und Jungen* mit Behinderung

Sexuelle Bildung meint den Erwerb von Wissen und Informationen über alle Themen, die den menschlichen Körper betreffen, umfasst aber auch Themen wie Gefühle, Sexualität oder partnerschaftliche Beziehungen. Der Erwerb von sexueller Bildung ist ein lebenslanger Prozess, Grundlage für die Entwicklung zu einer starken Persönlichkeit und dafür, mit und ohne Behinderung eine selbstbestimmte Sexualität leben zu können.

Die Erfahrung zeigt allerdings, dass Mädchen* und Jungen* mit unterschiedlichen Behinderungen von ihrer direkten Umwelt meist nur wenig Wissen und Erfahrungsräume für diese Themen erhalten. Ein Beispiel hierfür: In stationären Kinder- und Jugendwohngruppen gibt es selten einen ungestört „nutzbaren" Ganzkörperspiegel, in dem man sich betrachten oder verschiedene Posen oder Gesichtsausdrücke ausprobieren kann

– so wie das Jugendliche für gewöhnlich machen, um sich selbst und ihren Körper in diesem neuen Lebensabschnitt neu kennenlernen zu können.

Abgesehen von der Pflicht-Sexualaufklärung im Schulunterricht haben Kinder und Jugendliche mit Behinderung außerdem meist nur wenige erwachsene Bezugspersonen, die sich ohne Scheu, aber dennoch Grenzen achtend mit ihnen über solch intime Themen unterhalten und drängende (ausgesprochene, manchmal auch unausgesprochene) Fragen altersangemessen beantworten können. Grund hierfür ist häufig, dass selbst Fachkräften oft die Sprache oder die methodische Kompetenz für solche Themen fehlt oder dass sie Angst haben, „schlafende Hunde" zu wecken, sich selbst in Schwierigkeiten zu bringen („Stehe ich da nicht schon mit einem Bein im Gefängnis?") oder vielleicht sogar davor, sich selbst vor Eltern, Kolleg*innen und Vorgesetzten verdächtig zu machen.

Um eine selbstbestimmte Sexualität leben zu können und letztlich auch um sexuelle Grenzverletzungen und sexuellen Missbrauch erkennen zu können, brauchen jedoch auch oder gerade Kinder und Jugendliche mit Behinderung „gute", sexualfreundliche, bestärkende und ihrem Alter und Entwicklungsstand angemessene Informationen. Einrichtungen müssen ihren Auftrag ernst nehmen und ihre Möglichkeiten nutzen, die Mädchen* und Jungen* mit unterschiedlichen Behinderungen durch sexualpädagogische Arbeit auch in diesem Bereich bei ihrer Entwicklung zu begleiten, denn unter Umständen haben diese noch viel weniger Möglichkeiten, anderweitig und selbstständig an geeignetes Wissen zu kommen. Die Entwicklung eines passgenau auf die Situation der Einrichtung abgestimmten sexualpädagogischen Konzeptes ist darum eine Möglichkeit, nicht nur der Unsicherheit der Mitarbeitenden mit einem „heiklen" Thema, sondern auch dem Gefährdungsaspekt „mangelnde sexuelle Bildung" entgegenzuwirken.

Andere Formen der Kommunikation und Probleme, diese zu verstehen

Im Rahmen eines Vortrages erwähnte eine Zuhörerin vor einiger Zeit, dass ein von ihr in einem Wohnheim betreutes Mädchen mit Lernschwierigkeiten ihr neulich *etwas* erzählt habe. Sie habe verstanden, dass es um ein sexuelles Erlebnis des Mädchens ging und dass es scheinbar ein emotionales Thema war, konnte aber nicht herausfinden, was die Bewohnerin ihr genau mitteilen wollte. So ging das Gespräch ohne eine weitere Konsequenz zu Ende.

Nimmt man hier einmal den schlimmsten Fall an, nämlich dass das Mädchen der Mitarbeiterin von sexuellem Missbrauch erzählen wollte, so wäre Folgendes passiert: Ein Aufdeckungsversuch des Mädchens, der dieses vielleicht viel Mut und Überwindung gekostet hat, war erfolglos. Dies könnte im schlimmsten Fall dazu führen, dass das Mädchen es nicht wieder versucht, jemandem von dem Geschehenen zu berichten, denn sie hätte gelernt, dass das ohnehin nichts bringt und dass ihr niemand helfen kann.

In der Fachwelt wird oft die Vermutung geäußert, dass ein Kind bis zu sieben Mal von dem Geschehenen berichten muss, bis jemand Hilfe leistet und den Schutz des Kindes sicherstellt. Und diese Zahl kursiert für Mädchen* und Jungen* ohne Behinderung, die im Regelfall ab einem gewissen Alter verbal kommunizieren und sich in vielen alltäglichen Situationen gut und problemlos verständlich machen können.

In der Arbeit mit Menschen mit Behinderung können wir vielen unterschiedlichen Arten von Kommunikation begegnen: Manche nutzen die verbale Sprache, Gebärden oder Laute. Andere teilen sich nonverbal über ihren Körper, ihre Mimik und Gestik, ihre Bewegungen mit. Wieder andere geben über ihr Verhalten Einblick in ihre Gedanken. Wie auch immer Menschen kommunizieren: Meistens fällt es schwer, Kommunikationsformen zu verstehen, die man selbst nicht oder selten nutzt und in denen man darum selbst wenig geübt ist.

So machen auch Mädchen* und Jungen*, die über Gebärden, Laute oder eine nicht-verbale Sprache kommunizieren, häufig die Erfahrung, dass erwachsene Bezugspersonen Schwierigkeiten haben, sie zu verstehen, oder auch damit, ihre Äußerungen ernst zu nehmen. Umso wichtiger erscheint es – auch im Kontext der Prävention von sexuellem Missbrauch – an der Gleichwertigkeit aller Formen der Kommunikationsformen zu arbeiten und zu bewirken, dass auch Gebärden und nicht-sprachliche Kommunikationsformen gekannt, feinfühlig wahrgenommen und ernst genommen zu werden. Das heißt, die Mitarbeitenden haben die Aufgabe, sich auf unterschiedliche Wege der Informationsvermittlung einzulassen, auch wenn das manchmal unsicher, vielleicht auch hilflos macht und viel Raum für Übung und kollegiales Feedback benötigt.

Nicht verstanden zu werden (und nicht zu verstehen) kann auf Seiten der Mädchen* und Jungen* zu Frustration und Aggression führen, vielleicht auch zu Rückzug und Isolierung. Auf jeden Fall aber wirkt es sich erschwerend auf die Möglichkeiten aus, einen erlebten sexuellen Missbrauch aufzudecken.

Darum sollten auch die unterschiedlichen Formen der Kommunikation der anvertrauten Mädchen* und Jungen* bei der Erstellung eines Schutzkonzeptes in einer Einrichtung reflektiert und mitgedacht werden: Wie können sich Nicht-sprachler*innen uns mitteilen? Wie kommunizieren Mädchen* und Jungen* mit schwerer/mehrfacher Behinderung? Kennen sie alle Gebärden für ihren Körper und ihre Gefühle? Werden Körpersignale von allen ernst genommen und wissen die Mitarbeitenden, wie sie mit nicht-verbal kommunizierenden Kindern kommunizieren können? Brauchen sie hierfür Fortbildungen oder andere Qualifizierungsangebote?

Gibt es in der Einrichtung eine fachlich fundierte, körper- und sexualitätsfreundliche Sexualpädagogik, so ist auch dies ein Rahmen dafür, Worte, Gebärden und andere Mitteilungsformen der Kinder und Jugendlichen kennenzulernen und eine Möglichkeit, Kommunikation über „körpernahe" Themen zu üben. Unter Umständen wäre es der Pädagogin aus unserem Beispiel dann leichter gefallen, das Mädchen zu verstehen und ihr die richtigen Fragen zu stellen.

Für alle diese Fragen sollten im Rahmen der Erstellung eines inklusiven Schutzkonzeptes gemeinsam Lösungsvorschläge entwickelt werden, um Verständnisprobleme und erschwerte Kommunikationsmöglichkeiten nicht zu einem tatbegünstigenden Faktor in der Einrichtung werden zu lassen.

Probleme, Menschen mit Behinderung zu glauben

Aus der Vergangenheit ist bekannt, dass Menschen mit Behinderung – vor allem mit Lernschwierigkeiten – oftmals erleben, dass andere Menschen Probleme haben, ihren Aussagen zu glauben. Auch hier liegt das Problem nicht bei den Betroffenen mit Behinderung, die ihren Mut zusammennehmen und auf ihre Art und Weise versuchen, von einem erlebten sexuellen Missbrauch zu erzählen. Der Gefährdungsaspekt sind die Empfänger*innen dieser Aufdeckungsversuche, die den Mädchen* und Jungen* nicht glauben – weil sie nicht glauben können oder möchten, was sie hören oder sehen, weil sie dies für unmöglich halten oder weil sie nicht wissen, was in einem solchen Fall zu tun ist. Und manchmal lehnen sie das Gehörte ab, bagatellisieren es oder überhören es ganz, aus dem (unbewussten) Wunsch heraus, sich selbst vor ihrer Unsicherheit und den möglichen Konsequenzen zu schützen.

Es ist also wenig verwunderlich, dass man vermutet, dass die Aufdeckungsquote bei Menschen mit Lernschwierigkeiten bei 1:30 liegt – was sogar im Vergleich zu Kindern im Allgemeinen (1:5) ein sehr geringer

Anteil ist (vgl. Tharinger et al. 1990, S. 304). Brown (2011, S. 109) vermutet (unabhängig von der Behinderung des Kindes): „Disabled children are less likely to disclose; they are less likely to have their disclosure listened to; and more likely to have their abuse minimized or brushed aside."[7]

Auch hier müssen Einrichtungen überlegen, wie sie auf diese Vermutungen reagieren können: Wie kann man den Einrichtungsalltag so gestalten, dass es allen Mädchen* und auch Jungen* leichter fällt, erlebten sexuellen Missbrauch aufzudecken? Was brauchen die Mitarbeitenden, um Menschen mit Behinderung zu glauben und sie ernst nehmen zu können? Wie kann man strukturell verankern, dass Aufdeckungsversuche nicht verharmlost oder überhört werden, weil die Mitarbeitenden nicht wissen, was dann zu tun ist?

Dieser Blick auf eine Auswahl an Gefährdungsaspekten, die mit der Situation von Menschen mit Behinderung zusammenhängen, soll zeigen, dass es für Schutzkonzepte, die auch Mädchen* und Jungen* mit Behinderung schützen sollen, keine Standardlösungen geben kann, die unverändert übernommen funktionieren können.

Ziel sollte es darum für alle Einrichtungen sein, einen individuellen Blick auf die Situation der Mädchen* und Jungen* vor Ort zu werfen: Wie sind die Rahmenbedingungen der Einrichtung gestaltet? Welche Gefährdungsaspekte gibt es in der eigenen Einrichtung? Wofür braucht es individuelle Lösungen? Welche Ideen können hierfür übernommen und einrichtungsspezifisch angepasst werden? Bei welchen Fragen muss man selber kreativ werden? Welche Ressourcen und Schutzfaktoren gibt es? Kurz: Wie müssen Schutzmaßnahmen gestaltet sein, um alle uns anvertrauten Mädchen* und Jungen* zu schützen?

Diesem Anspruch müssen sich inklusionssensible Schutzkonzepte stellen, denn jedes Mädchen* und jeder Junge* ist unterschiedlich und hat es verdient, ganz individuell gesehen zu werden. Das meint Inklusion – und das ist nicht nur für Mädchen* und Jungen* mit Behinderung von Bedeutung und von Vorteil.

[7] „Kinder mit Behinderung decken erlebten Missbrauch mit geringerer Wahrscheinlichkeit auf, ihre Aufdeckung wird mit geringerer Wahrscheinlichkeit gehört und der Missbrauch wird mit geringerer Wahrscheinlichkeit verringert oder beendet." (Übersetzung durch die Autorin)

Was meint also Inklusion bei der Erstellung von Schutzkonzepten?

Inklusion (vom lat. inclusio für Einschließung) meint den politischen und gesellschaftlichen Prozess, in dem es normal wird, verschieden zu sein. Grundgedanke ist, dass jeder Mensch mit allem, was er ist und „mitbringt", gleichwertiges Mitglied der Gesellschaft ist und sich als solches frei entfalten und sein Leben nach eigenen Wünschen und Vorstellungen gestalten können soll. Inklusion meint „die Gestaltung eines Umfeldes, in dem Vielfalt in dem Sinne wahrgenommen wird, dass alle Kinder - Mädchen und Jungen -, Jugendliche sowie erwachsene Frauen* und Männer* gleichermaßen wertgeschätzt werden. Dabei geht es um die Anerkennung von Unterschieden im Hinblick auf Kultur, Identität, Leistungsstandards, Interessen, Erfahrungen, Geschlecht, sexuelle Orientierung und körperliche Fähigkeiten" (Albers et al. 2012, S. 67).

In einer inklusiven Gesellschaft ist es die gemeinsame Aufgabe aller, „Strukturen und Prozesse so zu gestalten, dass sie der realen Vielfalt menschlicher Lebenslagen - gerade auch von Menschen mit Behinderung - von vornherein gerecht werden" (Landeshauptstadt München 2011, S. 22). Dabei geht es grundsätzlich nicht um die Ermöglichung besonderer Rechte, sondern es geht um die Verwirklichung von Menschenrechten, die jedem Menschen qua seines Menschseins zustehen, und um die Gestaltung einer Gesellschaft, in denen dies möglichst uneingeschränkt in allen Bereichen möglich ist.

In den vergangenen Jahren wurde Inklusion zu einem politischen Begriff, der die volle Teilhabe von Menschen mit Behinderung in den Mittelpunkt stellt. In diesem Kontext liegt der Fokus inklusiver Schutzkonzepte auf der Frage, wie Schutzmaßnahmen in Einrichtungen und Institutionen gestaltet sein müssen, damit sie möglichst *alle* Mädchen* und Jungen* vor sexuellem Missbrauch schützen können - auch diejenigen mit unterschiedlichen Behinderungen, Beeinträchtigungen und Erkrankungen.

Allerdings reicht es bei diesem Bemühen nicht, ausschließlich die Behinderung oder Erkrankung eines Kindes oder einer/eines Jugendlichen zum Maßstab der Überlegungen zu machen. Schutzkonzepte, die inklusiv sein möchten, versuchen darum, einzelne Menschen mit all ihren Facetten, Gemeinsamkeiten und Unterschieden in den Blick zu nehmen. Sie berücksichtigen darum beispielsweise auch

- das Alter und den Entwicklungsstand der Mädchen* und Jungen*, die die Einrichtung besuchen.
- die Lebenssituation sowie den kulturellen und unter Umständen auch den religiösen Hintergrund der Kinder und/oder ihrer Familien.
- das Geschlecht, die sexuelle Identität und auch die sexuelle Orientierung der anvertrauten Kinder und Jugendlichen sowie die in der Gesellschaft und im sozialen Umfeld vorherrschenden, Einfluss nehmenden Geschlechterrollen.
- vorhandene Selbstschutz- und Kommunikationsmöglichkeiten sowie weitere soziale und individuelle Ressourcen der Mädchen* und Jungen*, die die Einrichtung besuchen.

Diese Aspekte, die von Mensch zu Mensch unterschiedlich sind und die in bestimmten Kombinationen (z. B. weiblich - homosexuell - mit Hör- oder auch Lernbehinderung) das Risiko, von sexueller Gewalt betroffen zu sein, noch einmal erhöhen können, müssen (neben den Rahmenbedingungen der Einrichtung) bei der Erstellung eines Schutzkonzeptes berücksichtigt werden. Nur so geben Schutzkonzepte den Mitarbeitenden Handlungssicherheit und erhöhen tatsächlich die Chance, dass die Mädchen* und Jungen* in der Einrichtung vor sexuellem Missbrauch geschützt sind.

Diese individuelle Gestaltung von Schutzmaßnahmen ist übrigens kein schönes „nice to have“ für Einrichtungen, denn der umfassende Schutz von Kindern und Jugendlichen vor jeder Form der Gewalt ist einerseits gesetzlicher Auftrag (vgl. Kinderschutzgesetz) und andererseits auch in Artikel 19 der von Deutschland ratifizierten UN-Konvention über die Rechte von Kindern sowie in Artikel 16 der UN-Konvention über die Rechte von Menschen mit Behinderung verankert.

Fest steht - in Anbetracht der hohen Zahlen betroffener Mädchen* und Jungen* - allerdings, dass dieses Recht noch lange nicht alle Kinder und Jugendlichen erfahren. Sie brauchen nach wie vor und weiterhin Erwachsene, die Verantwortung für ihren Schutz übernehmen. Das Bestreben, Schutzmaßnahmen inklusiv zu gestalten und wirklich *alle* Mädchen* und Jungen* in Einrichtungen zu schützen, muss darum dauerhaft und auf allen Ebenen in Einrichtungen verankert und mit den nötigen Ressourcen ausgestattet werden.

Welche Schritte gilt es auf dem Weg zu einem Schutzkonzept zu gehen?

Macht sich eine Einrichtung auf den Weg, ein Schutzkonzept zu erarbeiten, so ist es sinnvoll, mit einer sogenannten Gefährdungsanalyse zu beginnen. Eine Gefährdungsanalyse wird speziell für die jeweilige Einrichtung erstellt und verfolgt das Ziel, einrichtungsspezifische Gefährdungsaspekte und „blinde Flecken" zu identifizieren. Hierfür schauen Träger und Einrichtungs-/Schulleitung zusammen mit Mitarbeitenden der Einrichtung, wann, wo oder in welchen Situationen in der Einrichtung Gefährdungsmomente für die Mädchen* und Jungen* entstehen können. Dies können beispielsweise Situationen besonderer Nähe sein, aber auch ungünstig gestaltete bzw. gelegene Räumlichkeiten oder wenig transparente Verantwortlichkeiten oder Kommunikationswege. Die leitende Fragestellung ist: „Wo hätten es Täter*innen in unserer Einrichtung leicht, einen sexuellen Missbrauch anzubahnen?

An dieser Stelle empfiehlt sich die Unterstützung durch eine Fachstelle, die unbeeinflusst und auf der Basis ihres Wissens zum Vorgehen und den Strategien von Täter*innen einen Blick auf die Einrichtung werfen und so fundierte Empfehlungen für die Entwicklung von Schutzkonzepten aussprechen kann.[8]

Neben der Identifizierung von Risikofaktoren lohnt sich im ersten Schritt auch ein Blick auf möglicherweise bereits vorhandene Schutzfaktoren der Einrichtung, die sexuellen Missbrauch zwar nicht ausschließen, aber ihn deutlich erschweren können und somit guter Ausgangspunkt für Präventionsmaßnahmen sind. Schutzfaktoren können in Anlehnung an Bange (2015, S. 140) folgende Aspekte sein:

- Es bestehen klare, an Fachlichkeit orientierte Leitungsstrukturen, die den Mitarbeitenden einen Rahmen für ihre Arbeit vorgeben.
- Es gibt einen (bestenfalls gemeinsam erarbeiteten und regelmäßig diskutierten und reflektierten) Konsens über ethisch und pädagogisch begründbare Grundhaltungen, Werte, Normen und Regeln in der Einrichtung.

[8] Adressen von Fachstellen erhalten Sie auf der Homepage der Deutschen Gesellschaft für Prävention und Intervention bei Kindesmisshandlung und Vernachlässigung e. V.: https://www.dgfpi.de/startseite.html

- Es gibt einen Verhaltenskodex für Mitarbeitende, der auch kleine Grenzverletzungen verurteilt und eine respektvolle und Grenzen achtende Haltung in der Einrichtung zum Standard macht.
- Das kindliche und jugendliche Recht auf Beteiligung wird in der Einrichtung gepflegt.
- Es gibt niedrigschwellig erreichbare interne und externe Beschwerdestellen und ein strukturell verankertes und gepflegtes Beschwerdemanagement.
- Es liegt ein einrichtungsspezifisches sexualpädagogisches Konzept vor, das den Mitarbeitenden Handlungssicherheit im Umgang mit dem Thema gibt und den Mädchen* und Jungen* den Erwerb von sexueller Bildung und damit die zunehmende Fähigkeit zur sexuellen Selbstbestimmung ermöglicht.
- Es gibt einen Krisenleitfaden zum Vorgehen beim Verdacht gegen Mitarbeitende in der Einrichtung. Getrennt davon gibt es einen Handlungsleitfaden nach § 8a Abs. 4 SGB VIII zum Vorgehen bei (gewichtigen) Anhaltspunkten auf eine Kindeswohlgefährdung durch Eltern oder wenn diese den Schutz des Kindes außerhalb der Einrichtung nicht herstellen können oder wollen. Daneben sind Handlungsempfehlungen zum Umgang mit sexuellen Grenzverletzungen durch Gleichaltrige vorhanden.
- Die Einrichtung kennt Fachberatungsstellen, die im Verdachtsfall beraten und ist in ein unterstützendes Netzwerk eingebunden.
- Es finden regelmäßig Angebote statt, die den Fragen und Bedürfnissen der Mädchen* und Jungen* gerecht werden, z. B. Selbstbehauptungskurse für Mädchen*, geschlechterhomogene Angebote zur sexuellen Bildung o. Ä.
- Für Mitarbeitende gibt es regelmäßig spezifische Fortbildungen durch externe Fachkräfte, die für das Thema sensibilisieren, Diskussion und Austausch ermöglichen und Möglichkeiten der Umsetzung von Präventionsmaßnahmen im pädagogischen Alltag (unter den gegebenen Voraussetzungen) aufzeigen.

Im zweiten Schritt werden die Erkenntnisse dieser Gefährdungsanalyse genutzt, um in einem meist kleineren (und damit arbeitsfähigen) Kreis eine Auswertung vorzunehmen: Wo stehen wir als Einrichtung? Was haben oder machen wir schon für den Schutz der Mädchen* und Jungen*? Wo gibt es „blinde Flecken", die wir bisher noch nicht kannten? Wie können wir diesen in Zukunft auf struktureller Ebene begegnen? Wie können wir den pädagogischen Alltag gestalten, um die Einrichtung zu einem möglichst sicheren Ort für Mädchen* und Jungen* zu machen?

Ziel ist es, diese Erkenntnisse und die getroffenen Entscheidungen, Wege und Beschlüsse zu verschriftlichen, um sie dann nach und nach, aber vor allem nachhaltig und zuverlässig in der Einrichtung zu verankern. Die im zweiten Schritt beschlossenen Schutzmaßnahmen müssen also im dritten Schritt in den Strukturen, aber auch im Alltag der Einrichtung verankert werden.

Ihre Umsetzung muss reflektiert und immer wieder überprüft und, wenn nötig, an die Anforderungen und Möglichkeiten angepasst werden. Ist ein Schutzkonzept „alltagstauglich" und kann „wie selbstverständlich" von allen Mitarbeitenden umgesetzt werden, so ist die Chance groß, dass die vereinbarten Schutzmaßnahmen im Alltag präsent bleiben und so für die Mädchen* und Jungen* spür- und erlebbar sind und bleiben.

Gelingt es einem Schutzkonzept nicht, dauerhaft präsent zu bleiben, so ist die Wahrscheinlichkeit groß, dass die vereinbarten Maßnahmen im Alltag vergessen und, wenn überhaupt, dann zufällig umgesetzt werden. Da Täter*innen jedoch strategisch und geplant vorgehen, muss auch ein Schutzkonzept strategisch und geplant umgesetzt werden, um wirklich Wirkung zeigen und die Mädchen* und Jungen* umfassend vor sexuellem Missbrauch schützen zu können.

Welche Bausteine gehören zu einem institutionellen Schutzkonzept?

In der ressourcenorientierten Pädagogik gibt es den Grundsatz, Schwächen zu schwächen, indem man Stärken stärkt. Ähnlich ist auch der Grundgedanke von Schutzkonzepten zu betrachten: Schutzfaktoren der Einrichtung sollen gestärkt werden, um tatbegünstigenden Faktoren entgegenzuwirken und um Schwachstellen und Gefährdungsaspekte zu reduzieren.

Die Verantwortung bei der Umsetzung liegt dabei auf unterschiedlichen Ebenen: Der Träger sowie die Leitungskräfte tragen Verantwortung für die strukturelle Verankerung von Schutzmaßnahmen. Die Teams und jeder einzelne Mitarbeiter sowie jede einzelne Mitarbeiterin tragen Verantwortung dafür, Schutzmaßnahmen in ihrem pädagogischen Alltag zu verankern und umzusetzen. Beide Ebenen sind wichtig, damit ein Schutzkonzept in der Einrichtung umgesetzt werden kann. Es ist also tatsächlich die gemeinsame Aufgabe aller Erwachsenen, denn auch Politik und Gesellschaft sind natürlich gefragt, die Einrichtungen nach Möglichkeiten bei dieser Aufgabe zu unterstützen.

Die Bausteine, die sich zum Schutz von Mädchen* und Jungen* als hilfreich und wirksam erwiesen haben, sollen im Folgenden kurz vorgestellt werden. Diejenigen Bausteine, für die sowohl die Leitungsebene als auch die Mitarbeitenden Verantwortung tragen und die darum auch im pädagogischen Alltag eine wichtige Rolle spielen, werden an dieser Stelle nur genannt, da sie in den folgenden Kapiteln genauer betrachtet werden.

Eine Ausnahme ist die Beschäftigung mit sexualpädagogischer Arbeit in der Einrichtung. Auch diese kann im Folgenden nur andiskutiert werden, da die Erstellung eines sexualpädagogischen Konzeptes eine sehr spannende und vielschichtige Arbeit ist, der im Rahmen eines Kapitels nicht Rechnung getragen werden kann. Einrichtungen stoßen bei der Beschäftigung mit dem Thema oft auf sehr spezielle Fragen, wie beispielsweise: Wie können wir Jugendliche mit Lernschwierigkeiten, die nicht von Büchern oder Modellen auf sich selbst schließen können, sexuell bilden? Wie können wir mit blinden Kindern Fragen zu Schwangerschaft und Geburt klären, wenn wir hierzu nicht wie bei den anderen Kindern ein Bilderbuch zur Hilfe nehmen können? Machen wir uns als Betreuer*innen strafbar, wenn ein Mädchen in einer stationären Wohngruppe schwanger wird?

Finden die Fachkräfte für diese Fragen keine Antworten im Team oder in der vorhandenen Literatur, so empfehlen wir die Kontaktaufnahme zu spezialisierten Fachstellen, die beim Entwickeln von Lösungsansätzen, dem Finden geeigneter Methoden und Materialien oder auch der Entwicklung eines einrichtungsspezifischen sexualpädagogischen Konzeptes unterstützen können[9].

Bausteine, die im Rahmen der Erstellung eines umfassenden, einrichtungsspezifischen Schutzkonzeptes von Einrichtungen bearbeitet werden können, sind also:

---

[9] Für München beraten in diesen Fragen gerne die Kolleginnen von AMYNA GrenzwertICH: https://amyna.de/wp/ueber-uns/grenzwertich/. Bei den Beratungsstellen von profamilia gibt es deutschlandweit kompetente Ansprechpersonen zu diesem Thema: https://www.profamilia.de/.

Haltung zum Thema Kinderschutz

Prävention und auch Inklusion sind in erster Linie eine Frage von Haltung.

Eine inklusive Haltung liegt vor, wenn anerkannt wird, dass es normal ist, verschieden zu sein, und dass Menschenrechte jedem Menschen gleichermaßen zustehen. Inklusion bedeutet, Verschiedenheit nicht (nur) als Hürde, sondern als Chance, vielleicht auch als positive Herausforderung zu betrachten.

Eine präventive Haltung wird in Einrichtungen erkennbar, wenn sich Mitarbeitende auf allen Ebenen bewusst sind, dass es sexualisierte Gewalt gibt und geben kann (auch in Einrichtungen, d. h. vielleicht auch in der eigenen Einrichtung), und wenn sie es als ein gemeinsames Ziel ansehen, Mädchen* und Jungen* mit und ohne Behinderung vor sexuellen Übergriffen zu schützen.

Aus reflektierten und sensibilisierten Haltungen werden im Einrichtungsalltag Handlungen. Genau diese Handlungen sind die Basis dafür, dass Präventionsmaßnahmen auch im hektischen und anfordernden Alltag nicht wieder vergessen oder vernachlässigt werden und dann recht bald als „schöne Idee" in einer Schublade landen, sondern dass sie tatsächlich auch umgesetzt und so für die Mädchen* und Jungen* spürbar werden, sich also zur „Einrichtungskultur" weiterentwickeln.

Strukturelle Verankerung von Kinderschutz in der Einrichtung

Ziel der Verankerung von Schutzmaßnahmen zur Prävention von sexuellem Missbrauch im Leitbild und/oder pädagogischen Konzept der Einrichtung ist es, nach innen und außen sichtbar zu machen, dass sich die Einrichtung ihrer Verantwortung bewusst ist und Maßnahmen ergriffen und verankert hat, auf deren Umsetzung auf allen Ebenen geachtet wird.

Sie erklärt Kinderschutz zur offiziellen Aufgabe der Einrichtung und signalisiert nach innen und außen, dass der Schutz der Mädchen* und Jungen* der Einrichtung wichtig ist.

Dies ist nicht nur eine gute Basis für die präventive Arbeit aller Mitarbeitenden, sondern auch ein Signal für Eltern, dass ihre Tochter oder ihr Sohn in der Einrichtung geschützt ist. Aus Sicht von Täter*innen kann eine klare Positionierung, dass sexuelle Grenzverletzungen und sexueller Missbrauch in der Einrichtung ein Thema sind und offen angesprochen werden, eine abschreckende Wirkung haben.

Ein klares Statement im Leitbild kann beispielsweise lauten:

In unserer Arbeit mit und für Mädchen und Jungen* sind uns Kinderrechte ein ganz besonderes Anliegen. Wir setzen uns für die uns anvertrauten Kinder ein, insbesondere für deren Recht auf körperliche und sexuelle Unversehrtheit, für einen respektvollen und Grenzen achtenden Umgang miteinander sowie für ihre Entwicklung zu einer selbstbewussten und selbstbestimmten starken Persönlichkeit. Diese Rechte haben Kinder unabhängig von ihrem Geschlecht, ihrer sexuellen Identität, ihrem Alter, ihrer sozialen oder kulturellen Herkunft, ihren Fähigkeiten oder Behinderungen.*

Personalauswahl und -management

Auch das Personalmanagement einer Einrichtung ist Baustein eines umfassenden Schutzkonzeptes. Ziel dieses Bausteines ist es, für Täter*innen zu einer unattraktiven Einrichtung zu werden und ihr Vorgehen durch Achtsamkeit und Klarheit in der Personalführung zu erschweren und frühzeitig zu unterbinden. Ansatzpunkte hierfür sind,

- die Prävention von sexuellem Missbrauch in der Stellenausschreibung und im Bewerbungsgespräch zu thematisieren.
- regelmäßig von allen Mitarbeitenden ein erweitertes Führungszeugnis nach § 72a SGB VIII einzufordern.
- einen Verhaltenskodex auszuarbeiten und diesen von den Mitarbeitenden unterzeichnen lassen, evtl. als Anhang an Arbeitsverträge.
- den Kinderschutz und die Prävention von sexuellem Missbrauch in den Einarbeitungsprozess aufzunehmen.
- regelmäßige Fortbildungen und Qualifizierungen zu Themen der Prävention von sexuellem Missbrauch anzubieten.
- die Prävention von sexuellem Missbrauch im Rahmen der regelmäßig stattfindenden Personalgespräche zu thematisieren.

Beispielhaft sollen hier einige Punkte dieser Auflistung ausgeführt werden.

Das Bewerbungsverfahren

Das Bewerbungsverfahren beginnt mit der Ausschreibung einer vakanten Stelle. Bereits an diesem Punkt kann deutlich gemacht werden, dass die Einrichtung Mitarbeitende sucht, die die Haltung des Trägers zum Thema Kinderschutz teilen.

Im Vorstellungsgespräch hat es sich als sinnvoll erwiesen, die Präventions- und Interventionsmaßnahmen der Einrichtung zu thematisieren sowie gezielt Fragen, z. B. zum Umgang mit Situationen der besonderen Nähe zwischen Mitarbeitenden und Kindern zu stellen.

Das Bewerbungsgespräch hat das Ziel, zu klären, ob die Bewerberin oder der Bewerber für die Arbeit mit den der Einrichtung anvertrauten Kindern geeignet ist. Hier kann verdeutlicht werden, dass die Einrichtung sich nicht scheut, über sexuelle Grenzverletzungen zu sprechen und auch Maßnahmen zu ergreifen, falls es zu Grenzverletzungen kommt. Bewerber*innen bekommen so einen ersten Eindruck von der Einrichtung. Da man aus Analysen weiß, dass Täter*innen Einrichtungen bevorzugen, die kein oder wenig Fachwissen zu sexuellem Missbrauch haben oder sich scheuen, das Thema offen auszusprechen, kann die Thematisierung im Bewerbungsgespräch sozusagen „abschreckend" wirken.

Beispiele für mögliche Fragen:

- Welche Motivation haben Sie für die Arbeit mit Mädchen* und Jungen* mit Behinderung?
- Wie gehen Sie mit Situationen der besonderen Nähe um? Was bedeutet Grenzen achtender Umgang für Sie zum Beispiel bei der Körperpflege von jugendlichen Bewohner*innen mit Assistenzbedarf? Wie erkennen Sie Grenzen, die Ihnen Kinder setzen?
- Zwischen Erwachsenen und Kindern besteht ein Macht- und Abhängigkeitsverhältnis. Was bedeuten diese Begriffe für Sie?
- Was wissen Sie über die Prävention von sexuellem Missbrauch? Was können Sie aus Ihrer Sicht im pädagogischen Alltag tun, um Mädchen* und Jungen* vor sexueller Gewalt zu schützen?

Bei hauptberuflichen Mitarbeiter*innen ist zudem die Frage zu empfehlen, ob Bewerber*innen mit den Anforderungen des Vorgehens bei Kindeswohlgefährdungen, auch mit den speziellen Erfordernissen bei Fällen von sexuellem Missbrauch, vertraut sind.

Regelmäßige Vorlage eines erweiterten Führungszeugnisses

Ziel der inzwischen in § 72a SGB VIII verbindlich vorgeschriebenen Vorlage eines erweiterten polizeilichen Führungszeugnisses für Fachkräfte ist es, einschlägig vorbestrafte Personen von Arbeitsfeldern, in denen Kinder betreut werden, fernzuhalten. Ein einwandfreies Führungszeugnis ist allerdings keine Garantie dafür, dass ein/e Bewerber*in bisher keine sexuellen Übergriffe begangen hat, denn es erfasst nur rechtskräftig abgeschlossene Strafverfahren. Ermittlungsverfahren, laufende Prozesse, Verdachtsfälle, eingestellte Verfahren oder nicht angezeigte Übergriffe werden nicht abgebildet und daher den Personalverantwortlichen auch nicht bekannt.

§ 72a SGB VIII regelt die regelmäßige Vorlage des erweiterten Führungszeugnisses. Im Regelfall ist ein Zeitraum von fünf Jahren für die Wiedervorlage vorgesehen. Die Vorlage kann aber auch in kürzeren Zeitabständen als notwendig erachtet werden. Der Träger kann dies selbst entscheiden.

Dieser muss übrigens von allen Mitarbeitenden, die haupt-, neben- oder ehrenamtlich für einen Träger der Kinder- und Jugendhilfe arbeiten und in diesem Rahmen mit den Kindern und Jugendlichen in Kontakt kommen, ein solches erweitertes Führungszeugnis einfordern und hierfür auch die Kosten tragen. Dies stellt eine gute Gelegenheit dar, um auch mit diesen Berufsgruppen immer wieder zum Thema Kinderschutz ins Gespräch zu kommen[10].

Verhaltenskodex z. B. als Anhang an den Arbeitsvertrag

Ein Verhaltenskodex, manchmal auch Ethikrichtlinie oder Selbstverpflichtung genannt, spiegelt das allgemeine Selbstverständnis und die fachlichen und pädagogischen Werte einer Einrichtung wider. Im Gegensatz zu Schutzvereinbarungen, die konkrete Verhaltensregeln enthalten, bezieht er sich auf eine allgemeine Grundhaltung und gemeinsame Werte in der Einrichtung. Er sollte ein deutliches Bekenntnis zum Kinderschutz und zur Achtung von Kinderrechten sein.

Dieser kann ergänzend zu einem Leitbild genutzt werden oder dieses ersetzen. Es ist auch denkbar, die hier vorgestellten Elemente als Teil des pädagogischen Konzeptes zu verankern.

Die Erarbeitung eines Verhaltenskodex für die Einrichtung verfolgt für die Aufgabe der Prävention von sexuellem Missbrauch im Wesentlichen drei Ziele:

Durch den intensiven, möglichst gemeinsamen Aushandlungs- und Diskussionsprozess, der durch die Erarbeitung eines Verhaltenskodex in der

---

[10] Da bekannt ist, dass auch Angestellte externer Dienstleistungsunternehmen (wie z. B. Busfahrer*innen spezialisierter Busunternehmen) Kinder im Rahmen ihrer Tätigkeit sexuell missbrauchen, empfehlen wir Einrichtungen, auch bei diesen Dienstleistern auf Sensibilität im Bereich Kinderschutz zu achten und auf die Einhaltung gewisser Standards hinzuwirken.

Einrichtung in Gang gesetzt wird, wird eine Identifizierung mit den Grundwerten und Haltungen geschaffen, von denen die alltägliche Arbeit in der Einrichtung getragen ist.

Leitfragen für den Diskussionsprozess können sein:

- Von welcher Grundhaltung ist der Kontakt zu den Mädchen* und Jungen* in unserer Einrichtung getragen?
- Was ist uns wichtig im Umgang mit ihnen?
- Wovor müssen, können und wollen wir die Mädchen* und Jungen* innerhalb unseres Verantwortungsbereiches schützen?
- Welche Verhaltensweisen der Mitarbeitenden lehnen wir in unserer Einrichtung ab, z. B. rassistische, diskriminierende, sexistische oder sexualisierte Sprache etc.?

Ein zweites Ziel ist es, durch die Kommunikation des Verhaltenskodex in den Öffentlichkeitsmaterialien und auf der Homepage potenziellen Täter*innen deutlich zu machen, dass in der Einrichtung Wert auf einen Grenzen achtenden Umgang miteinander gelegt wird. Dies wird umso deutlicher, wenn der Verhaltenskodex im Bewerbungsgespräch erläutert und neuen Mitarbeitenden zu Beginn der Tätigkeit zur Unterschrift vorgelegt wird.

Zu guter Letzt ist es ein Ziel eines Verhaltenskodex, auch Instrument der Personalführung und -entwicklung zu sein. Die Ergebnisse des Aushandlungsprozesses dienen den Mitarbeitenden als Orientierung für den Umgang mit Mädchen* und Jungen* im Alltag: Was ist erwünscht? Was ist nicht erwünscht? Wird gegen diese Verhaltensrichtlinien oder grundlegende Werte verstoßen, so haben Kolleg*innen und Vorgesetzte Kriterien, auf die sie sich bei ihrer Rückmeldung, Kritik oder auch bei den regelmäßig stattfindenden Personalgesprächen beziehen können.

Eine höhere rechtliche Verbindlichkeit hat der Verhaltenskodex, wenn er als Anhang in den Arbeitsvertrag aufgenommen wird. In diesen Fällen ist es sinnvoll, die erarbeiteten Formulierungen vor der letzten Beschlussfassung durch einen Rechtsanwalt oder eine Rechtsanwältin mit fundierten Kenntnissen im Arbeitsrecht auf die rechtliche Zulässigkeit hin überprüfen zu lassen. Wird er Mitarbeitenden „nur“ zur Unterschrift vorgelegt, so muss er nicht in der dritten Person formuliert sein, sondern kann auch in der Ich-Form geschrieben sein, z. B.:

„Ich verpflichte mich, alles in meinen Möglichkeiten Stehende zu tun, dass in meiner Arbeit kein sexueller Missbrauch möglich ist.

Ich bin mir der besonderen Vertrauens- und Autoritätsposition gegenüber den Mädchen und Jungen* bewusst und verpflichte mich dazu, diese Position nicht zu missbrauchen. Ich werde meine Rolle nicht ausnutzen, um sexuelle Kontakte zu Mädchen* und Jungen* herzustellen. Mir ist bewusst, dass jede sexuelle Handlung mit Kindern/Schutzbefohlenen eine strafbare Handlung ist, die disziplinarische und eventuell strafrechtliche Konsequenzen nach sich zieht.*

Ich fördere bei den mir anvertrauten Mädchen und Jungen* mit und ohne Behinderung ein gesundes Selbstbewusstsein und Selbstvertrauen sowie die Fähigkeit zur Selbst- und Mitbestimmung.*

Ich gestalte die Beziehung zu den Mädchen und Jungen* transparent und gehe verantwortungsbewusst mit Nähe und Distanz in der pädagogischen Beziehung und der alltäglichen Arbeit um."*

Diese Formulierungen sind nur als Beispiele gedacht. Ein Verhaltenskodex muss immer spezifisch zu der jeweiligen Einrichtung passen und darum auch vor Ort erarbeitet werden.

Einarbeitung und Qualifizierung neuer Mitarbeitender

Bei der Einarbeitung neuer Mitarbeiter*innen sollten das Thema Kinderschutz sowie die Maßnahmen zur Prävention von sexuellem Missbrauch als fester Bestandteil des Einarbeitungsplanes besprochen werden – auch im Hinblick auf die Besonderheiten in der Arbeit mit Mädchen* und Jungen* mit Behinderung.

Im Einarbeitungsprozess sollten die Bausteine des Schutzkonzeptes, also einrichtungsinterne Standards und Maßnahmen, wie z. B. Schutzvereinbarungen oder das Beschwerdemanagement für Mitarbeiter*innen, Eltern und Kinder, erklärt und „beworben" werden. Außerdem sollte ein Überblick über Leitungsstrukturen, Verantwortlichkeiten und Kommunikationswege gegeben werden und besprochen werden, was bei einem Verdacht zu tun ist und wo die entsprechenden Handlungsleitfäden zu finden sind.

Personalführung und Qualifizierung von Mitarbeitenden

Ein wichtiges Instrument der Personalführung sind regelmäßige Personalgespräche mit Zielvorgaben für die weitere fachliche Entwicklung. In diesem Rahmen können gemeinsame Einschätzungen der Fachkompetenz und sich daraus ergebende Ziele formuliert werden.

Von der Geschäftsführung kann bei diesem Anlass geprüft werden, ob und in welchem Bereich es bei welchem/welcher Mitarbeitenden weiteren Entwicklungsbedarf in Bezug auf Themen, die für das Schutzkonzept relevant sind, gibt. Für die Vorbeugung sexueller Gewalt können sich Mitarbeitende beispielsweise in folgenden Bereichen weiterbilden, um Wissen und Handlungssicherheit zu erwerben:

- Grundlageninformationen zur Problematik des sexuellen Missbrauchs von Kindern und Jugendlichen sowie den Möglichkeiten des Schutzes von Mädchen* und Jungen* in Einrichtungen
- Erkennen von Anhaltspunkten für und das Vorgehen bei Verdacht auf Kindeswohlgefährdungen (Schutzauftrag nach § 8a Abs. 4 SGB VIII)
- professioneller Umgang mit Nähe und Distanz in pädagogischen Beziehungen und Situationen, auch in der Arbeit mit Mädchen* und Jungen* mit unterschiedlichen Behinderungen
- Entwicklung kindlicher Sexualität sowie Möglichkeiten und Methoden der Sexualerziehung und der sexualpädagogischen Arbeit in Einrichtungen; Prävention von und Umgang mit sexuellen Übergriffen durch Gleichaltrige
- niedrigschwellige und inklusive Verfahren zur Partizipation und Beschwerde für Mädchen* und Jungen* im Einrichtungsalltag umsetzen
- Schulung zum hausinternen Vorgehen bei einem Verdacht auf sexuelle Übergriffe durch eine Mitarbeiterin oder einen Mitarbeiter

Für die Nachhaltigkeit von Fortbildungen ist es wichtig, dass sich die Mitarbeitenden regelmäßig zu unterschiedlichen Aspekten in diesem Themengebiet fort- und weiterbilden können und dass ergänzend auch in Teambesprechungen Zeit dafür freigeräumt wird, sich über die Fortbildungsthemen und generell das Schutzkonzept auszutauschen und den Umgang damit zu reflektieren und bei Bedarf gemeinsam zu optimieren.

Gerade bei einer hohen Fluktuation von Mitarbeitenden steigen die Anforderungen an den Träger, eine gute Einarbeitung (auch in Bezug auf die Prävention von und die Intervention bei Verdacht auf sexuelle Übergriffe) sicherzustellen und im Team trotz „erschwerter Bedingungen“ eine gemeinsame Haltung zu etablieren. Je besser und verbindlicher das Thema im Einarbeitungs- und Fortbildungskonzept verankert ist, umso zuverlässiger ist die Umsetzung des Themas in der Arbeit des/der einzelnen Mitarbeitenden gesichert.

Bewusste Gestaltung von Räumlichkeiten

„Der Raum ist der dritte Erzieher" – so lautet ein wichtiger Grundsatz der Elementarpädagogik. Auch für die Prävention von sexuellem Missbrauch spielen räumliche Gegebenheiten eine wichtige Rolle: In Räumen kann man sich wohl oder unwohl, sicher oder mulmig fühlen. Ziel ist es, durch diesen Baustein eines Schutzkonzeptes die räumlichen Gegebenheiten einer Einrichtung zu prüfen und zu überlegen, wie Räume gestaltet sein müssen, um sexuelle Übergriffe durch Mitarbeitende zu verhindern oder zumindest zu erschweren. Hierfür sollten beispielsweise uneinsehbare oder weit abgelegene Räume für Eins-zu-Eins-Situationen vermieden werden oder es sollte durch die Gestaltung der Räumlichkeiten sowohl Intim sphäre als auch Schutz ermöglicht werden, z. B. im Badezimmer oder bei unterschiedlichen Therapien.

Transparenz und Offenheit im erzieherischen Handeln können nur dann gewährleistet werden, wenn auch die räumlichen Rahmenbedingungen dies zulassen. Diese Transparenz dient einerseits als Schutzmaßnahme für Kinder, andererseits aber auch dem Schutz der Mitarbeitenden vor falschen Verdächtigungen.

Ziel dieses Bausteines ist es also, den Mädchen* und Jungen* in der Einrichtung auch räumlich zu ermöglichen, sich geschützt und wohl zu fühlen. Aus Täter*innen-Sicht sollen Räume so gestaltet sein, dass Übergriffe erschwert werden, weil nicht vorhersehbar ist, wann eine dritte Person den Raum betritt oder in diesen hineinschaut (z. B. durch ein Sichtfenster an der Tür zum Ruheraum in der KiTa).

Für ein Schutzkonzept sind darum die Räume im Innen- und Außenbereich hinsichtlich ihrer Ausgewogenheit zwischen dem Schutz der Intimsphäre und der Transparenz der pädagogischen oder pflegerischen Arbeit zu prüfen.

Uneinsehbare, verschließbare und abgelegene Räume sind entsprechend zu gestalten, umzugestalten oder ggf. auch anders zu nutzen.

Transparente Strukturen, Zuständigkeiten und Kommunikationswege

Die Erfahrung zeigt, dass Täter*innen sich Einrichtungen zum Teil gezielt aussuchen. Dabei scheinen Einrichtungen, die eine unklare Verantwortungsstruktur haben, attraktive „Tatorte“ zu sein.

Einrichtungen dagegen, in denen Täter*innen auf klare Strukturen, Zuständigkeiten und Kommunikationswege treffen, scheinen eher unattraktiv zu sein, weil hier eine Aufdeckung von Grenzverletzungen und sexuellen Übergriffen wahrscheinlicher ist. Betroffene Einrichtungen berichten sogar, dass übergriffige Personen, die gleich bei ersten Grenzverletzungen auf ihr Fehlverhalten angesprochen wurden, diese oft zeitnah wieder verlassen hatten - selbst wenn dies von Seiten der Einrichtung an dieser Stelle (noch) nicht gefordert wurde.

Ziel ist es darum, im Rahmen dieses Bausteines die Gestaltung der inneren Strukturen zu überprüfen und zu klären, sodass diese für alle Mitarbeitenden klar und transparent sind. Wer ist in welchen Fällen zu informieren (von der „kleinen“ Beschwerde bis hin zum Verdachtsfall)? Wer trifft auf welcher Ebene die Entscheidungen? Wer trägt die Verantwortung, dass Intervention und Prävention in der Einrichtung „funktionieren“?

Nicht zuletzt brauchen auch die Mädchen* und Jungen* transparente Strukturen und Zuständigkeiten:

- Wer hat hier in der Einrichtung was zu sagen und wer macht hier was?
- An wen kann ich mich wenden, wenn etwas Doofes passiert? Wer steht dafür innerhalb und außerhalb der eigenen Gruppe/Einrichtung wann und wie zur Verfügung?
- An wen kann man sich wenden, wenn man einen Vorschlag hat oder man sich eine bestimmte Veränderung für sich bzw. die Gruppe wünscht, z. B. eine räumliche Veränderung oder eine andere Therapeutin?

Die an den Möglichkeiten der Mädchen* und Jungen* orientierte Herstellung von Transparenz über die bestehenden Strukturen ist darum eine wichtige Aufgabe, der sich eine Einrichtung im Rahmen der Erstellung einen Schutzkonzeptes stellen sollte.

Sexualpädagogische Arbeit in der Einrichtung

Ziel des Bausteines „Sexualpädagogische Arbeit in der Einrichtung“ ist es, auch den Mädchen* und Jungen* mit unterschiedlichen Behinderungen sexuelle Bildung als Grundlage für eine gesunde Persönlichkeitsentwicklung sowie die zunehmende Fähigkeit zur sexuellen Selbstbestimmung zu ermöglichen.

Kinder sind von Geburt an sexuelle Wesen. Ihre Sexualität unterscheidet sich jedoch in zentralen Punkten von der Sexualität Erwachsener, z. B. ist sie gekennzeichnet durch Neugier, Spontaneität und Unbefangenheit und nicht auf genitale Sexualität konzentriert. Kinder entdecken sich und andere mit allen Sinnen, sind neugierig und wollen sich selbst und ihre Umwelt in der Auseinandersetzung mit anderen kennenlernen.

Sexualerziehung ist darum ein wichtiger Bestandteil ganzheitlicher Förderung und unterstützt die Mädchen* und Jungen* bei der Entwicklung einer gesunden, selbstbewussten und (sexuell) selbstbestimmten Persönlichkeit. Aus dieser Perspektive fällt sie in den Aufgabenbereich aller Einrichtungen und Institutionen, die Mädchen* und Jungen* besuchen.

Meist wird der Bedarf an Regelungen zu diesem Thema im pädagogischen Alltag deutlich sichtbar, sodass viele Mitarbeitende sehr motiviert sind, sich mit der sexuellen Entwicklung von Kindern und Jugendlichen auseinanderzusetzen sowie mit den Möglichkeiten, angemessen und fachlich begründbar auf sexuelle Verhaltensweisen, die diese im Alltag zeigen, zu reagieren. Da Sexualerziehung in der Ausbildung pädagogischer Fachkräfte meistens nur unzureichend thematisiert wird, fühlen sich viele Fachkräfte nämlich mit der Aufgabe überfordert, sexualpädagogisch mit den ihnen anvertrauten Mädchen* und Jungen* zu arbeiten oder alleine schon damit, auf alltägliche sexuelle Verhaltensweisen von Mädchen* und Jungen* angemessen zu reagieren. Dies kann dazu führen, dass Sexualerziehung eher unreflektiert stattfindet und ein Schattendasein führt – obwohl sich alle bewusst sind, dass es ein aktuelles, wichtiges und oftmals sogar „brennendes“ Thema in der Gruppe oder Einrichtung ist, das dringend Aufmerksamkeit braucht.

Das Nichtsprechen über Sexualität vermittelt den Mädchen* und Jungen*, dass intime Themen nichts sind, worüber man in der Einrichtung und mit den Fachkräften sprechen kann – und diese Erfahrung erschwert betroffenen Mädchen* und Jungen* die Aufdeckung von sexuellem

Missbrauch und erleichtert dadurch Täter*innen die Geheimhaltung ihrer Tat(en).

Ein sexualpädagogisches Konzept bietet darum eine gute Grundlage für eine positive und bestärkende Sexualerziehung in der Einrichtung. Es beschreibt die Haltung und die Grundsätze der sexualpädagogischen Arbeit in der Einrichtung. Dabei orientiert es sich an fachlichen Standards und den spezifischen Rahmenbedingungen, weniger an den Schamgrenzen, Bedürfnissen, Meinungen und Haltungen einzelner Mitarbeiter*innen oder Eltern.

Allerdings ist es wichtig, diese zu kennen, Ängste ernst zu nehmen, zu reflektieren und im Team zu besprechen, denn die Mitarbeitenden, die im Kontakt mit den Mädchen* und Jungen* sind, sind wesentlich für den Erfolg der Umsetzung des sexualpädagogischen Konzeptes im Alltag.

Inhalte eines sexualpädagogischen Konzeptes können beispielsweise – je nach Alter und Entwicklungsstand – sein:

- Informationen zu kindlicher und/oder jugendlicher Sexualität und zur sexuellen Entwicklung von Mädchen* und Jungen* mit und ohne Behinderung
- Themen und Möglichkeiten der Umsetzung von Sexualerziehung und Aufklärungsarbeit in der jeweiligen Einrichtung (im frühen Alter: menschliche Gefühle, positive Sinnes- und Körpererfahrungen, unterschiedliche Familienformen, das biologische und das soziale Geschlecht, aktuelle Fragen, wie beispielsweise „Wie kommen die Babys auf die Welt?“, ab der späteren Kindheit und dem Jugendalter auch Themen wie das Recht auf sexuelle Selbstbestimmung, sexuelle Orientierung, die Gestaltung zwischenmenschlicher Beziehungen, Bedürfnisse, Wünsche und Grenzen äußern, Bedürfnisse und Grenzen wahrnehmen, Möglichkeiten der Verhütung von Schwangerschaften und Geschlechtskrankheiten u. a.)
- Was bringen die Kinder und Jugendlichen rund um sexuelle Themen und Handlungen mit in die Einrichtung und wie kann damit umgegangen werden? Zum Beispiel: Schwärmen, Flirten, (Schimpf-)Wörter, Liedtexte, Pornos auf dem Smartphone, Fragen, Abwertungen, ihre sexuelle Orientierung, Unsicherheiten, (falsche) Vorstellungen und Informationen etc.
- Regeln für Kinder bei sexuellen Aktivitäten, wie beispielsweise: „Es darf nichts in Körperöffnungen eingeführt werden.“ oder „Kein Kind

darf zu etwas überredet oder gezwungen werden, was es nicht möchte."

- Umgang mit sexuellen Aktivitäten - sog. Doktorspielen - von Kindern untereinander in der Einrichtung (Möglichkeiten und pädagogisch begründbare Grenzen): Was ist altersangemessen und entspricht der kindlichen Entwicklung - was nicht? Wo beginnen sexuelle Grenzverletzungen und wie kann mit ihnen fachlich begründbar umgegangen werden?
- Angaben zur Zusammenarbeit mit Fachberatungsstellen und ggf. auch mit dem Jugendamt bei Anhaltspunkten auf eine Kindeswohlgefährdung bei übergriffigen Kindern und Jugendlichen

Ergänzend kann ein solches Konzept auch eine Ideen- und Methodensammlung zur Sexualerziehung in der Einrichtung enthalten, die von den Mitarbeitenden ergänzt werden kann, um das Thema lebendig, greifbar und praxisnah zu machen. Gerade bei Menschen mit unterschiedlichen Behinderungen fällt es Mitarbeitenden oft schwer, geeignete Methoden und Materialien zu finden. Um dies an einem Beispiel zu zeigen: Für die sexuelle Aufklärung von Jugendlichen empfiehlt sich in vielen Fällen die Arbeit mit geeigneten Büchern. Haben nun Jugendliche mit Lernschwierigkeiten Fragen zu ihrem Körper, ihrer Entwicklung oder ihrer Sexualität, so stehen Fachkräfte häufig vor der Herausforderung, für die von ihnen betreuten Jugendlichen geeignete Bücher zu finden. Diese müssen den Fragen der Jugendlichen gerecht werden, ihrem kognitiven Entwicklungsstand entsprechen und aus deren Sicht ansprechend gestaltet sein, aber auch aus pädagogischer Sicht geeignet sein, z. B. durch geschlechterrollenöffnende oder die Vielfalt sexueller Identitäten und Orientierungen anerkennende Aussagen und Darstellungen. Verwendet man für Jugendliche mit Lernschwierigkeiten nun Bücher für Kinder, die vielleicht ihrem kognitiven Entwicklungsstand angemessen erscheinen, so sind die Darstellungen, aber vor allem auch die Fragen und Themen in den meisten Fällen zu kindlich für Jugendliche. Verwendet man allerdings Bücher zur Aufklärung von Jugendlichen ohne Lernschwierigkeiten, so können diese überfordernd, wenig verständlich oder unangemessen sein oder nicht die Fragen beantworten, die für die betreuten Mädchen* oder Jungen* gerade aktuell sind. In der Gestaltung sexualpädagogischer Arbeit fühlen sich Fachkräfte, die mit Mädchen* und Jungen* mit Behinderung arbeiten, darum oft alleine gelassen und vergessen. Das gemeinsame Sammeln von Materialien in der Einrichtung kann die alltägliche Arbeit darum unterstützen oder gar ermöglichen.

Vorteil eines solchen Konzeptes ist es außerdem, den Mitarbeitenden und dem gesamten Team der Einrichtung „Rückendeckung" und (Hand lungs-)Sicherheit im Umgang mit kindlicher und jugendlicher Sexualität zu geben. Dies ist gerade in stationären Kinder- und Jugendwohngruppen, in denen das Thema Sexualität gefühlt täglich auf der Tagesordnung steht und oft mit großer Unsicherheit verbunden ist, von großer Bedeutung. Hier brauchen die Mitarbeitenden Unterstützung und Begleitung durch die Leitungsebene.

Auch die Eltern erhalten durch ein sexualpädagogisches Konzept Klarheit und Sicherheit, wie in der Einrichtung mit kindlicher und jugendlicher Sexualität umgegangen wird.

Letztendlich profitieren aber vor allem die Mädchen* und Jungen* von einer gut implementierten, positiven und bestärkenden sexualpädagogischen Arbeit, denn so werden sie ganzheitlich bei der Entwicklung ihrer Persönlichkeit gestärkt und dabei unterstützt, auch im Bereich Sexualität ein möglichst selbstbestimmtes Leben führen zu können.

Krisenleitfaden zum Vorgehen bei Verdacht auf sexuellen Missbrauch durch Mitarbeitende

Zu einer guten Prävention von sexuellem Missbrauch gehört auch immer Interventionskompetenz, d. h., Einrichtungen müssen – am besten vor einem konkreten Vorfall – überlegen, wie mit einem Verdacht auf sexuellen Missbrauch durch eine*n Mitarbeiter*in innerhalb der Einrichtung angemessen und gut reagiert werden kann. In der Fachwelt hat sich für standardisierte Handlungsanweisungen bei vermuteter sexueller Gewalt durch Personal innerhalb einer Einrichtung der Begriff „Krisenleitfaden" durchgesetzt.

Ein solcher Leitfaden für die Verdachtsklärung ist als Orientierungshilfe gedacht, denn die Erfahrung aus den in vergangenen Jahren aufgedeckten Fällen zeigt, dass sexuelle Übergriffe durch Mitarbeitende in Einrichtungen oft als „offenes Geheimnis" bekannt waren, sich jedoch niemand zuständig gefühlt oder getraut hat, für die Mädchen* und Jungen* schützend tätig zu werden. Dieser Untätigkeit und Ohnmacht wird im Rahmen eines Schutzkonzeptes mit klar verteilten (den Strukturen der Einrichtung entsprechenden) Verantwortlichkeiten in diesen meist emotionalen Situationen entgegengetreten.

So sind einerseits die Mädchen* und Jungen* durch achtsame und handlungsfähige Fachkräfte geschützt. Andererseits werden aber auch Mitarbeitende vor unangemessenen Reaktionen und Verdächtigungen geschützt. Ein bedachtsames, klares und der Situation angemessenes und ergebnisoffenes Vorgehen ist somit von großer Bedeutung – auch für alle Erwachsenen.

Hierfür sollte geklärt, festgelegt und auf allen Ebenen transparent kommuniziert werden,

- wer wann und bei welchen Verdachtsmomenten informiert werden muss (und wer nicht).
- wer für die weiteren Schritte verantwortlich und zuständig ist.
- wer zeitnah Kontakt zu externen Fachberatungsstellen Kontakt aufnimmt und hierfür geeignete Anlaufstellen kennt.
- wer den Schutz der (betroffenen) Kinder herstellt und wer zu deren Eltern Kontakt aufnimmt.
- wer für die dienstrechtlichen Angelegenheiten im Hinblick auf die Person, die der sexuellen Übergriffe beschuldigt wird, zuständig ist und wer deren Ansprechperson ist.
- wer sich um die Dynamik kümmert, die ein solches Geschehen intern auslösen kann.
- wer für eventuelle externe (Presse-)Anfragen zuständig ist.
- wer bei begründetem Verdacht Meldung an die Aufsichtsbehörde macht.

Diese Verantwortlichkeiten sollten von vornherein geklärt und mit zeitlichen Ressourcen für die Einarbeitung und Weiterqualifizierung der zuständigen Personen, aber auch für Aufklärungsarbeit in den Teams versehen werden. Außerdem sollte jederzeit und für alle Stellen und Teams eine aktuelle, schriftliche Übersicht über das Verfahren zur Verfügung stehen.

Auch für die Eltern sollte ersichtlich sein (z. B. durch einen dauerhaften Aushang oder ein Infoblatt), an wen sie sich wenden können, wenn es Verdachtsmomente gibt, z. B. wenn ein Kind zu Hause Andeutungen auf sexuelle Übergriffe durch Mitarbeitende in der Einrichtung macht.

Untersuchungen zeigen, dass Mädchen* und Jungen* den Ort, die Zeit und vor allem die Person, der sie berichten, selbst bestimmen. Wenn ein Kind den Schritt wagt, jemandem von dem Geschehenen zu berichten, ist es von zentraler Bedeutung, dass die ausgewählte Person das Gehörte nicht abstreitet („Das kann nicht sein. Der ist doch so nett." oder „Ach Quatsch, so etwas würde sie nie machen. Das hast du nur geträumt."), vor Hilflosigkeit erstarrt oder – aus dem Wunsch heraus, das Kind so schnell wie möglich zu „retten" – die falschen Schritte unternimmt, die dem betroffenen Kind letztendlich mehr Schaden als Nutzen bringen. Darum kann es sehr entlastend sein, in einer solch emotional aufgewühlten, nicht alltäglichen Situation auf einen sorgfältig ausgearbeiteten und innerhalb der Organisation beschlossenen Ablauf im Krisenfall zurückgreifen zu können. Den Worst Case so vorauszuplanen, dass professionelles Handeln im Verdachtsfall an die Stelle „schlotternder Knie" tritt, ist Ziel und Aufgabe eines Krisenleitfadens.

Zusammenarbeit mit Fachstellen

Um Verdachtsfälle angemessen und gut zu bearbeiten, Mitarbeitende vor falschen Anschuldigungen und Kinder vor sexuellen Übergriffen und Traumatisierung bei der Aufdeckung zu schützen, empfiehlt sich eine möglichst zeitnahe Zusammenarbeit mit spezialisierten Fachberatungsstellen. Diese beraten oftmals sowohl Einzelpersonen, die sich unsicher sind (anonym und kostenfrei), als auch Einrichtungen und Institutionen.

Die zahlreichen Erfahrungen und die „Routine", mit der Fachberatungsstellen Verdachtsfälle bearbeiten, ist für die verantwortlichen Fachkräfte, die sich mit einer solch schwierigen und oftmals unübersichtlichen Situation konfrontiert sehen, eine wichtige Unterstützung und Entlastung bei der Planung weiterer geeigneter Schritte.

In München gibt es beispielsweise zwei langjährig erfahrene und sehr kompetente Anlaufstellen, die bei Verdacht auf sexuellen Missbrauch nicht nur Kinder und Eltern, sondern auch Einrichtungen beraten – je nachdem, ob das betroffene Kind ein Mädchen* (Beratungsstelle der Initiative für Münchner Mädchen, IMMA e. V.) oder ein Junge* (KIBS – Kontakt-, Informations- und Beratungsstelle für männliche Opfer sexualisierter Gewalt bis 21 Jahre)[11] ist.

Für Einrichtungen empfiehlt es sich, im Rahmen der Erarbeitung eines Schutzkonzeptes in Erfahrung zu bringen, wo und von wem sie bei einem Verdachtsfall Unterstützung und Beratung bekommen können.

---

[11] www.imma.de; www.kibs.de

Bei Unsicherheit in der Frage, an wen man sich wenden kann, bietet das Hilfetelefon von N.I.N.A. e. V. Kindern, Jugendlichen und Eltern, aber auch Fachkräften Unterstützung dabei, geeignete Fachberatungsstellen in der Nähe zu finden. Dieses Hilfetelefon ist bundesweit kostenfrei und auf Wunsch anonym unter der Rufnummer 0800-22 55 530 erreichbar.[12]

Öffentlichkeitsarbeit zum Thema

Ein weiterer Baustein eines Schutzkonzeptes kann sein, sich als Einrichtung zu überlegen, wie man die eigenen Bemühungen, die Mädchen* und Jungen* der Einrichtung vor sexuellem Missbrauch zu schützen, an die Öffentlichkeit tragen kann, z. B. durch Informationen auf der Homepage, im Einrichtungs-Flyer oder durch ausgehändigte oder ausliegende Eltern-Infobriefe. Dies gibt zum einen den an der Einrichtung interessierten Eltern Informationen, was vor Ort getan wird, um ihre Tochter oder ihren Sohn zu schützen. Zum anderen kann auch eine öffentliche Information eine abschreckende Wirkung auf Täter*innen haben, die versuchen, sich ein Bild über die Einrichtung und deren Sensibilität und Sprachfähigkeit zum Thema zu machen.

Des Weiteren wird damit Kinderschutz so zu einem Standard, der langfristig auch andere Einrichtungen und Institutionen anregen kann, sich mit diesem wichtigen Thema zu beschäftigen, was natürlich ein wünschenswertes Ziel der Präventionsarbeit ist.

Weitere Bausteine, die im Folgenden genauer betrachtet werden:

- der professionelle Umgang mit Nähe und Distanz in professionellen Beziehungen (vgl. Baustein: Nähe und Distanz in professionellen Beziehungen)
- die Sicherung der Rechte von Kindern am Beispiel des kindlichen und jugendlichen Rechtes auf Beteiligung und Beschwerde (vgl. Baustein: Partizipation und Beschwerde)

---

[12] Wo es auch in Ihrer Nähe eine entsprechende Fachberatungsstelle gibt, erfahren Sie auch bei der Deutschen Gesellschaft für Prävention und Intervention bei Kindesmisshandlung und Vernachlässigung e. V. https://www.dgfpi.de/startseite.html

- die geschlechterrollenöffnende Arbeit im pädagogischen Alltag (vgl. Baustein: Typisch Mädchen*? Typisch Junge*? Typisch ICH!)
- die Elternarbeit im Kontext der Prävention von sexuellem Missbrauch (vgl. Baustein: Elternarbeit)

Wie werden Bausteine von Schutzkonzepten inklusiv?

Kinder und Jugendliche mit unterschiedlichen Behinderungen sind in erster Linie Kinder und Jugendliche! Darum muss ein Schutzkonzept für inklusive Einrichtungen, Förderschulen oder für Einrichtungen der sog. Behindertenhilfe keine „speziellen" oder „besonderen" Bausteine enthalten. Inklusion bedeutet hier vielmehr, dass einzelne Maßnahmen mit der „Inklusionsbrille" betrachtet werden. Das heißt, die Verantwortlichen schauen mit einem achtsamen, Kinderrechte achtenden und differenzierten Blick sowohl auf die Lebenssituation, Bedürfnisse und Besonderheiten der anvertrauten Mädchen* und Jungen* als auch auf die Erkenntnisse der Gefährdungsanalyse sowie auf die Rahmenbedingungen und Möglichkeiten der Einrichtung. Mit diesem Wissen im Hinterkopf werden nun die durch Forschung und Praxis herausgearbeiteten Bausteine auf die eigene Einrichtung angepasst.

Als bereichernd hat sich bei der Entwicklung von inklusiven Schutzkonzepten der Einsatz von sogenannten *Personas* erwiesen, die bislang vor allem im Bereich des (Online-)Marketings genutzt werden. *Personas* sind fiktive Personen, die Merkmale unterschiedlicher Personen oder Gruppen tragen, die durch eine Maßnahme angesprochen – oder in diesem Fall geschützt – werden sollen. Sie helfen den verantwortlichen Personen, unterschiedliche Perspektiven, Bedürfnisse, Zugänge, Fähigkeiten sowie Behinderungen und Beeinträchtigungen im Blick zu behalten und zu berücksichtigen, auch wenn nicht immer alle Mädchen* und Jungen* an der Entwicklung des Schutzkonzeptes beteiligt sein können. Der Einsatz von *Personas* soll an einem Beispiel verdeutlicht werden:

In betriebserlaubnispflichtigen Einrichtungen müssen nach § 45 SGB VIII Verfahren der Partizipation zur Sicherung der Rechte von Kindern und Jugendlichen Anwendung finden, damit die Betriebserlaubnis erteilt werden kann.

Überlegen die Verantwortlichen nun, welche Wege und Verfahren sich für die Mädchen* und Jungen* eignen, die die Einrichtung besuchen, so können *Personas* helfen, verschiedene Perspektiven im Blick zu behalten. Beispiele für Bewohner*innen-Personas können sein:

(1) Paula, Mädchen mit schwerer/mehrfacher Behinderung; 13 Jahre; kommuniziert ausschließlich über Augenbewegungen und Muskelspannung usw.

(2) Paul, Junge mit Lernschwierigkeit; fünf Jahre alt; kann seinem Alter entsprechend noch nicht lesen und schreiben; hat teilweise Verständnisprobleme, wenn man ihm etwas zu schnell oder zu kompliziert erklärt; redet nicht gerne mit Erwachsenen oder vor Gruppen usw.

(3) Petra, Mädchen mit schwerer Hörbehinderung; 16 Jahre; hat Angst, dass die anderen Mädchen und Jungen* sie nicht mehr mögen, wenn sie ihre Meinung sagt; kommuniziert über die Deutsche Gebärdensprache usw.*

Damit Mädchen* und Jungen* sich beteiligen können, müssen diese zunächst ihr Recht auf Beteiligung kennen und verstehen lernen sowie dazu befähigt werden, dieses Recht auch wahrzunehmen. Außerdem brauchen sie viele Möglichkeiten im Alltag, um Selbst- und dann auch Mitbestimmung für die Gruppe zu üben. Hierfür braucht es in der Einrichtung gut zugängliche sowie niedrigschwellig und möglichst barrierefrei nutzbare Verfahren, die allen Mädchen* und Jungen* die Erfahrung ermöglichen, dass sie gehört und ernst genommen werden und in allen ihnen möglichen Fragen auch tatsächlich mitentscheiden dürfen – und nicht nur gehört werden oder mitwirken dürfen.

Wie müssen diese Verfahren gestaltet sein, damit die oben beschriebenen *Personas* sie nutzen können? Die Aufgabe der Einrichtung ist es, Lösungsmöglichkeiten auf diese Frage zu finden. Wie also können Partizipationsmöglichkeiten aussehen, die auch Kommunikationsformen wie Gebärden oder nicht-sprachliche Körpersignale wie Augen- oder Muskelbewegungen als gleichwertig berücksichtigen? Wie kann man mitentscheiden, wenn man seine Meinung nicht gerne vor Erwachsenen oder einer Gruppe sagt? Wie können die Mädchen* und Jungen* das Vertrauen gewinnen, dass man auch oder gerade deshalb gemocht wird, wenn man seine Meinung äußert und für sich selbst bestimmt, was man mag und was nicht? Wie muss man das Recht auf Beteiligung sowie die einrichtungsinternen Verfahren so erklärt bekommen, dass man es auch mit Lernschwierigkeiten verstehen kann? Wie werden Kinder über dieses Kinderrecht und das einrichtungsinterne Verfahren informiert, die (noch) nicht lesen können?

Inklusion bei der Prävention von sexuellem Missbrauch bedeutet also in diesem Fall, Partizipationsverfahren so zu gestalten und in den Alltag einzubetten, dass ein „Realitäts-Check" später zeigt, dass sich wirklich alle Mädchen* und Jungen* in dem zur Verfügung gestellten Verfahren wiederfinden und sich niemand vergessen oder ausgeschlossen fühlt. Diese Aufgabe ist nicht immer einfach – aber der Weg zur Lösung kann sehr spannend und auf allen Ebenen bereichernd sein. Darum lohnt sich ein inklusiver Blick nicht nur, weil das von außen erwünscht ist – es öffnet auch den Blick auf die Ressourcen und Möglichkeiten der Mädchen* und Jungen* sowie auf die der Einrichtung, und das macht (zumindest auf lange Sicht) den pädagogischen Alltag für alle bunter und zufriedener.

Was können Kriterien für „gute" Schutzkonzepte sein?

Einrichtungsspezifische Schutzkonzepte sollen keine schönen Papierflieger sein, die nach kurzer Zeit in den Schubladen verschwinden und von denen die Mitarbeitenden nur noch wissen, dass „es da doch mal was gab". Die vereinbarten Maßnahmen zum Schutz sollen für die Mitarbeitenden so intuitiv, nachvollziehbar und unterstützend sein, dass sie diese „wie selbstverständlich" und ohne Widerstand oder große Hürden im Einrichtungsalltag umsetzen können.

Ein Schutzkonzept soll also nicht beschreiben, was im Optimalfall zur Prävention von sexuellem Missbrauch getan werden könnte. Es soll den Ist-Zustand der Einrichtung beschreiben und – wenn im Bereich Kinderschutz aktuell noch Lücken sichtbar sind – weitere Schritte und denkbare Wege beschreiben, die man in Zukunft ausprobieren und dann auch wieder auf deren Umsetzbarkeit überprüfen möchte.

Aus diesem Grund kann es leider nicht funktionieren, vorgefertigte Schutzkonzepte unverändert für die eigene Einrichtung zu übernehmen. Selbst wenn spezialisierte Fachstellen Vorlagen hierfür zur Verfügung stellen würden, wäre die Wahrscheinlichkeit hoch, dass diese vielleicht zur Vorlage bei den aufsichtsführenden Behörden, nicht aber für die Umsetzung im Alltag geeignet wären.

Ein Schutzkonzept hat den Auftrag, das Thema Kinderschutz im Alltag präsent zu machen und möglichst viele, bestenfalls natürlich alle Beteiligten ins Boot zu holen. Es soll ganz konkret und passend für die jeweilige Institution oder Einrichtung beschrieben werden, was der Einrichtung wichtig ist und was – unter den gegebenen Anforderungen und Voraussetzungen – zum Schutz der Mädchen* und Jungen* vor sexuellem Missbrauch in der Einrichtung getan wird.

Im besten Fall ist ein Schutzkonzept somit eine Beschreibung dessen, wie der Alltag in der Einrichtung aussieht und was auf struktureller Ebene und in unterschiedlichen alltäglichen Situationen getan wird, um Schutz für alle Mädchen* und Jungen* herzustellen.

Für die Wirksamkeit und Qualität von Schutzkonzepten sollten folgende Kriterien erfüllt werden: Schutzkonzepte

- sind *wertschätzend* gegenüber der Vielfalt menschlicher Lebensweisen, Entscheidungen und Empfindungen.
- sind *inklusiv*, d. h., sie sind geeignet, wirklich alle Mädchen* und Jungen* in der Einrichtung zu schützen, indem sie sich nicht nur an „Zielgruppen" orientieren, sondern die Bedürfnisse einzelner Kinder und Jugendlicher berücksichtigen und diese in all ihren Facetten sehen (Alter, Entwicklungsstand, Fähigkeiten und soziale wie individuelle Ressourcen, kultureller und religiöser Hintergrund, sexuelle Orientierung, Geschlecht und sexuelle Identität, vorherrschende Geschlechterrollen, Beeinträchtigungen und Behinderungen, Kommunikationsmöglichkeiten, vorhandene Selbstschutzfähigkeiten, soziale und persönliche Ressourcen etc.).
- sind *spezifisch* und *passgenau* auf die Personen, Gruppen und die Situation und Rahmenbedingungen in der Einrichtung zugeschnitten.
- sind *kreativ* und finden Lösungen und Ideen für Probleme, die Menschen außerhalb der Einrichtung sich manchmal nicht einmal vorstellen können.
- sind *partizipativ entwickelt*, d. h., in die Entwicklung sind neben der Träger- und Leitungsebene die Teams sowie bestenfalls auch die Mädchen* und Jungen* einbezogen. Die Träger- und Leitungsebene muss teilnehmen, da sie neben Entscheidungskompetenzen auch die Verantwortung für die Bereitstellung der benötigten Ressourcen trägt. Die Teams und einzelne Mitarbeiter*innen müssen mitwirken, denn sie kennen die Mädchen* und Jungen* am besten und wissen, was in ihrem Alltag möglich ist bzw. welche Rahmenbedingungen sie brauchen, um Schutzmaßnahmen auch tatsächlich umsetzen zu können.
- sind *alltagstauglich* und lassen sich vor Ort gut und zuverlässig, sozusagen „wie selbstverständlich" umsetzen.

- *achten Kinderrechte* und dienen dem Abbau struktureller Gewalt in der Einrichtung, z. B. durch den Abbau diskriminierender Haltungen und Handlungen oder durch die Verankerung von angemessenen und möglichst barrierearmen Partizipations- und Beschwerdeverfahren.
- reflektieren tradierte Rollenbilder und regen zu einer *geschlechterrollenöffnenden Erziehung* im Alltag an.
- halten die *Balance zwischen dem Schutz und den Rechten der Mädchen* und Jungen**, d. h., es wird versucht, deren Rechte so wenig wie möglich einzuschränken, um sie so gut wie möglich vor sexuellen Übergriffen zu schützen.
- basieren auf *wissenschaftlich fundiertem und aktuellem Wissen* rund um Täter*innen-Strategien und nicht auf Mythen und Irrtümern, die nach wie vor in den Köpfen mancher Menschen existieren (z. B. der Irrtum: „Nur Männer* missbrauchen Kinder, darum braucht es in Frauen*-Teams keine Schutzvereinbarungen.").
- geben allen Beteiligten durch *Transparenz* Orientierung und Handlungssicherheit.
- werden *regelmäßig aktualisiert* und benennen eine Arbeitsgruppe oder eine Ansprechperson, die an die regelmäßige Reflexion und Aktualisierung erinnert und sich für die Umsetzbarkeit der Schutzmaßnahmen in der Einrichtung verantwortlich fühlt.
- werden *nachhaltig* in den Strukturen der Einrichtung verankert und auf dieser Grundlage zuverlässig und langfristig mit den für die Umsetzung notwendigen personellen und finanziellen Ressourcen versorgt. Sie werden vom Träger im wahrsten Sinne des Wortes getragen.
- sind *barrierefrei* und somit für alle Beteiligten verständlich, nachvollziehbar, umsetzbar und nutzbar.
- vermitteln eine *positive Sicht auf Behinderung, aber auch auf Sexualität* und stärken die Mädchen* und Jungen* bei deren Persönlichkeitsentwicklung.
- sehen den Schutz der Mädchen* und Jungen* als *gemeinsames Ziel aller Beteiligten* und motivieren zur Umsetzung im Alltag, weil sie Spaß machen und die Situation und den Einrichtungsalltag für alle nachhaltig verbessern.

Fazit und Ausblick

Das Lesen dieses Kapitels erweckt vielleicht den Eindruck: „Prävention stellt sehr viele und sehr hohe Anforderungen an uns Einrichtungen und Fachkräfte. Das können wir ja niemals leisten.“

Darum sei abschließend betont: Die Entwicklung von Schutzmaßnahmen, die genau auf die Situation in einer Einrichtung passen, ist keine Sache von ein paar Tagen, sondern soll ein Prozess sein, der die Einrichtung langfristig begleitet. Die wahrgenommenen Anforderungen sollen nicht davon abhalten, einfach einmal anzufangen. Teams, die diesen ersten Schritt schon gemacht haben, berichten uns regelmäßig, wie sehr diese gemeinsame Beschäftigung sie an vielen Punkten und auf allen Ebenen in ihrer Fachlichkeit und ihren Strukturen vorangebracht hat – weit über den Schutzaspekt hinaus.

Es zeigt sich also tatsächlich: Wer will, findet Wege. Und diese Wege sind oft sehr spannend und lohnen sich letztlich für alle Beteiligten.

Kapitel III

Ausgewählte Bausteine für Schutzkonzepte

Baustein 1: Die Haltung macht's!

Ausgangspunkte

- Sexueller Missbrauch an Mädchen* und Jungen* findet auch in Einrichtungen und Institutionen oder deren Umfeld statt. Täter*innen können nicht nur pädagogische, pflegerische oder therapeutische Fachkräfte sein, sondern auch ungelernte oder nicht-pädagogische Mitarbeitende wie beispielsweise Busfahrer*innen, Küchen- oder Hauswirtschaftskräfte, Hausmeister*innen, Verwaltungsangestellte, Gärtner*innen etc.
- Bei sexuellem Missbrauch durch Familienangehörige oder Personen aus dem sozialen Umfeld des Mädchen*s oder des Jungen* sind die Menschen, denen am ehesten von dem Erlebten berichtet wird, nicht selten Mitarbeitende aus Einrichtungen. Menschen, die beruflich in Kontakt mit Kindern und/oder Jugendlichen sind, haben darum eine große Bedeutung sowohl für die Prävention als auch für die Ermöglichung der Aufdeckung von sexuellem Missbrauch.
- Grundlage dafür, dass Maßnahmen zum Schutz von Mädchen* und Jungen* nachhaltig in Einrichtungen verankert werden, ist eine professionelle präventive und inklusive Haltung der Mitarbeitenden, denn: Aus Haltungen werden im beruflichen Alltag Handlungen. Eine professionelle Haltung ist darum Grundlage für Handlungen von Mitarbeitenden, die den Mädchen* und Jungen* jeden Tag aufs Neue die Erfahrung ermöglichen, respektvoll und achtsam behandelt und ernst genommen zu werden. Grenzverletzungen und sexuelle Übergriffe unterscheiden sich dann deutlich von dem, was die Kinder und Jugendlichen als „normal" kennen und empfinden. So können auch Mädchen* und Jungen*, die behinderungsbedingt oder auch aufgrund ihrer bisherigen Erfahrungen (z. B. Flucht) wenig Gespür für eigene Rechte und eigene Grenzen entwickeln konnten, Grenzverletzungen eher wahrnehmen und zeitnah Unterstützung suchen.
- Eine professionelle Haltung basiert auf dem Wissen um die Möglichkeiten der Prävention von sexuellem Missbrauch, aber auch auf dem Grundgedanken der Inklusion. Sie erhöht die Bereitschaft, neue und kreative Wege zu suchen und zu gehen, um Maßnahmen für den Schutz *aller* anvertrauten Mädchen* und Jungen* herzustellen.

– Die Entwicklung und Professionalisierung der Haltung einer Einrichtung und ihrer Mitarbeitenden gelingt nicht durch kurzzeitige, einmalige Aktionen. Sie entwickelt sich durch einen Prozess der Auseinandersetzung mit dem Thema auf individueller, aber auch auf Team- und Einrichtungsebene. Die Anregung und Ermöglichung einer solchen Auseinandersetzung liegt im Verantwortungsbereich des Trägers und der Leitungskräfte. Der Schutz der anvertrauten Mädchen* und Jungen* soll als Aufgabe aller verantwortlichen Erwachsenen wahr- und ernst genommen werden.

Eine professionelle (präventive und inklusive) Haltung des Trägers, der Leitungsebene, aber auch der Teams/des Kollegiums und der einzelnen Mitarbeitenden ist ein wichtiges Schlüsselkriterium für die Entwicklung, Umsetzung und Verankerung von Präventionsmaßnahmen zum Schutz aller Mädchen* und Jungen* in Einrichtungen, Institutionen und Diensten.

Ziele des Bausteins

Ziel dieses Bausteines von Schutzkonzepten ist es, in den Einrichtungen zu vermitteln,

– dass es sexuellen Missbrauch an Mädchen* und Jungen* mit und ohne Behinderung (auch in Einrichtungen) gibt.
– dass eine professionelle, präventive und inklusive Haltung sehr wichtig für den Schutz der Mädchen* und Jungen* ist.
– dass eine schützende Haltung durch die Auseinandersetzung mit dem Thema und den Austausch im Team entwickelt wird.
– dass eine präventive und inklusive Haltung auch strukturell als „Kennzeichen“ und Qualitätsmerkmal der Einrichtung verankert und regelmäßig auf allen Ebenen kommuniziert werden muss.

Welche Aufgaben ergeben sich für wen?

Aufgaben für Träger und Leitungskräfte

Eine professionelle Haltung basiert in erster Linie auf Wissen: Leitungskräfte tragen Verantwortung dafür, dass nicht nur sie selbst, sondern auch die Teams/das Kollegium Basiswissen rund um sexuellen Missbrauch erwerben und an einer gemeinsamen professionellen schützenden

Haltung arbeiten können, die für die Mitarbeitenden nachvollziehbar ist und darum unterstützt und getragen wird.

Gibt es Mitarbeitende, die mit dieser Teamentwicklung nicht mitgehen können und deren Haltung nicht mit fachlichen Standards zu vereinbaren ist, so liegt es im Verantwortungsbereich der Leitungskräfte, diesen Mitarbeitenden Angebote zur Qualifizierung zu ermöglichen, ihnen Denkanstöße zu geben und bei Bedarf verbindliche Absprachen zu treffen, die sie zur Einhaltung der einrichtungsinternen Mindest-Standards zum Thema Kinderschutz verpflichten. Kann keine gemeinsame Lösung gefunden werden, so stellt sich bei deutlichen Abweichungen die Frage, ob eine weitere Zusammenarbeit überhaupt möglich ist. Eine solche Entscheidung zu treffen, liegt in der Verantwortung der Leitungskräfte.

Für Träger und Leitungskräfte ergeben sich somit folgende Aufgaben:

- Selbstreflexion wagen und Qualifizierungsangebote in Anspruch nehmen, um eine eigene, professionelle Haltung zum Thema entwickeln zu können; sich der eigenen Verantwortung und der eigenen Vorbildfunktion bewusst sein
- Entwicklung einer gemeinsamen Haltung in den Teams/dem Kollegium und der Einrichtung anregen und unterstützen
- Bereitstellung der notwendigen zeitlichen, finanziellen und personellen Ressourcen zur Sensibilisierung und Qualifizierung der Mitarbeitenden durch regelmäßige Fortbildungen, den Austausch im Team sowie professionell begleitete Fall- und Teamsupervisionen
- strukturelle Verankerung einer präventiven und inklusiven Haltung, z. B. im pädagogischen Konzept oder im Leitbild der Einrichtung
- Formulierung von klaren Standards und Schutzvereinbarungen in arbeitsrechtlich tragfähiger Form (siehe Baustein 2)
- Thematisierung von Haltungen in Vorstellungs- und Personalgesprächen
- Kompetenzen im Umgang mit Mitarbeitenden entwickeln, die sich schwer tun, eine professionelle präventive Haltung anzunehmen
- Kommunikation und das Sichtbarmachen der entwickelten Haltung nach außen, z. B. auf der Homepage

Aufgaben für Teams und einzelne Mitarbeitende

Durch die bisherigen Ausführungen wurde deutlich: Haltung beeinflusst und lenkt (bewusst oder unbewusst) alltägliche Verhaltensweisen und Handlungen.

Beispiel für eine präventive Haltung:

Mädchen und Jungen* sollen in der Einrichtung dabei unterstützt werden, möglichst selbstständig und autonom leben zu können.*

Mitarbeitende, die eine solche Haltung in sich tragen, werden die ihnen anvertrauten Mädchen und Jungen* unterstützen, alle ihrem Alter und ihrem Entwicklungsstand angemessenen Entscheidungen selber zu treffen.*

Beispiel für eine wenig präventive Haltung:

Kinder sollen Erwachsenen gehorchen und ihnen mit Respekt begegnen.

Diese Haltung von Mitarbeitenden würde sich im Alltag beispielsweise darin zeigen, dass diese ihren Willen durchsetzen und ihre Macht als Erwachsene dafür einsetzen (bzw. dafür missbrauchen), dass ihrem Willen Folge geleistet wird: „Weil ich es so will."

Diese Beispiele sollen verdeutlichen, dass ein präventives berufliches Handeln auf den zugrunde liegenden Haltungen einzelner Mitarbeitender basiert. Die Qualität dieser Haltungen ist entscheidend für die Umsetzung von Schutzmaßnahmen im Einrichtungsalltag.

Mitarbeitende und Teams haben darum folgende Aufgaben:

- die Auseinandersetzung mit dem Thema „Sexueller Missbrauch" sowie mit den Möglichkeiten des Schutzes von Mädchen* und Jungen* im pädagogischen Alltag, z. B. durch die Wahrung von Kinderrechten oder den reflektierten Umgang mit Nähe und Distanz
- die Entwicklung eines Bewusstseins dafür, dass der Schutz der anvertrauten Mädchen* und Jungen* in den eigenen Aufgabenbereich fällt und die Frage dabei nicht „ob" sein kann, sondern „wie?"
- die Entwicklung einer individuellen Haltung, die gekennzeichnet ist von Wertschätzung und Respekt gegenüber *allen* Mädchen* und Jungen* - unabhängig von deren Alter, Geschlecht, Behinderung und Beeinträchtigung, sexueller Orientierung, sexueller Identität,

Eigenschaften, Fähigkeiten und Interessen, Verhaltensweisen und Einstellungen (insofern diese anderen nicht schaden)

- die Entwicklung einer Kultur der Achtsamkeit, der Fehlerfreundlichkeit und der konstruktiven Kritik, die es ermöglicht, eventuelles Fehlverhalten bei Kolleg*innen und anderen Mitarbeitenden anzusprechen sowie Kritik an der eigenen Person als Chance wahrzunehmen
- die Thematisierung der gemeinsamen Haltung im Rahmen der Einarbeitung neuer Mitarbeitender (auch von Praktikant*innen, FSJler*innen, BFDler*innen oder von ungelerntem oder nichtpädagogischem Personal)
- die Kenntnis von Personen und Anlaufstellen – z. B. guten Supervisor*innen, die bei Problemen und Schwierigkeiten mit dem Thema „Haltung" unterstützen können

Was ist eine „professionelle Haltung"?

In vielen Fachartikeln und -gesprächen ist die Rede von der *großen Bedeutung* einer professionellen Haltung bei der Entwicklung und Implementierung von Konzepten zur Prävention von sexuellem Missbrauch in Einrichtungen. Doch was ist mit dem Begriff der „professionellen Haltung" gemeint?

Eine professionelle Haltung beschreiben wir bei der Gestaltung von Maßnahmen zum Schutz von Mädchen* und Jungen* mit und ohne Behinderung als eine Haltung, die einerseits den Wunsch verfolgt, durch das alltägliche berufliche Handeln sexuellen Missbrauch an den anvertrauten Kindern und/oder Jugendlichen zu verhindern. Außerdem gehört es zu einer professionellen Haltung, allen Menschen, denen man in seinem beruflichen Alltag begegnet, mit Wertschätzung und Respekt zu begegnen – in dem Bewusstsein, dass alle Kinder, Eltern und auch Kolleg*innen unterschiedlich sind und auch sein dürfen. Eine professionelle Haltung ist somit sowohl präventiv als auch inklusiv:

Eine **präventive Haltung** basiert auf dem Wissen, dass Mädchen* und Jungen* sexuelle Gewalt durch Erwachsene erleben und dass es auch Erwachsene sein müssen, die Verantwortung für deren Schutz übernehmen, denn kein Kind kann sich alleine vor sexuellem Missbrauch schützen. Strohhalm e. V.[13] bezeichnet die Prävention von sexuellem Missbrauch

[13] Fachstelle zur Prävention von sexuellem Missbrauch an Mädchen* und Jungen* in Berlin

darum als eine „Reaktion der Pädagogik auf Täterstrategien und auf Missbrauch begünstigende Umstände“ (2006, S. 3): „Es geht darum, dass Kinder im Erziehungsalltag Erfahrungen machen und eine Atmosphäre erleben, die im vollkommenen Widerspruch zu dem stehen, was der Täter [oder die Täterin, sgb] tut und mit seiner Tat zum Ausdruck bringt. Denn nur dann wird das Verhalten und Vorgehen des Täters bei dem Kind Irritation auslösen“ [...] (ebd.).

Eine präventive Haltung orientiert sich an Menschen- und Kinderrechten und ist geprägt von Wertschätzung, Respekt, Achtsamkeit und Feinfühligkeit gegenüber anderen Menschen, damit auch „kleine“ Grenzverletzungen und respektloses Verhalten keine alltäglichen Erfahrungen für die Mädchen* und Jungen* sind.

Wer anderen Menschen in alltäglichen Situationen respektvoll, wertschätzend und achtsam begegnet, der handelt präventiv – vielleicht sogar, ohne sich dessen in jeder einzelnen Situation bewusst zu sein. Beispiele für verinnerlichte präventive Grundsätze von Menschen, die mit Kindern und Jugendlichen arbeiten, können sein:

„Es ist die Aufgabe von Erwachsenen und somit meine persönliche Aufgabe, die mir anvertrauten Mädchen und Jungen* vor sexuellem Missbrauch zu schützen.“*

„Kinderrechte stehen jedem Kind zu. Durch mein alltägliches berufliches Handeln möchte ich den mir anvertrauten Mädchen und Jungen* zeigen, dass ich sie ohne Einschränkung als Träger*innen von Rechten sehe. Ich behandle sie respektvoll und wertschätzend und möchte Wege finden, um Kinderrechte für alle Mädchen* und Jungen* im Alltag spür- und erfahrbar zu machen.“*

„Ich möchte Vertrauens- und Ansprechperson für Mädchen und Jungen* sein, die sexuelle Übergriffe erlebt haben. Ich traue mir zu, mit einer solchen Situation umzugehen, und weiß, wann und wo ich Hilfe holen kann und muss.“*

*„Ich sehe es als meine Aufgabe, unfachliches, grenzverletzendes und wenig respektvolles Verhalten, das ich bei mir und auch bei meinen Kolleg*innen beobachte, anzusprechen und konstruktive Wege zu finden, dieses im Sinne der Mädchen* und Jungen* zu ändern.“*

Eine **inklusive Haltung** bewirkt, dass es als „normal“ anerkannt wird, verschieden zu sein. Inklusiv denkende Menschen erkennen die Gleichwertigkeit menschlichen Lebens an und somit auch, dass Menschenrechte jedem Menschen gleichermaßen und ohne Einschränkung zustehen – also unabhängig von Alter, Geschlecht, Beeinträchtigung oder Behinderung, kulturellem oder religiösem Hintergrund, sexueller Orientierung oder sexueller Identität, Eigenschaften oder Verhaltensweisen, Fähigkeiten und Fertigkeiten o. Ä. Inklusiv zu denken bedeutet, die Vielfalt und Unterschiedlichkeit menschlicher Lebensweisen nicht als Hürde oder Einschränkung zu sehen, sondern als Bereicherung und Chance, vielleicht auch als positive Herausforderung.

In Einrichtungen, die Mädchen* und Jungen* mit und ohne Behinderung besuchen, ist es für deren Wohlbefinden und auch für deren Schutz vor sexuellem Missbrauch zentral, dass sich die Mitarbeitenden auf allen Ebenen ihrer Verantwortung zur Umsetzung von Inklusion bewusst sind und dass sie eine Bereitschaft oder sogar den Wunsch entwickeln, dafür kreative und neue Wege zu finden, die zu der Einrichtung und den anvertrauten Kindern und Jugendlichen passen.

Eine inklusive Haltung orientiert sich nicht nur an einer allgemein gehaltenen „Zielgruppe“, sondern versucht, einzelnen Individuen gerecht zu werden und alle Mädchen* und Jungen* im Blick zu behalten, d. h., eine Einrichtung wird nicht dadurch inklusiv, dass sie Kinder mit Behinderung aufnimmt. Inklusiv wird eine Einrichtung erst dann, wenn alltägliche Abläufe und Routinen reflektiert und so gestaltet werden, dass sich alle Mädchen* und Jungen* darin wiederfinden und niemand Benachteiligung erfährt oder sich vergessen fühlt – und das geschieht auf der Basis, dass einzelne Mitarbeitende, aber auch die ganze Einrichtung es wichtig finden, ihren Beitrag zu einem inklusiven Alltag zu leisten.

Beispiele aus der Berufspraxis, die zum Nachdenken über die Bedeutung von Haltungen anregen

Im Alltag von Einrichtungen und Institutionen sind immer wieder bzw. immer noch Situationen, Verhaltens- und Handlungsweisen beobachtbar, die aus Sicht der Prävention von sexuellem Missbrauch „falsche Signale“ an Mädchen* und Jungen* mit und ohne Behinderung senden und potenziellen Täter*innen ihr strategisches und geplantes Vorgehen erleichtern (können). Oftmals lässt sich dahinter eine wenig präventive und/oder wenig inklusive Haltung erkennen.

Beispiel 1: Wer Erzieherin Martha widerspricht, muss mit negativen Konsequenzen rechnen, denn: Was sie sagt, das gilt! Schließlich arbeitet sie schon seit 27 Jahren in „ihrer“ stationären Jugendwohngruppe und weiß, dass Jugendliche klare Ansagen und strenge Regeln brauchen, damit das Zusammenleben reibungslos klappt.

Das Problem an dieser Situation ist:

Das Verhalten dieser Erzieherin signalisiert den Kindern die Haltung: „Erwachsene haben immer recht und dürfen alles bestimmen. Als junger Mensch bin ich ohnmächtig. Ich habe keinen Einfluss und es ist niemand daran interessiert, was ich möchte oder denke. Ich kann meine Situation nicht aus eigener Kraft verändern und muss sie wohl ertragen, um meine Lage nicht noch zu verschlechtern. Es ist, wie es ist."

Es ist nicht schwer zu verstehen, dass diese Gedanken für die Prävention von sexuellem Missbrauch wenig förderlich sind und die Aufdeckung von Unrecht, Grenzverletzungen oder sexuellen Übergriffen nicht erleichtert. Durch das Verhalten der Erzieherin lernen die Mädchen* und Jungen* jeden Tag aufs Neue, dass ihre Bedürfnisse nicht geachtet werden. Ihr Recht auf Selbst- und Mitbestimmung kennen sie vielleicht von Aufklärungsprojekten im Unterricht. In ihrem Alltag in der Wohngruppe spüren sie davon allerdings wenig. Ein Mangel an Autonomie und Selbstbestimmung führt allerdings dazu, dass wenige Erfahrungen von Selbstwirksamkeit gesammelt werden und so der Eindruck entstehen kann, dass man durch das eigene Tun und die eigenen Kompetenzen wenig bewirken kann. Dieses Bild vom eigenen Ich stärkt Mädchen* und Jungen* ohne und mit unterschiedlichen Behinderungen nicht und ist außerdem keine gute Grundlage für positive und vertrauensvolle Beziehungen zwischen Kindern und Erwachsenen.

Beispiel 2: In einer Hortgruppe müssen einige Kinder gewickelt werden. Sozialpädagoge Emre empfindet es als „beschämend" und wenig respektvoll, wenn Kinderpflegerin Anna die Mädchen und Jungen* in einer Ecke des Gruppenraumes wickelt. Diese betont immer wieder, das sei aus pragmatischen Gründen: Die einzige geeignete Toilette befindet sich einige hundert Meter entfernt am anderen Ende des Flurs – das sei zu viel Aufwand für eine Sache, die in fünf Sekunden erledigt ist. Emre findet, dass das keine fachlich haltbare Begründung ist, möchte seiner Kollegin aber nicht zu nahe treten und sie nicht „korrigieren" – so etwas gehört sich unter Kolleg*innen schließlich nicht.*

Auch in diesem Beispiel zeigt sich eine Haltung, die im Alltag zu Handlungen führt, die die Mädchen* und Jungen* nicht schützen: „Kolleg*innen korrigiert man nicht." Die Angst vor Konflikten, Kritik oder der Äußerung des eigenen Empfindens im Team oder gegenüber von Kolleg*innen führt dazu, dass bei Mitarbeitenden in manchen Situationen vielleicht ein „ungutes Gefühl" zurückbleibt, sich aber aus Sicht der Mädchen* und Jungen* nichts oder nur wenig verändert.

Auch die Unsicherheit, ob die eigene Haltung sich mit der der Einrichtung „deckt", kann konstruktive Kritik und sinnvolle Vorschläge zur Verbesserung im Umgang mit den Kindern und Jugendlichen verhindern, wenn es darüber keinen Austausch in den Teams gibt. In dem oben beschriebenen Beispiel werden sich die Mädchen* und Jungen* wohl eher nicht gegen diese Situation wehren, denn sie kennen es ja nicht anders und empfinden es vielleicht als unangenehm, aber auf jeden Fall als „normal", von Anna im Gruppenraum gewickelt zu werden. Wenn Annas Kolleg*innen nicht für sie einschreiten, wird ihre Intimsphäre vielleicht weiterhin verletzt.

Kolleg*innen, die unfachliches Verhalten nicht ansprechen können, sind außerdem ein ernst zu nehmender Hinweis auf eine wenig gepflegte Kommunikationskultur in der Einrichtung und auf die Haltung: „Ich mische mich nicht in die Arbeit von Kolleg*innen ein." Eine solche kann potenziellen Täter*innen ihr strategisches Vorgehen erleichtern, denn: In einem Umfeld, in dem alle bestrebt sind, niemandem „auf die Füße zu treten", werden auch Grenzverletzungen oder vermutete sexuelle Übergriffe mit geringer Wahrscheinlichkeit aufgedeckt.

Strukturelle Verankerung des professionellen Umgangs mit Nähe und Distanz in der Einrichtung

Thematisierung der gemeinsamen Haltung im Leitbild

Die Entwicklung einer gemeinsamen präventiven und inklusiven Haltung ist die Aufgabe der gesamten Einrichtung. Eine partizipativ und prozessual entwickelte Haltung, in der sich die Mitarbeitenden, aber auch die Mädchen* und Jungen* wiederfinden, ist eine gute Basis für jede Zusammenarbeit. Sie sollte darum gut sichtbar sein und regelmäßig nach innen und außen kommuniziert werden. Die Ergebnisse können im Leitbild, im pädagogischen Konzept oder in ähnlichen Kommunikationsmitteln niedergeschrieben werden. Ein Beispiel für eine Formulierung für das pädagogische Konzept kann sein:

*In unserer Einrichtung legen wir großen Wert darauf, das kindliche Recht auf ein gewaltfreies Aufwachsen zu schützen. Wir sehen jedes Mädchen** *und jeden Jungen* – unabhängig von Geschlecht, Alter, Behinderung, kulturellem und/oder religiösem Hintergrund, sexueller Orientierung und sexueller Identität etc. – als einzigartig und wertvoll an und fühlen uns darum dem Schutz eines jeden Kindes und Jugendlichen verpflichtet. Wir möchten sie vor jeder Form von Grenzverletzungen und Übergriffen schützen und ergreifen alle Maßnahmen, die uns hierfür zur Verfügung stehen. Dafür haben wir ein Schutzkonzept zur Prävention von sexuellem Missbrauch in der Einrichtung entwickelt, dessen Umsetzung im Alltag wir als unsere Aufgabe und Verantwortung sehen.*

Thematisierung der Haltung im Einstellungsgespräch

Ein Vorstellungsgespräch ist ein guter Zeitpunkt, um mit eventuell neuen Mitarbeitenden ins Gespräch zu kommen. Sexueller Missbrauch ist eine gewollte Tat, wie wir wissen. Planvolles Handeln von Tätern und Täterinnen geht teils so weit, dass sie sich „geeignete" Einrichtungen für ihre berufliche Tätigkeit suchen. Ein Täter bzw. eine Täterin wird sich in einer solchen Situation zwar niemals „aus Versehen" verplappern, aber eine Frage zu präventiven Themen im Vorstellungsgespräch ist für solche Bewerber*innen ein klarer Hinweis: „Diese Einrichtung schaut hin und übernimmt Verantwortung für die Mädchen* und Jungen*." Werden im Vorstellungsgespräch die Themen Kinderschutz, sexuelle Gewalt und deren Prävention selbstbewusst und offensiv von Seiten der Einrichtung angesprochen, so wird Täter*innen deutlich: Die Einrichtung ist bei diesem Thema sprachfähig, d. h., die Aufdeckung eventueller Taten wird wahrscheinlicher und das wiederum bedeutet, dass die Attraktivität der Einrichtung aus Täter*innen-Sicht abnimmt.

Wenn eine einfache Frage unter Umständen einen solchen Effekt erzielen kann, so sollte diese Chance doch auf jeden Fall genutzt werden. Beispiel für eine Formulierung könnte sein:

„Wie Sie vielleicht bereits auf unserer Homepage gesehen haben, legen wir sehr viel Wert darauf, dass die Mädchen und Jungen*, die uns anvertraut sind, vor jeglicher Form der Gewalt geschützt sind. Wir haben darum ein Schutzkonzept, in dem wir verschiedene Maßnahmen zur Prävention von sexuellem Missbrauch speziell für unsere Einrichtung entwickelt haben.*

Für uns auf Leitungsebene bedeutet das, dass wir z. B. regelmäßig Fortbildungen anbieten, um unsere Mitarbeitenden für das Thema zu sensibilisieren und zu qualifizieren.

*Unsere Mitarbeiter*innen sehen wir insgesamt als „wichtigste Ressource" für den Schutz der Mädchen* und Jungen*. Wir wünschen uns darum Kolleg*innen, die in ihrem alltäglichen Handeln achtsam und wertschätzend mit den anvertrauten Mädchen* und Jungen* umgehen.*

Können Sie uns vielleicht kurz beschreiben, wie für Sie ein achtsamer und Grenzen achtender Umgang mit Mädchen und Jungen* aussieht, z. B. in Pflegesituationen?"*

Anregung der Mitarbeitenden zur Selbst- und Teamreflexion, z. B. durch monatliche „Denkzettel"

Ziel von Schutzkonzepten ist immer die langfristige und nachhaltige Verankerung von Schutzmaßnahmen in Einrichtungen. Prävention darf keine Eintagsfliege und keine Papiersammlung sein, die nach kurzer Zeit in einer Schublade landet. Ziel ist es, Prävention nachhaltig und auf lange Sicht in den Einrichtungen präsent zu halten.

Eine Möglichkeit, regelmäßig über die gemeinsame Haltung ins Gespräch zu kommen, sind sogenannte „Denkzettel" mit diskussionswürdigen Aussagen, die auf Din-A3- oder Din-A4-Papier ausgedruckt und monatlich wechselnd im Teamzimmer (der Küche, dem Lehrerzimmer, dem Kopierraum) ausgehängt werden, zum Nachdenken anregen und dann beispielsweise zu Beginn oder am Ende der regelmäßig stattfindenden Teambesprechungen andiskutiert werden. Das braucht meist nicht mehr als 15 Minuten Zeit, hält aber das Bewusstsein für Prävention und die Bedeutung der eigenen Haltung bei den Mitarbeitenden wach und präsent. Ein Denkzettel und einige Ideen, wie dieser diskutiert werden kann, soll im Folgenden aufgezeigt werden:

„Wir betreuen Mädchen und Jungen* mit schwerer/mehrfacher Behinderung. Da ist es schwer mit der Intimsphäre. Um ehrlich zu sein, wissen die gar nicht, was eine Intimsphäre ist. Und schließlich muss Körperpflege ja auch sein, oder?"*

Einige Anregungen für eine Diskussion dieser These:

– Es geht nicht um das „Ob", sondern um das „Wie?": Auch Mädchen* und Jungen* mit schweren/mehrfachen Behinderungen haben das Recht auf Intimsphäre und auf Schutz vor sexuellem Missbrauch. Ihre Situation erfordert dafür den inklusiven Blick der Mitarbeitenden (z. B. wegen den Pflegesituationen, ihrer Nichtsprachlichkeit oder eingeschränkten kognitiven Fähigkeiten), mit dem identifiziert werden kann, wie Schutzmaßnahmen für das einzelne Kind gestaltet sein müssen. Eine Konsequenz der Diskussion könnte beispielsweise sein, dass die Teams erkennen, wie wichtig in diesen Situationen kollegiales Feedback ist: „Du, ich habe gesehen, dass du immer die Tür offen lässt, wenn du Ivo wickelst. Allerdings ist er schon 16 Jahre alt und mein Eindruck ist, dass er in diesen Situationen mehr Intimsphäre braucht. Meinst du, du könntest in Zukunft immer die Tür anlehnen?" (Weitere Anregungen zum Thema finden sich in Baustein 2: Nähe und Distanz)

– Eine respektvolle Atmosphäre, die beispielsweise auch die Art und Weise der Assistenz in der Intimpflege einschließt, eröffnet auch Mädchen* und Jungen* mit schwerer/mehrfacher Behinderung einen Erfahrungsraum, der sich „richtig" anfühlt. Vielleicht wird dadurch auch für diese Kinder und Jugendlichen die Chance größer, wahrzunehmen, wenn jemand respektlos und grenzverletzend mit ihnen umgeht und in irgendeiner Weise darauf aufmerksam zu machen.
– Es stellt sich dann vielleicht die Frage: Welche Haltung brauchen wir, um auch Menschen mit schwerer/mehrfacher Behinderung respektvoll und achtsam zu begegnen? Welche Lösungen finden wir hierfür im Team? Was können wir im kommenden Monat einmal ausprobieren? So bleibt eine inklusive Haltung im Bewusstsein und darum hoffentlich auch im Handeln der Mitarbeitenden präsent.

Beispiele für weitere Denkzettel

„Auweia! Das ist ja schrecklich, dass es Menschen gibt, die Kindern so etwas antun. Glücklicherweise kann so etwas bei uns nicht passieren. Wir sind so ein gutes Team und arbeiten schon so lange zusammen. Da würde ich für jeden die Hand ins Feuer legen."

„Wenn ich Kinder wertschätze und ihnen respektvoll begegne, dann hält das einen Täter noch lange nicht davon ab, ein Kind sexuell zu missbrauchen. Diese Verantwortung kann ich ja nicht übernehmen."

„Alle Mädchen und Jungen* sind gleich – und sie sind verschieden. Ich bin bemüht, jedem Kind in jeder Situation individuell gerecht zu werden. Mein Verhalten orientiert sich am einzelnen Menschen und nicht an seinem Geschlecht, z. B. morgens beim Aufwachen, beim Setzen von Grenzen oder beim Trösten."*

Weitere Wege, um die gemeinsame Haltung in der Einrichtung präsent zu halten

- Plakate mit Botschaften zu Themen, die im Zusammenhang mit Inklusion oder der Prävention von sexuellem Missbrauch stehen, z. B.: „Es ist normal, verschieden zu sein.“
- Aufhängen des gemeinsam erarbeiteten Leitbilds im Teamzimmer.
- Bearbeitung des Themas im Rahmen der Einarbeitung, aber auch bei regelmäßig angebotenen Fortbildungen oder meist jährlich stattfindenden Klausurtagen.

Ideen zur Kommunikation der Haltung an die Mädchen* und Jungen*

- Gruppenabende nutzen, um über Kinderrechte zu sprechen und darüber, was in der Einrichtung wichtig ist, wie die Mitarbeitenden sich verhalten sollen und was sie nicht tun dürfen etc.
- Eine gemeinsame Haltung und sich daraus ergebende Verhaltensweisen visualisieren, z. B. in Form eines Ampelsystems mit Piktogrammen.
- Ansprechpersonen bei Fragen und Problemen bekannt machen, z. B. durch ein Plakat mit Foto und Sprechzeiten, durch regelmäßige Sprechstunden mit Leitungen oder externen Fachkräften an Orten, an denen sich die Mädchen* und Jungen* wohlfühlen und gut auskennen.

Baustein 2: Umgang mit Nähe und Distanz in professionellen Beziehungen

Ausgangspunkte

- Jeder Mensch hat ein Bedürfnis nach Nähe, Sicherheit, Geborgenheit und Anerkennung, aber auch nach Intimsphäre und der Wahrung persönlicher Grenzen. Die angemessene Befriedigung dieser Bedürfnisse ist Voraussetzung für die Entwicklung von Kindern und Jugendlichen zu gesunden und starken Persönlichkeiten.
- Mitarbeitende in Einrichtungen und Institutionen sind oftmals wichtige Bezugspersonen für Mädchen* und Jungen* ohne und mit unterschiedlichen Beeinträchtigungen und Behinderungen. Durch den ihnen übertragenen Bildungs-, Betreuungs- und/oder Erziehungsauftrag haben pädagogische Fachkräfte die Aufgabe, eine professionelle Beziehung zu den ihnen anvertrauten Mädchen* und Jungen* aufzubauen und diese zu gestalten. Auch pflegerische und therapeutische Fachkräfte müssen ihren Umgang mit den ihnen anvertrauten Mädchen* und Jungen* reflektieren und professionell gestalten.
- Missbrauchstäter*innen in Institutionen können Situationen besonderer Nähe ausnutzen, um Mädchen* und Jungen* sexuell zu missbrauchen. Gibt es in einer Einrichtung Unsicherheiten, wie (im Interesse der Kinder und Jugendlichen, aber auch im Interesse der nichtmissbrauchenden Mitarbeiter*innen) ein fachlich guter Umgang mit Nähe und Distanz in professionellen Beziehungen gestaltet werden kann, erleichtert das Täter*innen ihr Vorgehen.
- Kein Kind kann sich alleine vor sexuellem Missbrauch schützen und auch Jugendliche brauchen hierfür oftmals die Unterstützung durch erwachsene Bezugspersonen. Dafür müssen Einrichtungen und Institutionen einerseits einen schützenden „äußeren Rahmen“ gestalten. Andererseits sind es die Teams und die einzelnen Mitarbeitenden, die auf der Grundlage einer achtsamen und wertschätzenden Haltung im Alltag und durch einen professionellen Umgang mit Situationen der besonderen Nähe einen wichtigen Beitrag zur Prävention von sexuellem Missbrauch an Mädchen* und Jungen* leisten können.

Beispiele für Situationen der besonderen Nähe im Alltag von Einrichtungen und Institutionen

Pädagogische, pflegerische und therapeutische Fachkräfte, die mit Kindern und Jugendlichen mit und ohne Behinderung arbeiten, stehen in zahlreichen alltäglichen Situationen vor der Herausforderung, nicht (nur) intuitiv, sondern fachlich begründbar mit sozusagen „zwangsläufig" entstehenden Situationen der besonderen Nähe umzugehen und professionell auf diese zu reagieren.

Besondere Nähe kann in Einrichtungen und Institutionen beispielsweise entstehen,

- wenn Mädchen* oder Jungen* Unterstützung beim Toilettengang oder der Intimpflege brauchen.
- wenn Mädchen* und Jungen* Unterstützung beim Umziehen nach dem Sportunterricht oder Training brauchen.
- in Einschlafsituationen, bei denen Kinder und z. T. auch Jugendliche in Kitas, stationären Wohngruppen oder bei Landschulheimaufenthalten manchmal den Wunsch nach Nähe haben.
- wenn Mädchen* und Jungen* traurig sind oder Trost suchen.
- beim Eincremen vor dem Sonnenbad.
- wenn Mädchen* und Jungen* sich in einen Mitarbeiter oder eine Mitarbeiterin verlieben.
- wenn Mädchen* und Jungen* sich auf den Schoß von Mitarbeitenden setzen oder mit diesen kuscheln möchten.
- im Rahmen von basaler Stimulation, von Massagen oder bei Maßnahmen zur Durchbewegung von Muskeln.
- wenn ein Kind sich selbst oder andere gefährdet und deshalb angefasst werden muss.
- wenn die Mädchen* und Jungen* sich mit den Mitarbeitenden raufen möchten und gemeinsam toben und spielen.

Solche oder ähnliche Situationen kennen Fachkräfte, die mit Kindern und Jugendlichen arbeiten, nur zu gut und die Liste könnte wohl mit unzähligen Beispielen ergänzt werden.

In vielen dieser Situationen der besonderen Nähe reagieren Fachkräfte intuitiv oder haben für sich Wege gefunden, mit dieser Nähe gut umzugehen. Viele Fachkräfte berichten in Fortbildungen allerdings, dass es –

auch nach vielen Berufsjahren – noch Situationen oder Begegnungen gibt, in denen sie sich unsicher fühlen und nicht wissen, wie sie (professionell) reagieren können – ohne Kinder abzuweisen oder unter „falschen Verdacht" zu geraten.

Sie berichten, dass Themen wie der professionelle Umgang mit Nähe und Distanz im Rahmen ihrer Ausbildung nicht oder nur sehr oberflächlich besprochen wurden und dass es auch in den Teams meist nur wenig Zeit und Raum gibt, um über entsprechende Situationen, Unsicherheiten oder angemessene Verhaltensweisen zu sprechen. Oftmals wird gar nicht über die Nähe zu Mädchen* und Jungen* im beruflichen Alltag oder angemessene Möglichkeiten des Umgangs mit diesen Situationen gesprochen und es bleibt den einzelnen Fachkräften überlassen, wie sie sich mit entsprechenden Situationen arrangieren.

In Fortbildungen zeigt sich dann regelmäßig, dass der Austausch zu diesen Themen als befreiend, bereichernd und spannend empfunden wird und dass unterschiedliche Menschen ganz unterschiedliche Empfindungen zu Nähe und Distanz haben: Für den einen ist es zu nahe, Mädchen* oder Jungen* auf den Schoß zu nehmen, während eine andere es für „völlig in Ordnung" empfindet, den Kindern ab und zu ein Küsschen zu geben oder sie mit Kosenamen anzusprechen.

Oftmals sind die Teilnehmer*innen von Fortbildungen aber auch verunsichert, wenn sie Basiswissen über Täter*innen-Strategien erwerben. Sie fragen sich dann: Was darf ich denn dann noch machen? Bin ich jetzt schon verdächtig, wenn ich Wellnesstage für *meine* Mädels anbiete oder ein Kind auf den Schoß nehme? Was denken meine Kolleg*innen von jetzt an in diesen Situationen von mir?

Wichtig ist darum, dass von vornherein geklärt ist: Wenn wir uns mit einem professionellen Umgang mit Nähe und Distanz in Einrichtungen beschäftigen, so soll das nicht dazu führen, dass Mitarbeitende plötzlich unter Generalverdacht gestellt werden und folglich jedes Verhalten als „verdächtig" bewertet wird. Im Gegenteil: In all diesen Fällen gilt es, eine fachlich begründete Haltung zu finden, was wann warum in Ordnung ist oder was nicht. Darum soll es auch im Folgenden gehen – um Kinder zu schützen, aber auch, um Mitarbeitenden Handlungssicherheit zu geben.

Ziele des Bausteins

Ziel der Beschäftigung mit einem professionellen Umgang mit Situationen der besonderen Nähe ist es, eine reflektierte und fachlich begründbare Balance zwischen Nähe und Distanz zu Mädchen* und Jungen* zu finden und im Team und/oder in der Einrichtung einen klaren Umgang mit persönlichen Grenzen zu entwickeln.

Selbstverständlich kann es nicht das Ziel sein, verbindliche Verhaltensregeln für jede denkbare alltägliche Situation festzulegen, die pädagogisches Handeln unmöglich machen und darum mit sehr großer Wahrscheinlichkeit und recht bald als „Papierflieger" in einer Schublade landen.

Vielmehr soll sich in der Einrichtung, in den Teams sowie bei den einzelnen Mitarbeitenden eine präventive, Grenzen achtende Grundhaltung entwickeln, die dann zu einem reflektierten Handeln im beruflichen Alltag führt.

Ein weiterer Aspekt, der als Ziel dieses Bausteins angestrebt werden kann: Wir hören nicht selten, dass auch Mitarbeitende (beispielsweise im Rahmen von Pflegesituationen) verbale und körperliche Übergriffe durch Bewohner*innen erleben. Hier kann eine offene Auseinandersetzung mit dem Thema zur Enttabuisierung dieses meist offenen Geheimnisses und damit zur Entlastung von betroffenen Mitarbeitenden beitragen, z. B., indem es durch klare Regelungen ihren Schutz vor Grenzverletzungen und sexuellen Belästigungen im beruflichen Alltag erhöht. Auch das ist ein wichtiges Ziel, das durch die Bearbeitung des Bausteines erreicht werden soll.

Welche Aufgaben ergeben sich für wen?

Wird der Baustein „Nähe und Distanz in der Einrichtung" bearbeitet, so entstehen Aufgaben auf den unterschiedlichen Ebenen einer Einrichtung:

Auf der Ebene einzelner Mitarbeitender

Jede einzelne Mitarbeiterin und jeder einzelne Mitarbeiter hat den Auftrag, sich selbst, eigene Werte und Normen sowie das eigene berufliche Handeln und Verhalten in Situationen der besonderen Nähe zu reflektieren. Die Entwicklung einer achtsamen und respektvollen Haltung gegenüber Mädchen* und Jungen* sowie die „Umsetzung" dieser Haltung in Grenzen achtende Verhaltensweisen im beruflichen Alltag leisten einen wichtigen Beitrag für den wirksamen Schutz der Mädchen* und Jungen* vor sexuellem Missbrauch, denn: Nur so können Mädchen* und Jungen* jeden Tag aufs Neue erfahren, dass ihre Grenzen wichtig sind und von Erwachsenen geachtet und geschützt werden. Nur so spüren Kinder und Jugendliche mit und ohne Behinderung, welcher Umgang mit ihnen in Ordnung ist. Mit diesem Maßstab können sie besser wahrnehmen und einordnen, wenn jemand sich ihnen gegenüber so verhält, wie es nicht in Ordnung ist.

Und auch die Fachkräfte selbst bekommen mehr Sicherheit in der Bewertung des Verhaltens ihrer Kolleg*innen. Erste Grenzverletzungen können somit schneller als solche wahrgenommen werden. Warum das so wichtig ist, wurde bei der Darstellung der Täter*innen-Strategien im ersten Kapitel aufgezeigt: Diese gehen meist sehr planvoll und strategisch vor und bahnen ihre Taten allmählich an. Anfangs testen sie nicht nur die Reaktion des Mädchen*s/des Jungen* auf erste Grenzverletzungen (wie z. B. anzügliche Blicke, eine sexualisierte Sprache, scheinbar zufällige Berührungen im Intimbereich), sondern auch die Reaktion des Umfelds: Kommentieren die Kolleg*innen dieses Verhalten? Wird es zur Sprache gebracht oder wird es toleriert? Werden Grenzen aufgezeigt?

Darum kann jede*r einzelne Mitarbeitende mit seinem/ihrem Verhalten und Handeln und der Reaktion auf grenzen-verletzendes Verhalten einen aktiven und großen Beitrag zur Prävention von sexuellem Missbrauch in der Einrichtung leisten.

Auseinandersetzung auf der Teamebene

Auch auf der Teamebene braucht es für die Bearbeitung des Bausteins Zeit und Raum, ggf. auch Qualifizierungsangebote, um sich mit dem Thema „Nähe und Distanz im beruflichen Alltag" auseinanderzusetzen.

Einerseits geht es darum, sich nicht nur persönlich, sondern auch gemeinsam im Team einer Haltung anzunähern, was unter einem achtsamen und Grenzen achtenden Umgang mit Kindern und Jugendlichen zu verstehen ist. Wie schon weiter oben formuliert: Nicht jede pädagogische Situation ist standardisierbar und das ist natürlich und gut so, denn in pädagogischen Beziehungen geht es meistens darum, im Alltag rasch und angemessen aus einem „Gefühl heraus" agieren und reagieren zu können.

Gemeinsam an der Grundhaltung zu arbeiten, aus der sich diese Gefühle und Empfindungen speisen – darum geht es auf der Teamebene. Fachkräfte sollten sich eine klare Orientierung erarbeiten (können): So gehen wir hier in der Einrichtung mit Kindern und Jugendlichen um!

Für immer wiederkehrende und somit auch standardisierbare Situationen empfiehlt es sich, die besprochenen Verhaltensregeln zu verschriftlichen und zu verankern, z. B. in Form von Schutzvereinbarungen, Verhaltenskodizes oder Ampelsystemen, die definieren, welches Verhalten im konkreten Fall von Mitarbeitenden im Team bzw. in der Einrichtung in Ordnung und welches nicht (mehr) fachlich begründbar ist. Wichtig ist es hier, realistisch zu bleiben: Nur Regelungen, die sich auch wirklich in der Praxis einhalten lassen, machen hier Sinn. Alles andere verwässert die gewonnene Klarheit wieder. Einigkeit braucht es auch dazu, wie mit begründbaren Ausnahmen umgegangen wird.

Eine besondere Teamaufgabe ist es, diese Grundhaltung sowie die vereinbarten Regelungen dann auch angemessen und an den individuellen Möglichkeiten orientiert an die anvertrauten Mädchen* und Jungen* sowie u. U. an deren Eltern oder sorgeberechtigte Personen zu kommunizieren: Nur wenn die Mädchen* und Jungen* wissen, was in Ordnung ist und wie sich Mitarbeitende ihnen gegenüber verhalten sollen und dürfen, können sie sich sicher sein, dass ein Verstoß gegen diese Regeln nicht ihre Schuld ist. Dies ist eine wichtige Voraussetzung dafür, dass man sich Hilfe holt, wenn eigene Rechte oder Grenzen verletzt werden.

Verantwortung auf der Ebene der Leitung und des Trägers

Auf der Ebene des Trägers sowie der Leitungskräfte (Einrichtungsleitung/pädagogische Leitung/Rektor*in) ergibt sich die Aufgabe, einen äußeren Rahmen zu ermöglichen und zu gestalten, der einen professionellen Umgang mit Nähe und Distanz in der Einrichtung fördert und fordert.

Die Ermöglichung von Austausch und Qualifizierung zum Thema ist ebenso wichtig wie die strukturelle Verankerung von Verhaltenskodizes oder Schutzvereinbarungen im Sinne von verschriftlichten konkreten Verhaltensregelungen für den Umgang mit standardisierbaren Situationen in der Einrichtung (z. B. Wickelsituationen).

Auch die einrichtungsspezifische Festlegung, was bei einem Verstoß gegen vereinbarte Verhaltensregeln oder auch bei einem Verdacht auf sexuelle Übergriffe durch Mitarbeitende zu tun ist, liegt ebenfalls in der

Verantwortung der Träger und Leitungsebene. Die konkrete Umsetzung ist dann Aufgabe der Leitung und der Teams vor Ort.

Prävention auf pädagogischer Ebene: Wie gelingt ein professioneller Umgang mit Nähe und Distanz im beruflichen Alltag?

Bevor aus fachlicher Perspektive betrachtet wird, was es bedeutet, professionell mit Situationen der besonderen Nähe im beruflichen Kontext umzugehen, ist es ratsam zu reflektieren, was „Nähe und Distanz" für die eigene Person bedeutet:

Fragen zur Selbstreflexion

- Welche Atmosphäre brauchen Sie, um sich an einem Ort wohlzufühlen?
- Würden Sie sich in der Situation der Ihnen anvertrauten Mädchen* und Jungen* wohlfühlen? Wenn ja: Warum? Wann? Wenn nein: Warum nicht? In welchen Situationen nicht?
- Erinnern Sie sich an angenehme oder unangenehme Erfahrungen mit Situationen der besonderen Nähe: Wann ist Ihnen Nähe angenehm? Wie signalisieren Sie Ihren Mitmenschen, dass Sie sich Nähe wünschen? Wann ist Ihnen Nähe unangenehm? Wie signalisieren Sie es Ihren Mitmenschen, wenn Sie sich mehr Distanz wünschen? Welche Signale sendet Ihr Körper dann? Wann wünschen Sie sich Distanz? Kennen Sie Ihre persönlichen Grenzen?
- Wie signalisieren die unterschiedlichen Mädchen* und Jungen*, die Ihnen anvertraut sind, ihr Bedürfnis nach Nähe? Oder ihr Bedürfnis nach Distanz? Gibt oder gab es Situationen, in denen Sie im Nachhinein den Eindruck hatten, dass Sie diese falsch interpretiert haben? Woran haben Sie das bemerkt?
- Wie sicher fühlen Sie sich im Umgang mit Situationen der besonderen Nähe, denen Sie in Ihrem beruflichen Alltag begegnen? Gibt es Situationen, in denen Sie sich unsicher fühlen? Für die Sie noch keine gute Lösung gefunden haben? Bei denen Sie das Gefühl haben, dass es auch im Team bzw. im Kollegium noch keine gute Lösung gibt?

Was bedeutet es, professionell mit Situationen der besonderen Nähe umzugehen?

Ein professioneller Umgang mit Nähe und Distanz in professionellen Beziehungen ist gekennzeichnet durch

– **Rollenklarheit:** Die Mitarbeitenden sowie die Mädchen* und Jungen* sind sich bewusst, dass Fachkräfte in Einrichtungen weder Elternersatz noch Freund*in oder Liebhaber*in sind.

  Beispiel: Eine Bewohnerin mit Lernschwierigkeiten, die in einer Jugendwohngruppe lebt, fragt die etwa gleichaltrige frischgebackene Arbeitserzieherin: „Du bist doch meine Freundin. Kannst du mir helfen? Mein Freund möchte, dass ich ihm ein Kondom anziehe. Kannst du mir zeigen, wie du das machst?“ Die Mitarbeiterin überlegt: Soll oder darf sie mit dem Mädchen tatsächlich über so ein privates Thema sprechen?

  In solchen Fällen ist es hilfreich, wenn in der Einrichtung vorab geklärt wurde, ob bzw. dass Sexualerziehung zu den Aufgaben von Fachkräften gehört. Die Rolle, in der hier agiert werden soll, ist klar:

  „Deine Freundin bin ich nicht, und ich erzähle dir auch nicht, wie ich das mache – das ist meine Privatsache. Aber wir haben im Gruppenraum doch diesen Koffer mit einem Holzpenis. Wenn du möchtest, können wir da gerne ausprobieren, wie das geht, und ich kann dir erklären, auf was ihr achten müsst.“

  Und dabei kann dann auch gleich noch geklärt werden, ob die Jugendliche auch mit ihrem Freund intim werden möchte oder ob sie nur dem Wunsch ihres Freundes nachkommt und sie in ihrer Grenzziehung unterstützt werden muss.

  Zur Rolle von Fachkräften gehört also die sachliche und alters- und entwicklungsgemäße Vermittlung von Informationen und die Beantwortung von Fragen – der Austausch über private Erfahrungen oder persönliche Bewertungen gehört nicht zum professionellen Umgang mit intimen Fragen.

– die **Orientierung an den individuellen Bedürfnissen der anvertrauten Mädchen* und Jungen*** und dem gleichzeitig eindeutigen und transparenten Umgang mit Nähe und Distanz. Im Mittelpunkt müssen die Bedürfnisse der Kinder und Jugendlichen stehen. Sie brauchen emotionale und auch körperliche Nähe. Sie brauchen Trost und liebevolle Zuwendung von ihren Bezugspersonen - ohne dass diese Situationen ausgenutzt werden. Gerade wenn sie in Einrichtungen *leben*, dann ist dort der Ort dafür. Hier muss allerdings immer wieder austariert werden: Wie können wir erkennen, wann Mädchen* und Jungen* ein Bedürfnis nach Nähe haben und wann nicht? Und: Welche Nähe ist im beruflichen Kontext angemessen?

*Beispiel: Ein 17-jähriger Junge mit schwerer/mehrfacher Behinderung hat morgens nach dem Aufwachen das Bedürfnis, zu kuscheln und in den Arm genommen zu werden. Wenn ein*e Mitarbeiter*in ihm nahe kommt, um ihn zu waschen und zu wickeln, zieht er diese Person zu sich und umklammert sie fest - manchmal fasst er sie auch an Brust oder Hintern.*

*Die Mitarbeitenden überlegen, wie sie seine Bedürfnisse nach Nähe erfüllen können, ohne die professionelle (und die von ihnen selbst gewünschte) Distanz aufzugeben und um dennoch, auf lange Sicht gesehen, zu verhindern, dass das Bedürfnis des Jugendlichen nach Nähe missbraucht wird. Sie besprechen in einer Teambesprechung, was für die einzelnen Mitarbeiter*innen in Ordnung ist: Für manche ist es in Ordnung, den Jungen morgens einmal zu umarmen. Andere können sich vorstellen, ihn über den Brustkorb zu streicheln, denn das mag er sehr gerne. Vielleicht würde das seinen Wunsch nach Nähe schon stillen.*

Sie beschließen, auszuprobieren, ob sie den Bedürfnissen des Jungen nach Nähe so gerecht werden können und sein Umklammern so weniger wird. In der nächsten Teambesprechung möchten sie ihre Erkenntnisse zusammentragen.

— die **feinfühlige und achtsame Wahrnehmung der u. U. nichtsprachlichen oder nicht offensichtlich geäußerten Bedürfnisse und Wünsche** der Mädchen* und Jungen*: Fachkräfte handeln professionell, wenn sie es wahrnehmen und darauf eingehen, wenn Kinder oder Jugendliche Scham oder das Bedürfnis nach Distanz durch Worte, Gesten, Gebärden oder unterschiedliche Verhaltensweisen ausdrücken. Es ist ihre Verantwortung, das kindliche Recht auf Intimsphäre zu achten und zu schützen. Die Intimsphäre der Kinder und Jugendlichen muss allerdings auch gewahrt werden, wenn diese den Wunsch nicht selbst äußern (können).

  Beispiel: Eine Sportlehrerin duscht nach dem Unterricht in einem Raum mit den blinden Jungen der Klasse. Darauf angesprochen antwortet sie: „Nein, nein. Das ist kein Problem. Die sehen mich ja nicht.“

Die Tatsache, dass sie selbst die Jugendlichen aber durchaus sehen kann, empfindet sie nicht als problematisch geschweige denn als Verletzung der Intimsphäre der Jungen. Die Jungen haben sich ja schließlich nie darüber beschwert, dass sie im Raum sei.

Vielleicht hilft es in diesem Fall (in dem die Jugendlichen nicht selbst für ihr Recht auf Intimsphäre kämpfen), sich die Frage zu stellen, ob die Lehrerin dieses Verhalten auch zeigen würde oder könnte, wenn die Jungen keine Behinderung hätten? Wird diese Frage mit „Nein, natürlich nicht" beantwortet, so wird sichtbar, dass dieses Verhalten nicht nur nicht professionell, sondern in hohem Maße grenzverletzend ist.

– **Mitarbeitende, die ihre Bedürfnisse nach Nähe nicht im beruflichen Kontext ausleben.**

  Beispiel für einen unprofessionellen Umgang mit Nähe: Eine Mitarbeiterin hat sich gerade von ihrem Partner getrennt. Sie sucht Trost in der Nähe zu den ihr anvertrauten Mädchen und Jungen* und drückt diese, wann immer möglich, fest an sich. Manche Kinder drücken sich zwar weg und signalisieren so, dass sie nicht „verdrückt" werden möchten. Allerdings gibt es auch Kinder, die die Erzieherin nicht wegdrücken. Darum umarmt sie diese eben umso kräftiger.*

– **die Möglichkeit für Fachkräfte, Grenzen zu setzen.** Berechtigte, aber unangemessene Wünsche der Kinder und Jugendlichen nach Nähe und Intimität dürfen abgelehnt werden. Um die präventive Wirkung zu erhöhen, wird (wenn möglich) auch vermittelt, warum.

  Beispiel: „Ich weiß, dass du traurig bist und mir tut es auch ganz arg leid, dass dein Hamster gestern gestorben ist. Aber ich mag dich trotzdem nicht den ganzen Tag auf meinem Schoß haben. Nachher, wenn ich vorlese, hole ich dich nochmal zu mir, okay?"

– **Achtsamkeit in unangenehmen Situationen.** Es gibt auch die Situationen, in denen Nähe zum Wohl der Kinder und Jugendlichen hergestellt werden muss, die aber für sie unangenehm und schmerzhaft sind, wie beispielsweise medizinische Untersuchungen oder therapeutische Übungen, bei denen Hilfestellung gegeben wird. Hier geht es um die Art und Weise, wie den Kindern und Jugendlichen begegnet wird: Ein professioneller Umgang mit Nähe bedeutet hier, mit Verständnis für deren Empfindungen zu reagieren, aber dennoch Klarheit in Bezug auf die Notwendigkeit der Therapie zu zeigen und die Behandlung mit Respekt und mit Achtsamkeit im Umgang durchzuführen.

Wie äußern Mädchen* und Jungen* mit unterschiedlichen Beeinträchtigungen und Behinderungen ihren Wunsch nach Nähe bzw. Distanz?

Am „komfortabelsten" ist es natürlich, wenn Mädchen* und Jungen* diesen Wunsch verbal äußern: „Ich brauche gerade ein bisschen Nähe. Darf ich dich drücken?" oder „Das ist mir zu nahe. Bitte respektiere meine persönlichen Grenzen und bleib mit deinem Kopf etwas weiter weg, wenn du mit mir sprichst."

Erfahrungsgemäß hören Fachkräfte, die mit Kindern und Jugendlichen arbeiten, solche Sätze eher selten. Vermutlich drücken sich selbst sprechende Mädchen* und Jungen* ohne Behinderung und auch viele Erwachsene nicht immer klar und eindeutig aus – vor allem nicht, wenn das Gegenüber ein Mensch ist, den man kennt und mag und den man darum nicht verletzen möchte. Oder wenn man befürchten muss, dass einem durch eine solche Aussage Nachteile entstehen oder das Gegenüber dann böse wird („Wenn ich das jetzt sage, muss ich nachher bestimmt früher ins Bett."/... bekomme ich beim nächsten Mal vielleicht eine schlechtere Note."/... muss ich beim nächsten Spiel die Ersatzbank drücken.").

Manche Mädchen* und Jungen* mit Behinderung stehen aufgrund ihrer kommunikativen Möglichkeiten in genau diesen Situationen vor besonderen Herausforderungen: Wie kann man den Wunsch nach Nähe oder auch nach Distanz äußern, wenn man nicht spricht? Welche Gebärden braucht man, um Grenzen zu setzen? Wie äußern Mädchen* und Jungen* mit einer schweren/mehrfachen Behinderung ihre Bedürfnisse und was passiert, wenn die Mitarbeitenden diese nicht wahrnehmen und nicht darauf reagieren?

Grundsätzlich gibt es unterschiedliche, als gleichwertig anzuerkennende Arten, Bedürfnisse und Willensäußerungen an Mitmenschen zu kommunizieren.

Eine Art ist es, sich verbal zu äußern. Von einem einfachen „Nein" über (selbst oder durch ein Sprachausgabegerät ausgesprochene) ausformulierte Sätze bis hin zu einem „Stopp"-Schild an der Tür oder anderen Symbolen sind verbale Äußerungen meist recht eindeutig und klar. Auch Gebärden oder Zeichen, die sowohl Sender*in als auch Empfänger*in bekannt sind, machen verständlich, was das Kind bzw. der Jugendliche sich wünscht.

Das bedeutet noch nicht, dass sie immer respektiert werden und zu dem gewünschten Verhalten führen. Für Fachkräfte mit einer achtsamen und Grenzen achtenden Haltung ergibt sich allerdings meist wenig Interpretationsspielraum bzw. ist die Möglichkeit vorhanden, bei Unklarheit nachzufragen.

Mehr Spielraum bekommt die Interpretation von Nachrichten, wenn die empfangende Person nonverbale Botschaften entschlüsseln muss und die sendende Person darauf angewiesen ist, dass ihre Laute und/oder (Körper-)Signale zunächst wahrgenommen und dann auch (korrekt) interpretiert werden.

Mädchen* und Jungen*, die nicht sprechen können oder möchten, sind darauf angewiesen, dass die sie betreuenden Fachkräfte geschult und geübt sind, auch nichtsprachliche Formen der Kommunikation wahr- und ernst zu nehmen, sie im Sinne der sendenden Person zu interpretieren und in der Folge angemessen darauf reagieren zu können, denn: Auch Körpersignale müssen als klare und gleichwertige Formen der Willensäußerung anerkannt werden!

Aus diesem Grund stellt das Wahrnehmen, Entschlüsseln und Interpretieren von Körpersignalen Anforderungen an die Haltung und Qualifikation der Fachkraft, aber auch an die Beziehung zwischen Fachkraft und anvertrautem Kind oder Jugendlichen. Hier gilt vermutlich in einem noch stärkeren Maße als bei verbaler Kommunikation: Je besser die Beziehung ist, umso besser und zuverlässiger kann Kommunikation gelingen.

Beispiel: José ist ein 18-jähriger nichtsprachlicher Junge mit einer schweren/mehrfachen Behinderung. Wenn er etwas mag, erkennt man das daran, dass er entspannt ist und anfängt, lauthals zu lachen, z. B., wenn man ihm mit dem Zeigefinger auf die Lippen klopft.

*Wenn er etwas nicht mag, z. B. die etwas groben Streicheleinheiten seiner Mitbewohner*in Susi, so verkrampft er sich und macht sich ganz steif. Er dreht seinen Kopf zur Seite.*

*Lucia, die schon lange mit José arbeitet, kennt seine Körpersignale inzwischen sehr gut. Sie weiß: Mit Verkrampfen und Steifmachen reagiert José auf für ihn unangenehme Situationen, z. B., wenn ihn Mitarbeiter*innen bei der Körperpflege grob behandeln oder ihm über den Kopf streicheln, denn dieser scheint sehr empfindlich und Berührungen folglich schmerzhaft zu sein.*

Alle Fachkräfte stehen hier vor der Aufgabe, Josés Körpersignale für Ablehnung zu erkennen, die Ursache dafür zu identifizieren und zuverlässig sowie angemessen darauf zu reagieren, z. B., indem sie Susi bitten, José nicht zu streicheln, wenn er das nicht möchte. Vielleicht bedeutet es auch, dass Lucia, wenn sie entsprechende Körpersignale in Pflegesituationen bei José beobachtet, den/die pflegende*n Kolleg*in darauf hinweist, dass José durch Verkrampfen vielleicht signalisieren möchte, dass es für ihn unangenehm ist, über den Kopf gestreichelt zu werden und so dafür sorgt, dass er diese für ihn unangenehme Berührung nicht weiter aushalten muss.

Diese Anhaltspunkte sind nur beispielhaft. Sie sollen zeigen, dass es wichtig ist, jedes Kind und jede/n Jugendliche*n in ihrer/seiner Einzigartigkeit anzunehmen und die individuellen Wünsche nach Nähe und Distanz feinfühlig wahr- und ernst zu nehmen.

Für die Erstellung inklusiver Schutzmaßnahmen ist es also von großer Bedeutung, die anvertrauten Mädchen* und Jungen* individuell und in all ihren Facetten zu sehen und diese so zu akzeptieren, wie sie sind - auch wenn es nicht den Empfindungen oder Einschätzungen der Mitarbeitenden entspricht.

Beispiel: Ein polnisches, streng katholisch erzogenes Mädchen wünscht sich, in der Schule von einer Mitarbeiterin auf die Toilette begleitet zu werden. Sie traut sich nicht, diesen Wunsch den männlichen Mitarbeitenden gegenüber zu äußern, weil sie nicht unhöflich sein möchte und niemanden verletzen möchte. Außerdem fällt es ihr schwer, über so intime Themen zu sprechen. Sie hat darin wenig Übung und es ist ihr peinlich.

Mädchen* und Jungen* lernen nicht von heute auf morgen und nicht automatisch, wie sie ihre Bedürfnisse und Wünsche nach Nähe und Distanz kommunizieren können, um von ihren Mitmenschen, vor allem den erwachsenen Bezugspersonen, verstanden zu werden. Oftmals müssen sie erst verstehen, dass sie ein Recht auf Intimsphäre haben und selbst bestimmen dürfen, wer ihnen wann wie nahe kommt oder eben auch nicht. Darum brauchen sie im Alltag viele Gelegenheiten, um ihre Grenzen kennenzulernen, um sich in einem geschützten Rahmen auszuprobieren, ermutigt und bestätigt zu werden, z. B. Lob dafür zu bekommen, wenn das Mädchen ihren Wunsch äußert, wenn sie danach gefragt wird, von wem sie zur Toilette begleitet werden möchte.

Diese alltäglichen Erfahrungen und Begegnungen sind auch für die Mitarbeitenden wichtig. Hier können sie die anvertrauten Mädchen* und Jungen* kennenlernen und ein Gespür für deren Bedürfnisse und ihre individuellen Formen der Kommunikation bekommen.

Das gemeinsame, alltägliche Arbeiten an einem professionellen Umgang mit Nähe und Distanz im beruflichen Kontext ist nicht sehr zeitaufwendig, sondern passiert meistens „ganz nebenbei". Allerdings geschieht es nicht automatisch, denn auch hier gilt: Nur wer ein Verständnis für Prävention und eine Grenzen achtende und respektvolle Haltung mitbringt, kann alltägliche Situationen nutzen, um zu erkennen, wie Mädchen* und Jungen* ihre Wünsche und Empfindungen in Situationen der besonderen Nähe äußern. Hierfür braucht es die Sensibilität und das Einfühlungsvermögen von Fachkräften, die für diese Aufgabe unter Umständen selbst Unterstützung und die Möglichkeit zur Qualifizierung von Seiten des Trägers bekommen müssen.

Dieser Standard muss auch und gerade dann gehalten werden, wenn ungelernte oder Zeitarbeitskräfte für pflegerische Tätigkeiten eingesetzt werden.

Prävention auf struktureller Ebene: Nähe und Distanz als Leitungsaufgabe

Der professionelle Umgang mit Nähe und Distanz in der Einrichtung ist auch eine Aufgabe als Teil des Qualitätsmanagements und somit im Verantwortungsbereich des Trägers und der Leitungskräfte einer Einrichtung.

Im Rahmen der Erstellung eines Schutzkonzeptes empfiehlt es sich, gemeinsam mit den Fachkräften, die jeden Tag in Kontakt mit den Mädchen* und Jungen* sind, Standards für den Umgang mit Situationen der besonderen Nähe zu entwickeln und diese auch strukturell in der Einrichtung zu verankern. Dies kann z. B. passieren durch

- das Anhängen eines Verhaltenskodex an vorhandene und neue Arbeitsverträge von Mitarbeitenden.
- die Thematisierung der entwickelten Schutzvereinbarungen (also den verschriftlichten konkreten Verhaltensregelungen für den Umgang mit standardisierbaren Situationen der besonderen Nähe) im Rahmen von Vorstellungsgesprächen und Einarbeitungsprozessen.

– die regelmäßige Ermöglichung von Austausch zum Thema, z. B. im Rahmen von Arbeitskreisen, Supervisionen oder Fortbildungen.

Außerdem trägt die Leitungsebene Verantwortung dafür, dass Mitarbeitende sich an geltende Schutzvereinbarungen halten und dass geklärt ist, welche Konsequenzen bei einem Verstoß folgen, denn Schutzvereinbarungen machen nur dann Sinn, wenn sie auch ernst genommen werden und die Nichteinhaltung folglich Konsequenzen mit sich bringt.

Wichtig ist hier Transparenz für alle Beteiligten. Es hat sich darum bewährt, diese Konsequenzen schon zu klären, bevor es zum Übertreten der vereinbarten Regelungen kommt. Deshalb empfiehlt es sich (u. U. mit arbeitsrechtlicher Unterstützung) festzulegen, was bei Verstößen gegen Schutzvereinbarungen durch Mitarbeitende in der Einrichtung getan werden soll. Solche Regelungen geben Sicherheit und machen Konsequenzen, aber auch Abläufe, Verantwortlichkeiten, Zuständigkeiten und Kommunikationswege für alle transparent und ermöglichen so einen professionellen Umgang mit entsprechenden Verstößen. Konsequenzen können je nach „Schwere" und nach Häufigkeit der Übertretung Personalgespräche, Abmahnungen bis hin zur Kündigung sein. Wichtig ist es, die Schritte und die Verhältnismäßigkeiten (vorab) arbeitsrechtlich eindeutig zu klären.

Dies alles dient einer allgemein verbesserten fachlichen Sicherheit der Fachkräfte in Einrichtungen – im Interesse aller Beteiligten, insbesondere der Kinder und Jugendlichen. Dies dient aber auch – um zum Ausgangspunkt dieses Buches zurückzukommen – dem Schutz der Mädchen* und Jungen* vor sexuellen Grenzverletzungen und sexuellem Missbrauch, denn es ist „von außen" oft nicht erkennbar und lässt sich häufig auch nicht eindeutig klären, ob es sich beispielsweise bei unangemessenen Berührungen um mangelnde Sensibilität oder um absichtsvolles Verhalten im Sinne einer Anbahnungshandlung in Richtung sexueller Missbrauch handelt. Gibt es in der Einrichtung grundlegende Einigkeit über den professionellen Umgang mit Nähe und Distanz und gibt es klare Schutzvereinbarungen, so muss die Leitung bei entsprechender Übertretung nicht die Motive der jeweiligen Fachkraft „erraten", sondern kann sich bezüglich der Konsequenzen auf die sichtbare Handlung beziehen.

Schutzvereinbarungen mit dem Status einer Dienstvereinbarung können auch in einem arbeitsrechtlichen Verfahren, z. B. nach einer Kündigung wegen fachlichen Fehlverhaltens, eine wichtige und hilfreiche Rolle spielen. Dies macht auch deutlich, dass es im Hinblick auf mögliche arbeitsrechtliche Schritte wichtig ist, sehr sorgfältig in der Erarbeitung und Formulierung von Schutzvereinbarungen vorzugehen.

Kennzeichen guter Schutzvereinbarungen

In den Teams erarbeitete und von der Einrichtung verschriftlichte Schutzvereinbarungen müssen so formuliert sein, dass sie möglichst „absolut" gelten können. In einem ersten Alltagscheck wird sich sicher immer noch die eine oder andere Schwachstelle zeigen. Kann eine Schutzvereinbarung allerdings nicht eingehalten werden, weil sie nicht situationsangemessen oder alltagstauglich war, so sollte diese möglichst zeitnah aktualisiert werden, um die Wirkung der anderen Schutzvereinbarungen und somit dieser Schutzmaßnahme nicht nachhaltig zu schwächen. Gelungene Schutzvereinbarungen sind dadurch gekennzeichnet, dass sie

- auf Fachwissen rund um Strategien von Missbrauchs-Täter*innen basieren.
- allen Mitarbeitenden, aber auch den Mädchen* und Jungen* (und deren Eltern) bekannt sind.
- sich an den Gegebenheiten der Einrichtung orientieren und im Alltag umsetzbar sind. Schutzvereinbarungen, die für die eine Einrichtung sinnvoll sind, müssen deshalb noch lange nicht für eine andere Einrichtung tauglich sein. Unterscheiden sich unterschiedliche Einheiten einer Einrichtung durch äußere Rahmenbedingungen (z. B. Wohnbereich vs. Werkstatt) und/oder Merkmale ihrer Nutzer*innen (z. B. Alter, Art oder Grad der Behinderung), ist es sinnvoll, unterschiedliche Schutzvereinbarungen für unterschiedliche Bereiche zu erarbeiten.
- die Bedarfe und Bedürfnisse aller Mädchen* und Jungen* mitdenken, also mit der „Inklusionsbrille" erstellt sind und somit auch *alle* Mädchen* und Jungen* in unterschiedlichen Situationen schützen.
- konkret sind und somit auch tatsächlich Handlungs- und Bewertungssicherheit geben. Sie sollen also nicht nur Absichtserklärungen sein, sondern sehr konkrete und überprüfbare Regelungen mit klarem Alltagsbezug darstellen.
- so formuliert sind, dass sie wirklich von allen ernst genommen werden können. Schutzvereinbarungen wie „Wir verletzen die Intimsphäre der Mädchen* und Jungen* in der Einrichtung nicht", gegen die man schon beim ersten Wickeln am Morgen verstoßen muss, um das Wohl der Kinder zu sichern, wirken unüberlegt und realitätsfern.

- einem „Gegencheck“ standhalten: Gibt es Situationen, in denen wir die Schutzvereinbarung aus fachlichen Gründen nicht einhalten würden? Wird diese Frage mit Ja beantwortet, so stellt sich die Frage, ob die Vereinbarung trotzdem Sinn macht?
- für alle Beteiligten klären, was bei Nichteinhaltung geschieht.
- klar definieren, wie vorgegangen werden muss, wenn eine Schutzvereinbarung fachlich begründbar nicht eingehalten werden kann. Ein Beispiel für eine Lösung könnte hier sein, dass die jeweilige Fachkraft in diesem Falle die Nichteinhaltung proaktiv und zeitnah meldet und begründet.
- Grundlage für konstruktive Kritik und Austausch im Team bieten.
- regelmäßig auf Aktualität und Umsetzbarkeit überprüft werden.

Wichtig ist: Schutzvereinbarungen sollen eine Atmosphäre in der Einrichtung begünstigen, in der vertrauensvolle Beziehungen zwischen den Mitarbeitenden und den ihnen anvertrauten Mädchen* und Jungen* hergestellt werden können. Sie sollen einen geschützten Rahmen ermöglichen, der es den Mädchen* und Jungen* erlaubt, sich ausprobieren, sich zu entdecken und ihre Persönlichkeit zu entfalten.

Rechte, Freiheiten und Möglichkeiten der Mädchen* und Jungen* sollen nicht (unverhältnismäßig) eingeschränkt werden, sondern im Gegenteil: Durch Schutzvereinbarungen entstehen neue Möglichkeiten der Begegnung oder bleiben erhalten.

Beispiel: Viele männliche Fachkräfte erzählen, dass sie sehr darauf bedacht sind, den Mädchen und Jungen* nicht zu nahe zu kommen, um keinen falschen Verdacht zu wecken. Ein Kinderpfleger berichtete kürzlich: „Ich würde nie, aber auch niemals ein Kind auf den Schoß nehmen. Ich muss mich ja ohnehin schon immer rechtfertigen, warum ich als Mann mit Kindern arbeiten möchte. Da provoziere ich doch nicht noch, dass ich als pädophil abgestempelt werde. Klar kommen die Kinder und wollen mich umarmen oder so. Aber nein, das geht gar nicht. Da muss ich mich einfach schützen.“*

Dieser Generalverdacht, dem sich Männer* - vor allem im Kleinkindbereich - immer wieder ausgesetzt sehen, ist nicht gerechtfertigt und steht der guten pädagogischen Arbeit, die auch von einer professionellen Nähe zwischen Fachkraft und Kind lebt, entgegen. Schutzvereinbarungen können darum niemals zwischen Männer*n und Frauen* unterscheiden. Sie ziehen die Linie vielmehr – geschlechtsunabhängig – zwischen professioneller Fachlichkeit und fachlichem Fehlverhalten.

Die Herausforderung bei der Erstellung eines Schutzkonzeptes und der Verankerung von Schutzvereinbarungen ist es darum, Schutz (für Erwachsene und Kinder) herzustellen, aber gleichzeitig auch Sicherheit und Freiraum in einem geschützten Rahmen zu ermöglichen.

Beispiele für Schutzvereinbarungen in Einrichtungen und Institutionen, in denen auch Mädchen* und Jungen* mit Behinderung leben

„Pflegehandlungen finden in geschlossenen, aber nicht verschlossenen Räumen statt, sodass der Zugang durch eine zweite Fachkraft jederzeit unangekündigt möglich ist.“

„Mitarbeitende erzählen den Mädchen und Jungen* ihrerseits keine Geheimnisse und schaffen keine Situationen, in denen Geheimnisse zwischen ihnen und Kindern oder Jugendlichen entstehen.“*

„Mitarbeitende machen den Mädchen und Jungen* keine persönlichen Geschenke. Wird einem Kind ein Geschenk überreicht, so geschieht dies nach Absprache mit und im Namen des gesamten Teams.“*

*„Werden Entspannungsmassagen für Kinder angeboten, so sind die Kolleg*innen vorab über Zeit und Raum zu informieren. Massagen finden in unverschlossenen, jederzeit durch eine zweite Fachkraft zugänglichen Räumen statt. Die Geschlechtsteile des Kindes bleiben während der Massage mit Kleidung bedeckt und von Berührungen ausgeschlossen.“*

„In Einschlafsituationen im Ruheraum setzen sich die begleitenden Fachkräfte nicht auf die Matratzen der Mädchen und Jungen*. Die Hände der Fachkraft bleiben zu jeder Zeit über den Decken der Kinder. Sucht ein Kind Trost, so wird ihm über den Arm oder den Kopf gestreichelt.“*

Baustein 3: Partizipation und Beschwerde für Mädchen* und Jungen* mit und ohne Behinderung

Ausgangspunkt

Im Jahr 2010 wurden Missbrauchsfälle in der Vergangenheit mehrerer Einrichtungen und Institutionen, die Kinder und Jugendliche betreuen, bekannt. Einrichtungen wie die Odenwaldschule, das Canisius-Kolleg Berlin, das Benediktinerkloster Ettal oder die Regensburger Domspatzen erlangten traurige Berühmtheit und wurden Sinnbild für das, was Politik und Gesellschaft erschütterte: Orte, an denen Mädchen* und Jungen* wachsen und in ihrer Persönlichkeitsentwicklung gestärkt werden sollen, wurden zu Orten, an denen diese Gewalt und sexuellen Missbrauch erlebten. Einrichtungen, die sie schützen sollen, schützten die Täter*innen mehr als die ihnen anvertrauten Kinder und Jugendlichen. Systematisches Schweigen, Drohungen und Geheimhaltungsgebote führten dazu, dass die Mädchen* und Jungen* nicht gehört und nicht ernst genommen und die Taten folglich nicht gestoppt und nicht geahndet wurden.

Die von der Bundesregierung zur Aufarbeitung dieser Missbrauchsfälle einberufenen Runden Tische kamen zusammen, um sich u. a. den Fragen zu stellen: Wie kann man verhindern, dass Kinder und Jugendliche in Zukunft (sexuelle) Gewalt in Einrichtungen und Institutionen erleben? Welche Verantwortung müssen die Einrichtungen übernehmen und welche Maßnahmen können sie ergreifen, um potenziellen Tätern und Täterinnen ihr Handeln zu erschweren? Wie kann man betroffenen Mädchen* und Jungen* das Sprechen über erlebte Gewalt in der Einrichtung erleichtern?

Eine wichtige Erkenntnis der Runden Tische war, dass die Einrichtungen nicht nur einfach die „Orte" waren, an denen der Missbrauch geschehen ist, sondern dass vielmehr ihre Strukturen dazu beigetragen haben, dass sexuelle Gewalt gegenüber den Schutzbefohlenen so lange ignoriert wurde und überhaupt erst geschehen konnte. Man erkannte, dass die jeweilige Einrichtungskultur mit ihren Risiko- und fehlenden Schutzfaktoren Gewalt in Organisationen bedingen kann. Es wird in diesem Zusammenhang von einer Täter-Opfer-Institutionen-Dynamik gesprochen (vgl. Wolff et al. 2012, S. 126).

Die zu diesem Thema befragten, inzwischen erwachsenen Betroffenen (u. a. aus den oben genannten Einrichtungen) äußerten vor allem eine

Konsequenz, die ihrer Meinung nach aus den Vorfällen gezogen werden muss: Mädchen* und Jungen* müssen künftig eine Stimme in Einrichtungen und Institutionen haben. Ihre Stimme muss gehört und ihre (kleinen und großen) Anliegen müssen ernst genommen werden. Darüber hinaus brauchen Kinder und Jugendliche wirksame und niedrigschwellige Möglichkeiten, sich zu beschweren. Nur so kann das asymmetrische Machtverhältnis, das es in Einrichtungen zwangsläufig und natürlicherweise (aufgrund von Alter, Position, Wissen oder Erfahrungen) zwischen Erwachsenen und Kindern oder Jugendlichen gibt, reflektiert und präventiv gestaltet werden. Ein strukturelles Machtungleichgewicht zwischen Kindern oder Jugendlichen und Erwachsenen muss also strukturell und demokratisch begrenzt werden, um nicht zum Risikofaktor zu werden.

Das am 01.01.2012 in Kraft getretene Bundeskinderschutzgesetz ist eine wichtige gesetzliche Fixierung dieses Gedankens. Seit dem Inkrafttreten verlangt beispielsweise § 45 Absatz 2 SGB VIII, dass alle betriebserlaubnispflichtigen Einrichtungen, in denen Kinder und Jugendliche betreut werden, für die Erteilung ihrer Betriebserlaubnis nachweisen müssen, wie sie das Wohl der Kinder und Jugendlichen in der Einrichtung sichern, z. B. durch strukturell verankerte und geeignete Verfahren zur Partizipation und zur Beschwerde (Hervorhebungen durch die Autorin):

§ 45 SGB VIII: [Erlaubnis für den Betrieb einer Einrichtung]

*[...] (2) Die Erlaubnis ist zu erteilen, wenn das **Wohl der Kinder und Jugendlichen** in der Einrichtung gewährleistet ist. Dies ist in der Regel anzunehmen, wenn [...]*

*3. zur Sicherung der Rechte von Kindern und Jugendlichen in der Einrichtung geeignete Verfahren der **Beteiligung** sowie der Möglichkeit der **Beschwerde** in persönlichen Angelegenheiten Anwendung finden.*

Der Gedanke hinter dieser gesetzlichen Verankerung des kindlichen Rechtes auf Beteiligung und Beschwerde ist die Annahme, dass Machtmissbrauch (und sexueller Missbrauch ist immer eine Form von Machtmissbrauch) da stattfinden kann, wo Kinder und Jugendliche Machtlosigkeit und Abhängigkeit erleben. Wo Kindern und Jugendlichen eine Stimme gegeben wird und wo sichergestellt ist, dass diese auch gehört und ernst genommen wird, da wird die kindliche Machtlosigkeit und Abhängigkeit strukturell verringert und da kann auch sexueller Missbrauch verhindert, erschwert oder möglichst schnell aufgedeckt werden, so die berechtigte Hoffnung.

Ein reflektierter Umgang mit der Macht von Fachkräften in Einrichtungen ist durch diese rechtliche Konkretisierung und die Pflicht zur Implementierung von Beteiligungs- und Beschwerde- Verfahren also kein „nice to have“ mehr, sondern wird zu einem wichtigen Baustein von einrichtungsspezifischen Schutzkonzepten und zur Aufgabe aller Ebenen der Einrichtung.

Der „Nutzen“ solcher Verfahren ist dabei allerdings nicht nur für die Kinder und Jugendlichen und deren Schutz vor sexuellen Übergriffen spürbar: Auch Mitarbeitende und Leitungskräfte beschreiben eine gelebte Kultur der Partizipation und Beschwerde in der Einrichtung als Bereicherung und eine tolle Möglichkeit, die Beziehungen untereinander sowie die Atmosphäre in der Einrichtung zu verbessern. Aus diesem Grund sollte es auch für Mitarbeitende Möglichkeiten der Beteiligung und Beschwerde geben, denn machen auch sie die Erfahrung, in der Einrichtung wahr- und ernst genommen zu werden, so spüren und erleben sie, dass dies eine wichtige Grundlage dafür ist, sich wohlzufühlen – eine weitere Motivation für die zuverlässige Umsetzung dieser Schutzmaßnahme im Einrichtungsalltag.

Partizipation im Kontext der Prävention von sexuellem Missbrauch

Partizipation kommt vom lateinischen Begriff *participare* und bedeutet „teilnehmen, Anteil haben“. Aus pädagogischer Sicht meint Partizipation allerdings mehr als nur „teilhaben“. „Partizipieren heißt, Planungen und Entscheidungen über alle Angelegenheiten, die das eigene Leben und das der Gemeinschaft betreffen, zu teilen und gemeinsam Lösungen für anstehende Fragen und Probleme zu finden“, so heißt es im Bayerischen Bildungs- und Erziehungsplan (2012, S. 389 f.). Kinder werden also unabhängig von Alter, Herkunft, Geschlecht, Behinderung oder anderen individuellen Faktoren als „Expert*innen in eigener Sache“ anerkannt.

Aus zahlreichen Fortbildungen zum Thema wissen wir, dass diese *weite Definition* von Partizipation viele Fachkräfte verunsichert: Können Kinder denn wirklich schon *alles* selber entscheiden? Wie sollen wir diesen hohen Anspruch in unserem Arbeitsalltag umsetzen – gerade in Zeiten von Personalknappheit und häufigen Personalwechseln? Wie sollen beispielsweise Kinder mit sogenannter geistiger Behinderung in allen Angelegenheiten für sich selbst entscheiden? Wie sollen sie zum Beispiel entscheiden, was sie morgens anziehen, wenn sie noch nicht einmal die Farbe ihrer Socken kennen und benennen können?

Um diese Befürchtungen ernst zu nehmen und aufzugreifen, soll an dieser Stelle darum zunächst geklärt werden, was Beteiligung für Kinder und Jugendliche nicht bedeutet:

Was bedeutet Partizipation nicht?

Partizipation bedeutet nicht, dass Erwachsene ihre Verantwortung, ihre Fürsorge- und Aufsichtspflicht abgeben und die Mädchen* und Jungen* sich selbst überlassen.

Sie bedeutet nicht, dass man allen Kindern in jeder Situation zutrauen kann/soll/darf, in allen Angelegenheiten selbst zu entscheiden und somit immer genau absehen zu können, welche Konsequenzen eine anstehende Entscheidung für sich selbst oder für andere hat. Diese Verantwortung überfordert Kinder und in vielen Bereichen auch Jugendliche. Manche Entscheidungen müssen Erwachsene treffen, um das körperliche und emotionale Wohl der Mädchen* und Jungen* oder auch der Gruppe zu sichern.

Partizipation bedeutet auch nicht, dass sich jeder Wunsch, den ein Kind äußert, erfüllen wird. Auch das ist (leider?) nicht umsetzbar und wäre vermutlich auch nicht uneingeschränkt positiv für die Entwicklung der Mädchen* und Jungen* zu eigenverantwortlichen und gemeinschaftsfähigen Persönlichkeiten.

Außerdem bedeutet Partizipation nicht, dass Kinder durch ihr Recht auf Beteiligung die kommunizierten Regeln der Einrichtung, die Grenzen der Fachkräfte, der Gemeinschaft oder die von anderen Kindern verletzen dürfen (vgl. Hansen 2016, o. S.). Die Rechte des einzelnen Kindes enden also auch im Bereich der Beteiligung dann, wenn Grenzen anderer Menschen verletzt werden.

Was meint Partizipation also?

Partizipation hat das Ziel, dass Mädchen* und Jungen* von klein auf lernen und üben, verantwortungsvolle Entscheidungen für sich und die Gruppen, in denen sie leben, zu treffen.

Kinder sollen von klein auf dazu befähigt werden, zu entdecken und zu spüren, was sie selbst mögen und was ihnen wichtig ist. Sie sollen ausprobieren, wie sie ihre Wünsche, Bedürfnisse und Entscheidungen anderen Kindern und Erwachsenen gegenüber zum Ausdruck bringen können –

auch oder gerade dann, wenn sie Kommunikationsformen bevorzugen, in denen andere unter Umständen unsicher oder nicht geübt sind (z. B. Gebärden oder nichtsprachlich über Verhaltensweisen oder Körpersignale).

Beteiligung ermöglicht den Mädchen* und Jungen*, dass sie in ihrem Alltag „quasi nebenbei“ die Wirksamkeit ihrer Selbst erleben. Sie sollen immer wieder spüren: „Ich kann mit meinen Möglichkeiten bewirken, dass sich eine Situation verändert.“ Diese sogenannten Selbstwirksamkeitserwartungen bewirken, dass Menschen sich zutrauen, aktiv auf schwierige Lebenssituationen zu reagieren, weil sie davon überzeugt sind, dass sie diese mit ihren Fähigkeiten, Kompetenzen und persönlichen sowie sozialen Ressourcen bewältigen können. So werden Erfahrungen von Hilflosigkeit, Fremdbestimmung und Ausgeliefertsein weniger und es entwickelt sich ein berechtigtes Vertrauen, dass man auch als Kind bzw. Jugendliche*r von den verantwortlichen Erwachsenen gehört, ernst genommen und auch geschützt wird und dass man sie um Hilfe bitten darf - egal, ob Mädchen* oder Junge*, ob klein oder groß, ob in kleinen oder großen Anliegen. Partizipation gibt Kindern also eine Stimme und lässt sie ein berechtigtes Vertrauen in die Wirkung ihrer Stimme - auch in der Erwachsenenwelt - entwickeln. Dieses Vertrauen kann man nicht lernen, sondern man muss es kontinuierlich aufbauen, damit dieses Kinderrecht auch im Worst Case, also beispielsweise bei erlebtem sexuellen Missbrauch, seine Wirkung entfalten kann.

Das Recht auf Partizipation muss hierfür jeden Tag aufs Neue für die Mädchen* und Jungen* mit und ohne Behinderung spür- und erlebbar sein.

Und dafür braucht es Fachkräfte, Teams, Leitungen und Träger in den Einrichtungen, die diese für die Prävention so wichtige Erfahrung zuverlässig und personen- und situationsunabhängig in den Alltag der Mädchen* und Jungen* tragen. Die Aufgabe der Einrichtung, ernsthafte Beteiligungsmöglichkeiten zu schaffen, wird mancherorts einen Paradigmenwechsel in der Pädagogik darstellen, der für den Schutz von Kindern vor (sexueller) Gewalt eine große und wichtige Rolle spielt.

Beschwerde im Kontext der Prävention von sexuellem Missbrauch

Der Begriff Beschwerde meint laut Duden eine Unzufriedenheitsäußerung, die an eine Institution beziehungsweise an deren Vertreter*innen gerichtet wird. Der bereits erwähnte § 45 SGB VIII [Erteilung einer Betriebserlaubnis] sieht neben geeigneten Verfahren zur Beteiligung auch Möglichkeiten zur Beschwerde als wesentliche Voraussetzungen für die Sicherung des Kindeswohles in Einrichtungen vor. Bei einrichtungsinternen Schutzkonzepten zur Prävention von sexuellem Missbrauch stellen Beschwerdeverfahren ebenfalls einen wichtigen Baustein dar. Doch warum eigentlich?

Der Ausgangspunkt einer Beschwerde ist immer Unzufriedenheit. Es wird eine Abweichung zwischen den Bedürfnissen oder Erwartungen einer Person (nicht zuletzt aufgrund dessen, was ihr versprochen und zugesichert wurde) und der von ihr vorgefundenen Situation erlebt. Das Ziel einer Beschwerde kann nach Schubert-Suffrian & Regner (2015, S. 20) entweder sein, deren Ursache zu beseitigen (Verhinderungsbeschwerde), eventuell verknüpft mit dem Wunsch nach Entschädigung oder Wiedergutmachung. Das Ziel kann aber auch sein, eine Situation zu verändern oder eine neue Situation zu schaffen (Ermöglichungsbeschwerde), z. B. Veränderungen im Verhalten des Gegenübers oder im Tagesablauf zu bewirken oder neue individuelle Möglichkeiten zu bekommen, wie z. B. ein eigenes Zimmer in der Wohngruppe.

Kindliche Beschwerden sind aus Sicht der Prävention von sexuellem Missbrauch bedeutsam, weil Kinder durch ernst genommene Beschwerden lernen zu spüren, wenn ihre Bedürfnisse oder Rechte in einer Situation nicht geachtet werden. Sie sammeln in alltäglichen Situationen die Erfahrung, dass Menschen Grenzen haben und dass auch sie selbst Grenzen haben, die wichtig sind und die von Erwachsenen geschützt werden. Diese Grenzen zu spüren ist die Voraussetzung dafür, dass man Abweichungen zwischen dem Ist-Zustand und dem gewünschten oder einem zustehenden Soll-Zustand wahrnimmt und sich traut, unangenehme Situationen anzusprechen und sich Hilfe zu holen. Nur wenn Kinder zuverlässig die Erfahrung sammeln, eigene Grenzen wahr- und ernst zu nehmen, werden sie dazu befähigt, alltägliche und auch nicht alltägliche Grenzverletzungen wahrzunehmen, zu benennen und sie als Alarmsignal zu sehen.

Wichtig ist im Kontext der Prävention von sexuellem Missbrauch vor allem auch die Reaktion, die Kinder und Jugendliche erleben, wenn sie eine Beschwerde äußern: Sammeln sie in ihrem Alltag die Erfahrung, dass man bei Unzufriedenheitsäußerungen mit negativen Konsequenzen rechnen muss oder dass diese im Regelfall ignoriert, abgewertet oder bagatellisiert werden, so lernen sie recht schnell, Beschwerden lieber für sich zu behalten und die daraus berechtigterweise entstehende Frustration abzubauen (z. B. durch Aggression gegen sich selbst oder gegen andere). Ein ehemaliges, von Gewalt betroffenes Heimkind aus den 1950er/60er-Jahren berichtet beispielsweise im Rahmen der Runden Tische seine Erfahrungen mit Beschwerden:

„Als eines von uns Heimkindern versuchte, über den an ihm verübten Missbrauch in der Einrichtung zu sprechen, bekam es Schläge und wurde als unglaubwürdiger Lügner dargestellt [...]. Das hat auf uns andere eine so abschreckende Wirkung gehabt. Niemand hat sich über die Vorfälle zu sprechen getraut."

Eine präventive Wirkung von Beschwerden entsteht, wenn die Mädchen* und Jungen* die Erfahrung sammeln, dass Erwachsene nicht „böse" reagieren, wenn man ihnen gegenüber eine Unzufriedenheit über ihr Verhalten, das der Kolleg*innen oder über eine Situation äußert. Es soll spürbar sein, dass sie verbal und auch nonverbal geäußerte Beschwerden interessiert und achtsam wahrnehmen und (wenn möglich mit dem Kind zusammen) versuchen herauszufinden, wo genau das Problem liegt und überlegen, wie man dieses lösen kann. Beschwerden müssen also eine Wirkung haben, die auch für die Mädchen* und Jungen* spürbar ist.

Erzieherin Maike möchte mit dem 5-jährigen Rollstuhlfahrer Max zum Wickeln gehen. Als sie ihn auffordert mitzukommen, wendet er sich ab. Sie greift nach dem Rollstuhl, woraufhin der Junge seine Muskeln anspannt und einen Laut von sich gibt. Sie fragt ihn, was los ist. Er äußert fast verlegen: „Nicht du. Aua machen." Erst in diesem Moment wird Erzieherin Maike bewusst, dass sie in den vergangenen Wochen vielleicht wirklich ein bisschen grob gegenüber den Kindern der Gruppe war. Ihre privat recht angespannte Situation, die sie eigentlich aus der Arbeit raushalten wollte, führte wohl unbeabsichtigt und unbewusst dazu, dass sie wenig Geduld im Umgang mit den Mädchen und Jungen* hatte. Sie entschuldigt sich direkt bei Max und fragt ihn, ob Kollege Silas ihn wickeln soll. Der Junge nickt und entspannt sich.*

Am nächsten Morgen erzählt Maike den anderen Kindern im Morgenkreis, dass Max sie darauf hingewiesen habe, dass sie beim Wickeln „aua" mache. Sie bedankt sich bei Max für diesen Hinweis, entschuldigt sich auch bei den anderen Kindern und erklärt ihnen, dass es nicht in Ordnung war, dass sie in den letzten Tagen manchmal grob war. Sie verspricht, in Zukunft wieder besser auf die Kinder aufzupassen. Nach einiger Zeit und einigen positiven Erfahrungen geht Max wieder entspannt mit der Erzieherin zum Wickeln.

Eine solche Erfahrung stärkt Mädchen* und Jungen* in ihrer Selbstwahrnehmung. Sie motiviert sie, auch in Zukunft Bescheid zu geben, wenn jemand ihre Grenzen verletzt und sie schlecht behandelt – in dem Vertrauen, dass die erwachsenen Bezugspersonen sie ernst nehmen und diese sie, ihre Grenzen und ihr körperliches und psychisches Wohl schützen.

Wichtig ist außerdem: Damit Beschwerden eine präventive Wirkung haben, müssen die Mädchen* und Jungen* erkennen, dass es ihre Unzufriedenheitsäußerung war, die zu einer Veränderung der Situation geführt hat. Nur wenn dies transparent gemacht wird, erkennen beispielsweise auch kleinere Kinder, dass eine Veränderung nicht zufällig oder willkürlich war, sondern dass die Erwachsenen tatsächlich auf ihre Beschwerden reagieren. Erzieherin Maike ist also beispielsweise nicht zufällig „weniger grob" oder „achtsamer", sondern sie macht deutlich, dass ihre Verhaltensänderung eine Konsequenz von Max' Beschwerde ist, die damit eine Wirkung hatte und zur Verbesserung der Situation führte.

Diese Erfahrung „im Kleinen" gibt Kindern und Jugendlichen auch bei „großen Beschwerden", wie zum Beispiel bei sexuellen Übergriffen, die Gewissheit, dass Erwachsene ihnen glauben, sie ernst nehmen und sich bemühen, eine Situation so zu verändern, dass es allen Mädchen* und Jungen* in der Einrichtung wieder gut geht.

Warum wirken Verfahren zur Partizipation und Beschwerde aus der Sicht von Tätern und Täterinnen präventiv?

Aus der bisherigen Forschung zu Täter*innen-Strategien ist bekannt, dass diese oft sehr gezielt nach Einrichtungen suchen, in denen die vorgefundenen Rahmenbedingungen die Anbahnung und Verdeckung von sexuellem Missbrauch begünstigen und somit ihr Handeln erleichtern können. Zu diesen institutionellen Risikofaktoren gehört beispielsweise auch die Missachtung des kindlichen Rechtes auf Beteiligung und Beschwerde, also mangelnde Mitbestimmungsrechte und fehlende oder ungeeignete Verfahren der Beschwerde.

Strukturell verankerte, auf die Einrichtung zugeschnittene Verfahren zur Partizipation und Beschwerde, die auch nach außen kommuniziert werden (z. B. auf der Homepage oder beim Vorstellungsgespräch) machen sichtbar, dass Kinderrechte in der Einrichtung gekannt, beachtet und geschützt werden.

Ein achtsames Umfeld, in dem Kinder und Jugendliche gehört und ernst genommen werden, erhöht die Wahrscheinlichkeit, dass erlebte Grenzverletzungen und Übergriffe aufgedeckt werden oder dass es aufmerksame Kolleg*innen gibt, die sich nicht scheuen, unangenehme Themen (z. B. Beobachtungen, Äußerungen von Kindern) gegenüber der/dem übergriffigen Kolleg*in anzusprechen. Darauf sind vor allem sehr junge Kinder und auch Kinder mit Lern- oder Kommunikationsschwierigkeiten oder mit schwerer/mehrfacher Behinderung angewiesen – denn gerade ihre Beschwerden werden manchmal nur gehört, wenn Dritte sie wahrnehmen und aussprechen.

Kolleg*innen, die auch bei unangenehmen Themen sprachfähig bleiben und den Mädchen* und Jungen*, die nicht sprechen können oder wollen, eine Stimme geben, gehören zu dem gelebten Recht auf Beteiligung und Beschwerde in Einrichtungen.

Ziele des Bausteins

- Die Einrichtung wird durch strukturell verankerte Verfahren zur Partizipation und Beschwerde zu einem Ort, an dem Kinderrechte gekannt, gelebt und geschützt werden. Die Mädchen* und Jungen* sowie die Mitarbeitenden kennen die Rechte von Kindern und achten und schützen diese. Sie sind dafür sensibilisiert, wie Kinderrechte auch für Mädchen* und Jungen* mit Behinderung im Alltag spürbar werden können.
- Mädchen* und Jungen* lernen ihre Rechte kennen und spüren, wie sich ein Rechte achtender Umgang mit ihnen in alltäglichen Situationen „anfühlt“.
- Kinder und Jugendliche lernen, dass sie als wichtige Expert*innen für ihr eigenes Leben anerkannt werden und dass sie in allen angemessenen und möglichen Fragen mitgestalten und mitentscheiden können, obwohl sie noch sehr jung sind, eine Behinderung haben oder welche individuellen Faktoren auch immer sie mitbringen. Sie lernen

sich, ihre Wünsche und Bedürfnisse, aber auch ihre Grenzen wahrzunehmen.

- Durch das Spüren und Erkennen eigener Grenzen werden Kinder geübt darin zu spüren, wenn jemand ihre Grenzen verletzt. Erwachsene können sie dabei unterstützen zu lernen, solche Grenzverletzungen - auf ihre Art und Weise - nach außen zu kommunizieren. Sie sammeln die Erfahrung, dass es keine negativen Konsequenzen nach sich zieht, wenn man seine Meinung äußert, sondern dass es Erwachsene gibt, die daran interessiert sind und die kindlichen oder jugendlichen Äußerungen ernst nehmen. Diese zahlreichen Übungsgelegenheiten sind vor allem für Mädchen* und Jungen* von Bedeutung, die viele Übungsgelegenheiten und Wiederholungen benötigen, bevor sie sich neue Verhaltensweisen aneignen.
- Alle Mädchen* und Jungen*, die neu in die Einrichtung kommen, werden ihren individuellen Fähigkeiten entsprechend informiert und befähigt, die vorhandenen Verfahren zu nutzen. Ändern sich die Anforderungen, die Mitarbeitende oder Nutzer*innen an das Angebot stellen, so müssen bisherige Verfahren überdacht, ergänzt oder verändert werden, um inklusiv zu bleiben und allen die Nutzung zu ermöglichen.
- Kinder und Jugendliche, die aufgrund ihrer kognitiven Beeinträchtigung andere Wege gefunden haben, mit ihrer Umwelt zu kommunizieren, stoßen in der Einrichtung auf Fachkräfte, die wissen, dass Beschwerden nicht immer nur mündlich oder schriftlich kommuniziert werden. Sie wissen, dass jedes Kind seine eigene Sprache für Beschwerden hat und sind bemüht, diese zu verstehen - und unter Umständen auch an (einmalig oder mehrfach) unachtsame Kolleg*innen zurückzumelden.

Welche Aufgaben ergeben sich für wen?

Aufgaben auf Leitungsebene

- Träger und Leitungskräfte verankern Verfahren zur Partizipation und Beschwerde in den Strukturen der Einrichtung.
- Sie achten darauf, dass auch Mitarbeiter*innen angemessen beteiligt werden, um ihnen die Erfahrung zu ermöglichen, wie wichtig es für das eigene Wohlbefinden ist, ernst genommen zu werden.

- Sie ermöglichen den Teams (dem Kollegium) die Reflexion der eigenen Haltungen, der alltäglichen Abläufe und des alltäglichen pädagogischen Handelns, ggf. mit Unterstützung einer Supervisorin oder eines Supervisors.
- Es werden regelmäßig Qualifizierungsangebote zum Thema ermöglicht, auf deren Wahrnehmung von Seiten der Leitungsebene Wert gelegt wird.
- Im Einstellungsverfahren werden den neuen Mitarbeitenden die vorhandenen Verfahren der Beteiligung und Beschwerde präsentiert und ihre Bedeutung auch im Kontext des Kinderschutzes verständlich gemacht.
- Entscheidet die Leitungsebene, dass eine Beschwerde keine Konsequenzen nach sich zieht, werden die Gründe für diese Entscheidung offengelegt, um das Gefühl von Willkür bei den Beschwerdestellenden zu vermeiden.
- Es ist außerdem die Aufgabe der Leitungskräfte, darauf hinzuwirken, dass eine Kultur der Fehlerfreundlichkeit und des kollegialen Feedbacks in der Einrichtung entsteht.
- Die Gruppenleitungen überlegen, ob sie sich regelmäßig und zuverlässig als Anlaufstelle für kindliche/jugendliche Beschwerden zur Verfügung stellen können, z. B. durch die Einladung zu einer wöchentlich stattfindenden Sprechstunde der Einrichtungsleitung, die den Kindern regelmäßig präsentiert und für die sozusagen „geworben" wird. Leitungskräfte informieren sich außerdem regelmäßig bei den Fachkräften über eingegangene Beschwerden.
- Leitungskräfte sorgen dafür, dass Beschwerden in der Einrichtung dokumentiert und darum nachvollziehbar werden.

Werden in einer Gruppe nie Beschwerden geäußert, so kann dies nicht zwingend als positives Zeichen interpretiert werden, sondern ist unter Umständen ein Hinweis darauf, dass Beschwerden bislang häufig nicht wahr- oder ernst genommen werden, z. B. weil für den Begriff „Beschwerde" eine so hohe Schwelle angesetzt wird, die Kinder und Jugendliche mit ihren manchmal sehr unauffälligen und unaufdringlichen Unzufriedenheitsäußerungen vermutlich nie erreichen. Somit ist auch die Arbeit an der Haltung und Sicht auf das kindliche Recht auf Beschwerde Leitungsaufgabe.

Auf der Ebene der Teams

- Die Mitarbeitenden beschäftigen sich in den Teams mit der Frage, warum Partizipation und Beschwerde wichtige Instrumente zur Prävention von sexuellem Missbrauch sind. Sie erkennen den Mehrwert dieser Verfahren für die eigene Arbeit sowie für das Wohlbefinden und den Schutz der ihnen anvertrauten Mädchen* und Jungen*.
- Es wird besprochen, was eine Beschwerde ist, wie unterschiedliche Kinder ihre Beschwerden äußern und warum die Wahrnehmung und Bearbeitung dieser die Qualität der pädagogischen Arbeit sowie die Beziehung zum Kind verbessern kann.
- Die Teams beteiligen sich an der Erarbeitung geeigneter Verfahren der Partizipation und Beschwerde für die Einrichtung.
- Es gibt eine Diskussion darüber, wie Partizipation im Einrichtungsalltag umgesetzt werden kann: Bei welchen Themen wird Partizipation ermöglicht? Wie kann das für die aktuell die Gruppe oder Klasse besuchenden Mädchen* und Jungen* aussehen? Wann beziehungsweise in welchen Fragen können die Mädchen* und Jungen* nicht beteiligt werden und warum nicht?
- Im Team werden regelmäßig Zeiten für den Austausch über und die Reflexion der implementierten Verfahren eingeplant. Auch die wahrgenommenen Unzufriedenheitsäußerungen der Mädchen* und Jungen* werden bei Bedarf in den Teambesprechungen thematisiert.
- Es wird (gerade in der Arbeit mit sehr jungen Kindern sowie mit Kindern mit einer Behinderung, die sich u. U. nicht selbst (verbal) beschweren können) viel Wert auf kollegiale Rückmeldungen im Team gelegt. Die Kultur der Achtsamkeit im Umgang mit anderen Menschen muss sich – als andere Seite der Medaille – als Kultur der Fehlerfreundlichkeit und des respektvollen, konstruktiven kollegialen Feedbacks auf Mitarbeiter*innen-Seite zeigen.
- Ein Feedback zu eigenem unangemessenen Verhalten wird nicht als ein unangebrachtes „Sich-in-fremde-Angelegenheiten-einmischen" bewertet, sondern als wertvolles und wichtiges Korrektiv und als manchmal als einzige Chance von Kindern, zu ihrem Recht auf Schutz vor jeglicher Form der Gewalt zu kommen, geschätzt.

- Im Team wird besprochen, wie die der Gruppe anvertrauten Kinder über Partizipations- und Beschwerdeverfahren informiert werden können und wie sie in alltäglichen Situationen zur Wahrnehmung dieser Verfahren befähigt werden. Auch die in der Einrichtung verankerten Verfahren werden regelmäßig auf ihre Barrierefreiheit in der eigenen Gruppe hin geprüft und ggf. abgeändert.

Auf der Ebene einzelner Mitarbeitender

- Die einzelnen Mitarbeitenden der Teams reflektieren ihre eigene Haltung zu und ihre Bedenken bei den Themen Partizipation und Beschwerde (Selbstreflexion).
- Sie verstehen den Sinn dieser Verfahren für die ganzheitliche und gesunde Entwicklung von Mädchen* und Jungen* und deren Schutz vor sexueller (und jeglicher Form der) Gewalt. Sie versuchen, sich auf Veränderungen einzulassen, die durch eine gepflegte Partizipations- und Beschwerdekultur in der Gruppe entstehen können.
- Mitarbeitende können sich empathisch in die Situation der Mädchen* und Jungen* einfühlen und verstehen, dass das Recht auf Mit- und Selbstbestimmung für jeden Menschen wichtig ist. Sie erkennen an, wie unangenehm es sich anfühlt, in der eigenen Selbstbestimmung eingeschränkt und somit fremdbestimmt zu werden.
- Sie sehen Beschwerden als eine Chance und lernen, Kritik nicht als persönliche Kränkung oder Niederlage zu verstehen, sondern als eine wichtige Rückmeldung, die langfristig die Beziehung zu den Mädchen* und Jungen* verbessert, die Professionalität der eigenen Arbeit erhöht und so den eigenen Arbeitsalltag bereichern kann.
- Mitarbeitende erkennen, welch wichtigen Beitrag sie selbst in ganz alltäglichen Situationen für die Prävention von sexuellem Missbrauch an Mädchen* und Jungen* leisten können.
- Durch das Ausprobieren unterschiedlicher Verfahren sehen sie, dass Partizipation und Beschwerde auch Spaß machen kann und dass die eigene Arbeit letztendlich erleichtert wird, wenn die Mädchen* und Jungen* lernen, verantwortungsvoll Entscheidungen für sich selbst und die Gruppe zu treffen.

Umsetzung von Verfahren zur Partizipation für Kinder mit unterschiedlichen Behinderungen

Wir haben einmal versucht, die Kinder an der Wochenplanung zu beteiligen. Aber damit haben wir sie wohl überfordert. Sie haben kaum etwas gesagt, hatten keine eigenen Ideen und bei der Abstimmung haben einige Kinder jedes Mal die Hand gehoben, obwohl sie sich nur für eine der Möglichkeiten entscheiden sollten.

So zitieren Hansen et al. (2011, S. 247) eine Erzieherin, die von ihren Erfahrungen mit Partizipation in der Kindertagesstätte berichtet. Das macht sehr deutlich: Partizipation ist keine einmalige Aktion. Kinder und Jugendliche (v. a. auch diejenigen, die mehr Zeit und Übung brauchen, um Neues zu lernen oder um sich an neue Möglichkeiten zu gewöhnen) brauchen Befähigung, Regelmäßigkeit und Kontinuität, um Verfahren der Beteiligung nutzen und schließlich verantwortungsvoll Entscheidungen für sich und die Gruppe treffen zu können.

Darum ist die Implementierung von Partizipationsverfahren in Einrichtungen ein Prozess, der von allen Beteiligten getragen werden muss, um nicht nach kurzer Zeit als „nette Idee" im Qualitätsmanagement-Handbuch zu landen. Hierfür braucht es in Einrichtungen und Institutionen mehrere Schritte:

Schritt 1: Strukturelle Verankerung

Verfahren zur Beteiligung von Mädchen* und Jungen* (und auch von Mitarbeitenden und Eltern) müssen strukturell in der Einrichtung verankert sein, um auch im Alltag umgesetzt werden zu können. Verankert werden können sie beispielsweise im pädagogischen Konzept, im Leitbild, im Schutzkonzept und/oder im Qualitätsmanagement der Einrichtung.

Leitungskräfte haben die Aufgabe, sich zu informieren und sich zu qualifizieren und schließlich gemeinsam mit den Fachkräften zu schauen, wo und für wen Beteiligung bereits erfolgreich ermöglicht wird und bei welchen Themen es noch Unsicherheiten oder Benachteiligungsstrukturen gibt. Entlang des gemeinsam formulierten Zieles, dass alle Mädchen* und Jungen* gemäß ihres Alters und ihrer Reife an Entscheidungen beteiligt werden sollen, die sie selbst und die Gruppe betreffen, wird geprüft, wo es noch Weiterentwicklung braucht. Die Ergebnisse dieses Erarbeitungsprozesses werden in den genannten Instrumenten verankert.

Empfohlen wird, auch eine konkrete Person als Ansprechperson für das Thema Kinderrechte in den Strukturen zu verankern, z. B. als Kinderrechte-Beauftragte*r. Diese Person braucht Rechte und Möglichkeiten (z. B. Finanz-Budgets, Zeit für regelmäßige Inputs in Teamsitzungen o. Ä.), um Kinderrechte und somit auch die Themen Partizipation und Beschwerde in den Gruppen lebendig zu halten und voranzubringen.

Schritt 2: Vorbereitung und Befähigung der Teams

Im zweiten Schritt müssen die Teams Gelegenheit bekommen, sich mit dem Thema auseinanderzusetzen und sich zu qualifizieren, z. B. durch eine Inhouse-Fortbildung als Auftakt zur Gestaltung und Umsetzung von Partizipation in der Gruppe.

Es gilt zu diskutieren:

- Was bedeutet Partizipation im pädagogischen Kontext? Warum ist es wichtig für das Wohl und den Schutz der Mädchen* und Jungen* in unserer Einrichtung?
- Welche Bedenken gibt es im Team?
- Wann und bei welchen Themen können Kinder/Jugendliche bei uns schon mitsprechen oder sogar mitentscheiden?
- Nehmen alle Mädchen* und Jungen* diese Beteiligungsmöglichkeiten wahr? Wenn nein: Welche Kinder nehmen sie nicht wahr? Woran könnte das liegen?
- Bei welchen weiteren Themenbereichen können wir den Mädchen* und Jungen* in Zukunft Mitgestaltungs- oder Mitbestimmungsmöglichkeiten geben? Was brauchen die einzelnen Mädchen* und Jungen*, um diese nutzen zu können und sich tatsächlich (wenn von ihnen gewünscht) zu beteiligen?
- Wie können wir es schaffen, dass die beschlossenen Entscheidungsspielräume konsequent (also immer und von jeder und jedem Mitarbeitenden) umgesetzt werden können? Wenn die Wahrscheinlichkeit hierfür in einem Themenfeld (z. B. finale Entscheidung über neues Personal) gering erscheint, so stellt sich die Frage: Ist es nicht sinnvoller, den Mädchen* und Jungen* in diesem Bereich kein Mitspracherecht einzuräumen und ihnen stattdessen zu erklären, warum das in diesem Bereich schwierig ist und darum von den Erwachsenen entschieden wird? Denn es gilt: Lieber weniger Bereiche für Mitbestimmung öffnen und diese zuverlässig ermöglichen, als Kinder die

Erfahrung sammeln lassen, dass ihnen etwas versprochen wird, was dann nicht gehalten wird!

- Welche Veränderungen bringen diese neuen, realistischen und sinnvollen Partizipationsmöglichkeiten für uns als Team mit sich? Was verändert sich durch die Mitsprache der Kinder? Womit müssen wir rechnen und wie gehen wir damit um?
- Welche Unterstützung brauchen wir als Team, um die beschlossenen Veränderungen im Alltag umzusetzen? An wen können wir uns mit dem ermittelten Unterstützungsbedarf wenden? Wissen wir, wer dafür zuständig ist?
- Wann treffen wir uns wieder, um zu reflektieren, ob die beschlossenen und in der Folge umgesetzten Partizipationsmöglichkeiten von allen Mädchen* und Jungen* wahrgenommen werden oder ob wir etwas verändern müssen?

Mögliche Bereiche und Möglichkeiten der Partizipation

Wie schon betont: Partizipation ist ein unveräußerliches und nicht an Bedingungen geknüpftes Recht von Kindern und Jugendlichen. Es ist nichts, was ihnen nur willkürlich oder „aus Nettigkeit“ gewährt werden kann. In Einrichtungen mit Betriebserlaubnis stellt sich also nicht die Frage des „Ob“, sondern nur die des „Wie?“.

Die Umsetzung ist u. a. abhängig von der Art der Einrichtung oder auch vom Alter der Kinder und Jugendlichen. Ältere Kinder und Jugendliche in stationären Einrichtungen haben beispielsweise ein umfassendes Recht auf Beteiligung in allen Belangen, die sie selbst betreffen, und müssen auch in Angelegenheiten der Gruppe und der Einrichtung beteiligt werden (vgl. BLJA 2012). Gerade stationäre Einrichtungen haben in den vergangenen Jahren schon gute Erfahrungen damit sammeln können, ältere Kinder und Jugendliche bei der Erarbeitung und Einführung partizipativer Strukturen zu beteiligen (vgl. z. B. Wutzke et al., o. J.). Neben der Beteiligung einzelner Kinder und Jugendlicher geht es hier immer auch um die Einführung demokratischer Strukturen der Mitbestimmung, wie z. B. gewählte Kinderparlamente und Einrichtungsräte.

Aber auch in Kindergarten und Kinderkrippe ist Partizipation umsetzbar: Auf der individuellen Ebene geht es hier um Möglichkeiten der Selbstbestimmung, die ein wichtiges Übungsfeld und eine Vorform der Partizipation darstellen. Auf der Gruppen- und Einrichtungsebene können bereits Entscheidungsfindungsprozesse eingeübt werden. Hansen & Knauer (2015,

S. 24 f.) stellen zahlreiche Themenbereiche vor, in denen Kinder mitgestalten, mitbestimmen und mitentscheiden können. Welche Themenbereiche ganz konkret in der eigenen Gruppe „offiziell" zur Partizipation eröffnet werden können, müssen die Teams vor Ort abwägen. Um nur einige „partizipationstaugliche" Themenbereiche in Anlehnung an Hansen & Knauer (2015, S. 24 f.) zu nennen:

- Spiel: Welche Kinder spielen wie lange mit welchem Spielzeug? Wie kann man diese Frage fair regeln?
- Essen: Welches Gericht soll beim nächsten Kinder-Wunschmenü-Tag auf dem Essensplan stehen?
- Kleidung: Wer braucht und möchte wie viel Hilfe beim Anziehen?
- Regeln: Welche Regeln sollen in der Gruppe für die Kinder und/oder die Erwachsenen gelten und warum?
- Schlafen: Wie soll der Schlafraum gestaltet werden? Wann müssen Bewohner*innen in stationären Wohngruppen ins Bett?
- Hygiene: Wer soll wickeln bzw. zur Toilette begleiten? Welches Duschbad soll verwendet werden?
- Raum: In welcher Farbe soll das Klassenzimmer im neuen Schuljahr gestrichen werden?
- Pädagogisches Konzept: Wie soll der Tagesablauf gestaltet sein? Gibt es zeitliche Spielräume, die die Mädchen* und Jungen* nach eigenen Wünschen und Bedürfnissen füllen können?

Diese Ideensammlung kann mit allen Themenbereichen ergänzt werden, die im Alltag mit Mädchen* und Jungen* eine Rolle spielen. Bei der Frage, wann und wie Partizipation ermöglicht werden kann, sollte vom Team also vorab definiert werden:

- Wo entscheiden Fachkräfte alleine und warum?
- Wo entscheiden Fachkräfte und Kinder gemeinsam und wie kann eine solche Entscheidung getroffen werden?
- Was können die Mädchen* und Jungen* selbst entscheiden? Welche Einschränkungen müssen hierbei gemacht werden und warum? Zum Beispiel: *Mädchen* und Jungen* bestimmen selbst, was sie essen – wenn keine gesundheitlichen Einschränkungen vorliegen. Oder: Sie dürfen so viel essen, wie sie möchten – solange genug für alle da ist und nicht so wenig gegessen wird, dass gesundheitliche Konsequenzen drohen.*

Die Beschlüsse, zu denen man im Team und dann gemeinsam mit den Mädchen* und Jungen* kommt, sollten möglichst präzise ausformuliert, festgeschrieben und regelmäßig an die Gruppen kommuniziert werden, damit diese Bescheid wissen und sich z. B. beschweren können, wenn ein*e Mitarbeitende*r erheblich oder mehrfach die ihnen zugesicherten Mitbestimmungsmöglichkeiten ohne Begründung einschränkt.

Wie können auch Kinder und Jugendliche mit Behinderung beteiligt werden?

Um allen Mädchen* und Jungen* gerecht zu werden, empfiehlt sich eine Analyse der eigenen Gruppe mithilfe von Personas (vgl. Kapitel 2). Personas helfen, einen Blick auf individuelle Ressourcen, Fähigkeiten und Stärken zu werfen, aber auch Einschränkungen und Beeinträchtigungen in den Blick zu nehmen. Beides muss sich in den Partizipationsverfahren wiederfinden: Was bringen die Mädchen* und Jungen* mit? Wie kommunizieren sie ihre Wünsche, Bedürfnisse und ihre Meinung? In welchen Bereichen beteiligen sie sich schon? Wer beteiligt sich noch nicht oder sehr selten und was könnten die Gründe hierfür sein? In welchen Bereichen möchten sie sich beteiligen? Wo braucht wer noch welche Unterstützung?

In den bisherigen Überlegungen zur Beteiligung von Kindern zeigt sich leider: Gängige Formen der Beteiligung sind bislang ganz überwiegend für sprechende und/oder schreibende Kinder und Jugendliche konzipiert:

- Alltagsgespräche
- Austausch im Morgenkreis
- tägliche Reflexion, z. B. im Rahmen einer Kinderkonferenz
- regelmäßig tagender Kinderrat oder Kinderparlament mit einer Kindervertretung, die für die gesamte Gruppe spricht
- regelmäßige Kindersprechstunde bei einer speziellen Ansprechperson oder einer Leitungskraft
- Anregungs- und Meckerkasten

Bei nichtverbal kommunizierenden Kindern wird die Ermöglichung von Partizipation häufig als schwieriger empfunden, weil hierfür neue Methoden der Beteiligung erprobt werden müssen. Eventuell verändern sich auch die denkbaren und gewünschten Themenbereiche. Wichtig ist es, dass auch für sie und mit ihnen Themenbereiche festgelegt werden, die dann zuverlässig ermöglicht werden können, z. B. durch die Wahrnehmung von Körpersignalen oder durch das Zeigen auf angebotene Alternativen.

Wichtig ist hierbei: Die Themen und Bereiche, in denen Partizipation ermöglicht wird, müssen für die Kinder und Jugendlichen von Bedeutung sein. Es reicht nicht aus, „Nebenschauplätze“ zu eröffnen und diese mit Entscheidungsschlaufen zu überfrachten, während die für die Mädchen* und Jungen* wesentlichen Entscheidungen weiterhin von den Erwachsenen getroffen werden.

Andi, ein nicht-sprechender Junge mit schwerer/mehrfacher Behinderung hat kein Interesse daran, mitzuentscheiden, was es zu essen gibt oder welcher Film abends angeschaut wird, denn ihm schmeckt eigentlich alles und fernsehen mag er nicht. Wo er allerdings unbedingt mitentscheiden möchte, ist die Auswahl seiner Autozeitschriften am Morgen, denn er liebt es, in diesen zu blättern, und hat eine sehr genaue Vorstellung davon, welche der Hefte er mit zur Schule nehmen möchte. Da die Regel ist, dass er jeden Tag nur drei Zeitschriften mitnehmen darf, steht er immer wieder vor dieser schwierigen Entscheidung, die schon einmal ein paar Minuten dauern kann.

Mischen sich die Mitarbeitenden in diesen Prozess der Entscheidungsfindung, der für ihn persönlich so wichtig ist, ein und sagen: „Wenn du dich nicht entscheiden kannst, dann nimmst du einfach die, die und die Zeitschrift mit.“ Das macht ihn persönlich sehr wütend. Wenn er seine Wut dann nicht direkt dem Mitarbeitenden gegenüber äußert, dann auf dem Weg von der Wohngruppe zur Schule oder in der Schule selbst. Dort bekommen dann meist jüngere Kinder seine Unzufriedenheit durch Kratzattacken oder Bisse ab, denn eine andere Form der Beschwerde über seine ungerechtfertigt eingeschränkten Selbstbestimmungsmöglichkeiten in einem für ihn sehr bedeutsamen Lebensbereich kennt er nicht.

Schritt 3: Information und Befähigung aller Mädchen* und Jungen*, die die Einrichtung besuchen

Hansen, Knauer & Sturzenhecker (2011, S. 23 ff.) beschreiben fünf wichtige Prinzipien für die Umsetzung von Beteiligungsverfahren. Diese Prinzipien gilt es bei der Aufklärung und Befähigung der Mädchen* und Jungen* durch die Fachkräfte vor Ort zu bedenken und Wege zu finden, wie man diese umsetzen kann. Diese Prinzipien sind:

- **Prinzip der Information:** Kinder müssen wissen, worum es geht, und einen Bezug zum Thema haben (Lebensweltorientierung). Sie müssen wissen, inwiefern ihre Interessen von einer ausstehenden Entscheidung betroffen sind, welche Alternativen es gibt und was für bzw. gegen eine Alternative spricht.
- **Prinzip der Transparenz:** Kinder müssen wissen, wie es geht. Sie müssen die zur Verfügung stehenden Verfahren der Beteiligung kennen und wissen, wie diese genutzt werden können. Gerade bei Mädchen* und Jungen* mit Behinderung müssen die Fachkräfte schauen, wie Informationen aufbereitet und Verfahren gestaltet sein müssen, damit die Mädchen* und Jungen* diese aufnehmen können. Nur so kann Transparenz ermöglicht werden.
- **Prinzip der Freiwilligkeit:** Kinder müssen selbst entscheiden dürfen, ob und in welchem Umfang sie von ihren Rechten Gebrauch machen. Vereinfacht könnte man sagen: Partizipation bedeutet nicht, Kinder zu Entscheidungen zu verpflichten - es sollte das Lustprinzip gelten: Möchte ich mich zu einer Entscheidung äußern? Ist sie interessant oder wichtig für mich? Basis dafür ist, dass die Mädchen* und Jungen* die Tragweite einer Entscheidung für ihre individuellen Bedürfnisse verständlich gemacht bekommen haben.
- **Prinzip der Verlässlichkeit:** Kinder müssen sich auf Erwachsene verlassen können, d. h., sie müssen sich darauf verlassen können, dass diese ihnen zutrauen, Entscheidungen, die ihr Leben betreffen, unabhängig von Alter, Behinderung, Geschlecht o. Ä. treffen möchten und können. Sie müssen sich darauf verlassen können, dass die Erwachsenen ihnen Freiräume für Entscheidungen geben, aber sie gleichzeitig auch schützen, wenn Gefahr oder Überforderung droht. Außerdem brauchen die Mädchen* und Jungen* Verlässlichkeit bei der Umsetzung von Entscheidungen: Wenn den Mädchen* und Jungen* eine Entscheidungsmöglichkeit eröffnet wurde und sie eine Entscheidung getroffen haben, so muss diese auch eine realistische Chance zur

Umsetzung haben. Klappt das nicht, so müssen die Gründe für das Scheitern offengelegt werden (vgl. ebd., S. 25).

- **Prinzip der individuellen Begleitung**: Kinder müssen entsprechend ihrer individuellen Bedürfnisse bei der Wahrnehmung von Beteiligungsangeboten unterstützt werden. Es genügt nicht, den Mädchen* und Jungen* das Recht auf Beteiligung zuzugestehen. Sie müssen aktiv dabei unterstützt werden, beteiligungsfähig zu werden. Oft fehlen ihnen notwendige Informationen oder auch Erfahrungen, um eine gute Entscheidung treffen zu können. Manchmal fehlt es an verbalen Ausdrucksmöglichkeiten (vgl. ebd., S. 25) oder an dem Mut, sich in das Gruppengeschehen einzumischen und für seine Bedürfnisse oder seine Meinung einzustehen. Dafür brauchen Kinder Erwachsene: „Was das einzelne Kind benötigt (welche Informationen, welche methodischen Variationen, welche Ansprache), ist individuell sehr unterschiedlich und abhängig vom Alter, dem Entwicklungsstand, von der individuellen Begabung und von Beeinträchtigungen, vom kulturellen Hintergrund, vom Geschlecht etc. Partizipation muss darum vor allem die Differenzen in den Blick nehmen. Sie muss den einzelnen Beteiligten und Gruppierungen in ihrer Unterschiedlichkeit gerecht werden“ (Hansen et al. 2011, S. 25).

Werden diese Prinzipien beachtet, so ist ein wichtiger Grundstein für die Selbst- und Mitbestimmung *aller* Mädchen* und Jungen* im pädagogischen Alltag gelegt.

Für die konkrete methodische Umsetzung in pädagogischen Einrichtungen, Institutionen und Diensten gibt es zahlreiche Anregungen und Vorschläge (z. B. bei Hansen et al. 2011; Stamer-Brandt 2012; Schubert-Suffrian & Regner 2015). Auch im Bayerischen Bildungs- und Erziehungsplan werden ganz konkrete Anregungen und Beispiele zur Umsetzung aufgezeigt (2010, S. 393 ff.).

Für die Fachkräfte, die mit Mädchen* und Jungen* mit Behinderung arbeiten, haben solche Anregungen tatsächlich leider meistens nur den Charakter von „Ideen“, die sie für die eigene Arbeit und die eigene Zielgruppe übersetzen müssen. Die meisten Vorschläge sind auf die Situation in Regeleinrichtungen oder stationären Einrichtungen der Kinder- und Jugendhilfe zugeschnitten und passen darum so gut wie nie 1:1 zu der gegebenen Situation in den Einrichtungen.

Allgemeine Aussagen wie „Wir müssen Kindern in ihrer Unterschiedlichkeit gerecht werden“ müssen für die Umsetzung mit den aktuell der Gruppe anvertrauten Mädchen* und Jungen* sehr individuell betrachtet werden: Was bedeutet das für uns konkret? Hier unterscheiden sich die Anforderungen für Kinder mit Sinnesbehinderungen, mit Körperbehinderung, mit seelischer Behinderung und mit Lernschwierigkeiten u. U. beträchtlich. Sogar bei einer ähnlichen Form der Behinderung sind die intra- und interindividuellen Unterschiede sehr groß: Ein Jugendlicher mit Lernschwierigkeiten, der körperlich *normal* entwickelt ist, befindet sich unter Umständen in seiner sozialen, emotionalen und kognitiven Entwicklung auf dem Stand eines zweijährigen Kindes und wird auch weiterhin auf diesem Stand bleiben.

Zwei Kinder mit Down-Syndrom haben unter Umständen nicht mehr Gemeinsamkeiten als die Diagnose „Down-Syndrom" und zeigen vielleicht zwei sehr unterschiedliche Entwicklungsverläufe, sehr unterschiedliche Interessen und sehr unterschiedliche Möglichkeiten, sich zu beteiligen oder sich zu beschweren.

Aus diesem Grund kann die Übersetzungsarbeit tatsächlich nur von den Fachkräften vor Ort geleitet werden, denn sie lösen die spannende und oft auch herausfordernde Aufgabe, den Alltag an die Mädchen* und Jungen* und ihre Fähigkeiten und Bedürfnisse anzupassen ja jeden Tag aufs Neue und haben eine Vorstellung davon, wie die Gestaltung aussehen muss, um gelingen zu können. Nur sie können Barrieren erkennen und diese für die ihnen anvertrauten Mädchen* und Jungen* verringern oder gar beseitigen und ihnen somit das Recht auf Beteiligung ermöglichen.

Anforderungen an inklusionssensible Partizipationsverfahren

- Dialog **und** Beobachtung als Basis von Partizipationsmöglichkeiten für Kinder und Jugendliche mit und ohne Behinderung
- Offenheit und Wertschätzung für „andere" Ausdrucks- und Kommunikationsmöglichkeiten
- Feinfühligkeit der erwachsenen Bezugspersonen gegenüber den verbalen, non- und paraverbalen Äußerungen von Mädchen* und Jungen*
- Ernsthaftigkeit, Regelmäßigkeit und Zuverlässigkeit der angebotenen Möglichkeiten und Verfahren
- Befähigung der Mädchen* und Jungen* mit Behinderung zur Wahrnehmung ihrer Rechte und der verfügbaren Verfahren
- Vielfalt an Zugängen und Herangehensweisen (v. a. auch nichtsprachliche Möglichkeiten der Beteiligung und Beschwerde schaffen!)

- Barrierefreiheit der Informationsvermittlung sowie der Verfahren im Allgemeinen, z. B. durch die Visualisierung wichtiger Informationen
- Etablierung der Verfahren in alltäglichen Situationen, um viele und regelmäßige Übungsmöglichkeiten zu eröffnen
- Kommunikation und Transparent-Machen der Konsequenzen von Beteiligungsprozessen; Gründe für Entscheidungen, die nicht umgesetzt werden können, offenlegen

Schritt 4: Einführen von strukturellen Möglichkeiten der Partizipation

Partizipation findet nicht nur auf der individuellen Ebene statt. Es geht hier auch um die Begleitung von Gruppenprozessen, um die Einführung von Interessenvertretungen und demokratischen Strukturen in Einrichtungen: Partizipation heißt, Entscheidungen, die das eigene Leben und das Leben der Gemeinschaft betreffen, zu teilen und gemeinsame Lösungen für Probleme zu finden.

Kinderkonferenzen, Kinderparlamente, Freiwillige in einer Arbeitsgruppe oder gewählte Interessenvertretungen sind einige der Formen, in denen Entscheidungen fallen können und Mitbestimmung gelebt werden kann.

Das oben genannte Prinzip der Transparenz ist hier wesentlich: Kinder müssen wissen, wie es geht. Sie müssen die zur Verfügung stehenden Verfahren der Beteiligung kennen und wissen, wie diese genutzt werden können, *wie* Entscheidungen gefällt werden und was letztendlich gilt. Willkür bei der Partizipation bewirkt das Gegenteil von dem, was sie (auch aus Sicht der Prävention von sexuellem Missbrauch) bewirken möchte.

Legitim ist es jedoch, wenn die Erwachsenen in einzelnen Fällen vorab formulieren: „Wir möchten zwar an diesem Punkt eure Meinung hören und werden diese einbeziehen - diesmal entscheiden jedoch letztlich wir." Zum Beispiel, weil es beim Anbau eines Turnraums um viel Geld geht und um Entscheidungen, deren Konsequenz die Kinder nicht bis ins Letzte verstehen.

Bei Entscheidungen in Kindergruppen muss oder sollte außerdem nicht immer das Mehrheitsprinzip gelten, solange das vorab klar gemacht wird. Nicht zuletzt im Sinne der Inklusion sind auch Minderheitsentscheidungen und Kompromisse wichtig. Sowohl das Ponyreiten als auch das Stelzengehen mag für viele Kinder beim Sommerfest ein attraktives Angebot sein, nicht aber für das einzige Mädchen im Rollstuhl, das sich den Zauberer wünscht. Hier muss in Aushandlungsprozessen dafür Sorge getragen werden, dass alle Interessen berücksichtigt werden und eine Lösungsfindung gut begleitet wird.

Zusammenfassend kann man zu Schritt 4 sagen, dass Gremienarbeit mit Kindern und Jugendlichen gut eingeführt werden muss, dass Entscheidungsprozesse gut vorbereitet und begleitet sein müssen und dass immer wieder geprüft werden muss, ob die eingeführten Strukturen tatsächlich brauchbar sind oder modifiziert werden müssen.

Schritt 5: Evaluation, Reflexion und ggf. Überarbeitung

Ein wichtiger und nicht zu vernachlässigender Schritt bei der Einführung ist die regelmäßige Überprüfung und Reflexion der Partizipationsverfahren. In regelmäßigen Abständen sollte mit den Kindern und Jugendlichen sowie im Team gewissenhaft diskutiert werden:

Wie klappt die Umsetzung der Verfahren im pädagogischen Alltag? Nehmen alle Mädchen* und Jungen* die Angebote wahr? Wie zufrieden sind die Mädchen* und Jungen* damit?

Wie geht es den Mitarbeitenden? Was klappt schon gut? Wo fühlen wir uns sicher?

Was muss man ändern? Was kann man optimieren? Was brauchen wir dafür? Bei welchen Fragen oder Problemen brauchen wir professionelle Unterstützung? Wo passen die Anforderungen nicht zu den Rahmenbedingungen der Arbeit?

Das Ergebnis dieser Diskussion ist die Anpassung und Optimierung der vorhandenen Verfahren und unter Umständen auch die Schaffung neuer Angebote. Es folgt die erneute Erprobung im Einrichtungsalltag, die nach einiger Zeit auch wieder evaluiert und reflektiert wird.

Somit zeigt sich auch hier: Die Implementierung von Verfahren der Beteiligung für Mädchen* und Jungen* (auch für Mitarbeitende und Eltern) ist keine Aufgabe, die abgeschlossen werden kann oder soll, sondern sie ist ein Prozess, der die Einrichtungen und die einzelnen Gruppen dauerhaft begleiten soll, um wirksam und präventiv sein zu können.

Umsetzung von Verfahren zur Beschwerde für Mädchen* und Jungen* mit Behinderung in Einrichtungen

Um Beschwerdemöglichkeiten für Kinder und Jugendliche zu schaffen, ist es sinnvoll und notwendig, sowohl interne als auch externe Beschwerdewege zu bieten. Gerade für Kinder und Jugendliche in stationären Jugendhilfeeinrichtungen und Einrichtungen der sogenannte Behindertenhilfe, die z. T. wenig auf die Hilfe ihrer Eltern bauen können und – wie die Erfahrung leider immer wieder gezeigt hat – im schlimmsten Falle der Willkür einer Einrichtung völlig ausgeliefert sind, sind externe Beschwerdewege von zentraler Bedeutung.

Für ein Kooperations- und Forschungsprojekt zum Thema „Ich bin sicher. Schutzkonzepte aus der Perspektive von Jugendlichen“ wurden 322 Jugendliche in Jugendhilfeeinrichtungen und Internaten u. a. zu vorhandenen und gewünschten Beschwerdemöglichkeiten, insbesondere zur Einschätzung externer Möglichkeiten befragt[14]:

In den Befragungen gibt die Mehrheit der Jugendlichen (67,8 Prozent) an, externe Beschwerdemöglichkeiten zu kennen, d. h. angebotene Möglichkeiten der Beschwerde bei Personen außerhalb der Einrichtung (wie z. B. Ombuds- und Beratungsstellen oder übergeordneten Behörden, wie Jugendämter oder die Heimaufsicht).

Von denen, die solche externen Beschwerdemöglichkeiten kennen, findet eine große Mehrheit diese zwar eher gut (96,8 Prozent), aber über 60 Prozent haben sie selbst noch nicht genutzt.

Von denen, die noch keine externen Beschwerdemöglichkeiten kennen, befürworten 75,8 Prozent die Frage, dass es solche Angebote geben sollte. Eine große Gruppe zeigt allerdings eine große Skepsis gegenüber einer potenziellen Nutzung: 87,8 Prozent können sich eher nicht oder nur vielleicht vorstellen, diese Angebote dann auch zu nutzen. Sie begründen das damit, dass sie die Personen dann nicht kennen würden und sich stattdessen eher an jemanden wenden würden, zu dem sie eine vertraute Beziehung haben. Die Befürchtung ist durchaus richtig, denn meistens werden externe Beschwerdemöglichkeiten nur durch Flyer und Telefonnummern an der Pinnwand bekannt gemacht.

---

[14] Eine Präsentation zentraler Ergebnisse des Projektes durch Prof. Jörg Fegert (Uni Ulm) ist verfügbar unter: http://www.uniklinik-ulm.de/fileadmin/Kliniken/Kinder_Jugendpsychiatrie/Praesentationen/FE_2015_09_15_Basel.pdf (Abgerufen am: 18.04.2017).

Die Forschungsgruppe schlussfolgert daraus, dass eine zentrale Herausforderung der Einrichtung darin besteht, Möglichkeiten und Wege zu finden, wie Kinder und Jugendliche darin unterstützt werden können, Vertrauensbeziehungen auch zu externen Ansprechpersonen aufzubauen.[15] Ganz besonders bei Kindern und Jugendlichen in stationären Einrichtungen der Jugendhilfe und der sogenannten Behindertenhilfe stellen sich deshalb folgende Fragen:

- Kennen die Kinder und Jugendlichen auch externe Beschwerdemöglichkeiten, die ihnen zur Verfügung stehen? Kennen sie die Personen, die „dahinterstehen" persönlich und hatten sie Gelegenheit, einen vertrauensvollen Kontakt mit ihnen herzustellen?
- Wissen sie, dass sie diese Wege nutzen können, ohne dass ihnen etwas Negatives passiert? Haben sie die explizite Erlaubnis bekommen, sich hier - auch über einzelne Mitarbeitende - beschweren zu dürfen?
- Haben die Mädchen* und Jungen* in der Einrichtung Zugang zu Beschwerdesystemen, die sie ohne Zustimmung oder Unterstützung durch Fachkräfte nutzen können? Zum Beispiel gibt es Einrichtungen, in denen nicht-sprechende Kinder das einzige offizielle Instrument zur Beschwerdeäußerung, nämlich den internen Meckerkasten oder den Kontakt zur Ombudsstelle, nur nutzen können, wenn ihre Bezugsbetreuer ein Beschwerdeformular für sie ausfüllen - mit den Beschwerden, die diese eben wahrgenommen oder in das Verhalten hineininterpretiert haben. Reicht es in dieser Einrichtung also, wenn nur diese schriftliche Form der Beschwerdeäußerung „offiziell" anerkannt ist?
- Sind Beschwerdeverfahren für diejenigen Mädchen* und Jungen*, die die Einrichtung im Moment besuchen, möglichst barrierearm nutzbar? Werden sie auch tatsächlich genutzt? Von allen?
- Wenn eine Beschwerdemöglichkeit nicht genutzt wird: Woran könnte das liegen? Welche Barrieren gibt es bei diesem Verfahren? Wie könnte man das Angebot attraktiver gestalten?
- Gibt es interne Ansprechpersonen, die von allen Mädchen* und Jungen* gekannt werden und von denen alle wissen, dass man ihnen zu festen, regelmäßigen Sprechzeiten davon erzählen kann, wenn etwas Doofes passiert ist oder man mit etwas unzufrieden ist?

---

[15] http://www.uniklinik-ulm.de/fileadmin/Kliniken/Kinder_Jugendpsychiatrie/Praesentationen/4_SchutzkonzeptePerspektiveJug_WOLFF.pdf (Abgerufen am: 05.04.2017).

- Gibt es externe Beschwerdemöglichkeiten, z. B. in Form einer externen Ansprechperson, die regelmäßig einige Zeit in den Gruppen verbringt und so für die Mädchen* und Jungen* bekannt und erreichbar ist?
- Haben die Mädchen* und Jungen* Zugang zu Beratungsangeboten außerhalb der Einrichtung oder im Internet, die sie ohne Zustimmung bzw. Kontrolle durch Fachkräfte wahrnehmen können?
- Was passiert mit eingegangenen Beschwerden? Sammeln die Mädchen* und Jungen* im Einrichtungsalltag die Erfahrung, dass Unzufriedenheitsäußerungen tatsächlich etwas bringen und sich lohnen? Werden ihnen die Konsequenzen ihrer Beschwerden aufgezeigt?

Stellt man sich diesen Fragen, wird eines sichtbar: Die Implementierung von Beschwerdesystemen für Mädchen* und Jungen* mit unterschiedlichen Behinderungen stellt Einrichtungen vor Herausforderungen, die jedoch zu bewältigen sind, denn: Wer will, findet Wege.

Deutlich wird allerdings: Auch das Einführen von Beschwerdeverfahren ist nichts, was eben mal nebenbei zu erledigen ist. Träger und Zuschussgeber sind dafür verantwortlich, die nötigen Ressourcen für diese gesetzliche Verpflichtung zu schaffen.

Nötig sind interne und externe Verfahren, die auf die Möglichkeiten und Wünsche der jeweiligen Kinder und Jugendlichen in den Einrichtungen abgestimmt sind und sich in der Realität als brauchbar erweisen – im Interesse des Wohlergehens und des Schutzes *aller* Mädchen* und Jungen*.

Wie werden Beschwerden geäußert?

Kinder und auch Jugendliche äußern ihre Beschwerden oft nicht direkt. In vielen Fällen ist ihnen nicht bewusst, dass sie gerade eine Beschwerde äußern und meistens haben sie auch nicht das bewusste Ziel, die Beschwerdeursache zu beseitigen. Meistens geht es eher darum, gehört zu werden, z. B. bei empfundener Ungerechtigkeit: „Du, die Maria (Gruppenpädagogin) hat gesagt, dass ich nicht mehr in die Kuschelecke darf, obwohl ich gar nichts gemacht habe. Das ist voll fies." Kinder teilen ihre Beschwerden häufig „verpackt" mit, beispielsweise

- durch das Signalisieren eines allgemeinen Unwohlseins („Wann kommt Mama wieder?").
- durch personenbezogene Äußerungen („Die großen Jungen sind voll doof.").

– nonverbal durch Rückzug, Weinen, Zuschlagen oder sich anderweitig körperlich abreagieren.

Was genau dahinter steckt, findet man nur heraus, wenn man sich auf einen dialogischen Prozess mit dem Kind einlässt und sich bemüht zu verstehen, was ein Kind uns mit seinen Signalen und seinem Verhalten sagen möchte. Hansen und Knauer (2016, S. 16) haben sich hierfür einen Grundsatz der Reggio-Pädagogik zunutze gemacht:

Kinder haben 100 Sprachen. Auch, um sich zu beschweren.

Worüber beschweren sich Kinder und Jugendliche?

Wichtig ist an dieser Stelle zu betonen: Kinder brauchen die explizite, regelmäßig ausgesprochene Erlaubnis, sich beschweren zu dürfen. Haben sie Vertrauen, dass man ihnen nicht böse ist oder ihnen negative Konsequenzen drohen, wenn man sich beschwert, so kann dies das Beschweren aktivieren und eine Kultur der Rückmeldung befördern. Werden Kinder zu Beschwerden „herausgefordert", so beschweren sie sich in Anlehnung an Schubert-Suffrian & Regner (2015, S. 20) beispielsweise über

– erlebte verbale und körperliche Grenzverletzungen und Übergriffe, z. B., wenn Erzieher*innen einfach ungefragt über die Toilettentür schauen, um zu sehen, ob ein Kind fertig mit dem Toilettengang ist.
– Verletzungen ihrer Rechte, z. B. bei einer Verletzung ihrer Privatsphäre durch das Betreten ihres Zimmers ohne vorheriges Anklopfen oder durch ungerechtfertigtes Zurückhalten des persönlichen Budgets.
– Beschränkungen durch als nicht sinnvoll empfundene Gruppenregeln, z. B.: „Ich möchte aber nicht immer schon um 20 Uhr ins Bett. Ich bin immerhin schon 18 Jahre alt."
– erlebte Einschränkungen der Selbstbestimmung oder Autonomie, z. B. bei Unzufriedenheit darüber, dass man seinen Spiel-Ort nicht selbst aussuchen kann: „Ich will jetzt aber nicht rausgehen, sondern lieber noch ein bisschen in der Bauecke bleiben." Dies kann auch nichtsprachlich über Körpersignale oder die Verweigerung des Anziehens gezeigt werden und sollte auch in dieser Form ernst genommen werden.
– erlebte Ausgrenzung beziehungsweise eine nicht ermöglichte Zugehörigkeit: „Die lassen mich nicht in die Bauecke." „Die bedrängen mich,

weil ich schwul bin und mich in einen Jungen aus meinem Fußballverein verliebt habe."

- die Verteilung bzw. den Umgang mit Ressourcen, z. B. „Ich mag auch mal Bagger fahren" oder „Jetzt hab ich schon wieder weniger Nudeln als Lucas bekommen".
- negativ erlebte Sinneswahrnehmungen wie z. B. „Die Toilette ist immer so kalt", „Frau Müllers Parfum stinkt", „Herbert schreit immer so laut".
- empfundene Ungerechtigkeiten und unfaire Behandlung, z. B.: „Ich hab überhaupt nicht angefangen. Sie hat als Erste geschubst.", „Ich werde immer gleich geschimpft, obwohl ich gar nichts gemacht habe."

Diese Beispiele geben nur einen kleinen Einblick in Lebensbereiche, in denen Kinder Ungerechtigkeit oder Unzufriedenheit erleben können. Wichtig ist, dass Kinder und Jugendliche auch in „kleinen Anliegen" die Möglichkeit bekommen, zu „üben" und zu erleben, dass man die eigene erlebte Unzufriedenheit äußern kann, gehört wird und eine befriedigende Reaktion bekommt. Es ist also nicht die Aufgabe von Erwachsenen, eine Beschwerde hinsichtlich ihrer Plausibilität zu bewerten – jede geäußerte Beschwerde ist es wert und hat das Recht, bearbeitet zu werden. Das heißt nicht automatisch, dass jede Beschwerde die gewünschte Veränderung oder Wirkung erzielen kann. Aufgenommen und bearbeitet muss sie aber werden und es bedarf auch einer Rückmeldung an das beschwerdestellende Kind, was mit der Beschwerde passiert ist, was sie bewirkt hat und was nicht – und warum.

Noch ein Wort zur Inklusion: Die oben genannten Beispiele zeigen, dass Fachkräfte auch bei der Wahrnehmung von Beschwerden in der Regel sehr auf verbale Äußerungen fixiert sind. Für diejenigen, die auch mit Nicht-Sprachler*innen und/oder mit Kindern, die sich nicht (in erster Linie) mittels gesprochener oder geschriebener Sprache ausdrücken, lohnt es sich, alle oben genannten Beispiele einmal aus deren Sicht zu betrachten: Wie würden diese Kinder ihre Beschwerden äußern?

Der feinfühlige Umgang mit kindlichen oder jugendlichen Beschwerden in alltäglichen Situationen ist für die Fachkräfte eine wichtige Informationsquelle: Wie und worüber beschwert sich welches Kind oder welche*r Jugendliche*r? Bei wem sind wir uns selber noch unsicher, wie er oder sie Beschwerden äußert? Wer weiß gut, an wen man sich wenden kann, wenn „der Schuh drückt"? Welches Kind braucht hier noch unsere Unterstützung?

So verbessert sich das gegenseitige Verstehen und die Wahrscheinlichkeit, dass die Kinder und Jugendlichen den Erwachsenen glauben, dass sie sich beschweren dürfen, und die Sicherheit der Fachkräfte, ganz unterschiedlich geäußerte Beschwerden bei ganz unterschiedlichen Kindern erkennen zu können, erhöht sich.

Die Bedenken vieler Fachkräfte, dass die Ermöglichung von Beschwerden dazu führt, dass man bald eine immerwährend nörgelnde Kinder- oder Jugendgruppe vor sich hat, bestätigt sich in der Praxis übrigens nicht: Kinder und Jugendliche, die die Erfahrung sammeln, dass sie (ernsthaft) beteiligt werden und dass sie selbst und die von ihnen geäußerten Beschwerden wahr- und ernst genommen werden, erscheinen nicht nur im Allgemeinen zufriedener, sondern sie nutzen Beschwerdemöglichkeiten auch zunehmend kompetenter und mit Bedacht.

Es gilt die alte Erkenntnis: Konflikte löst man nicht, indem man sie unterdrückt oder verhindert. Wer versucht, Beschwerden zu verhindern, bewirkt meist nur, dass diese immer größer werden und irgendwann unkontrolliert zum Ausdruck kommen, z. B. dadurch, dass ein Mensch ein seit längerer Zeit unterdrücktes Gefühl der Unzufriedenheit durch Gewalt gegen sich oder andere ausdrückt.

Diese Eskalation kann man langfristig nur verhindern, indem man Beschwerden tatsächlich als Chance und als „Selbstverständlichkeit" sieht und indem man ihnen im Alltag Raum und Aufmerksamkeit schenkt. Es gilt, eine Kultur der Achtsamkeit und der Fehlerfreundlichkeit zu leben und zu pflegen – was letztlich allen Menschen, die in der Einrichtung leben und arbeiten, zugutekommt.

Beschwerden können von Kindern und Jugendlichen, aber auch von Eltern und Mitarbeitenden also nur geäußert werden in einem Klima

- der gegenseitigen Wertschätzung.
- der Offenheit, indem Probleme angesprochen und konstruktive Lösungen gesucht werden können.
- der Fehlerfreundlichkeit: Unprofessionell ist es nicht, Fehler zu machen, sondern Fehler zu vertuschen, abzustreiten oder zu bagatellisieren.
- der gelebten Partizipation, in der alle Beteiligten eine Stimme haben, die gehört und ernst genommen wird.

Ist diese Haltung bei Trägern, Leitungskräften und den einzelnen Mitarbeitenden vorhanden, so werden die Fachkräfte vor Ort Wege finden, um allen Kindern und Jugendlichen (unabhängig von Alter und Behinderung) Beschwerden zu ermöglichen.

Einrichtungsinterne Beschwerdeverfahren für Einrichtungen und Institutionen

Strukturell verankerte einrichtungsinterne Beschwerdeverfahren regeln die Art und Weise des Umgangs mit Beschwerden innerhalb einer Einrichtung.

Ein solches Beschwerdeverfahren ist seit dem Inkrafttreten des neuen Bundeskinderschutzgesetzes am 01.01.2012 kein „nice to have“ mehr, sondern Voraussetzung für die Erteilung einer Betriebserlaubnis. Die Einrichtungen müssen hierfür festgelegen (in Anlehnung an Urban-Stahl 2016, S. 6):

- den Geltungsbereich (Ziele, Verständnis von Beschwerden, Adressat*innen)
- Beschwerdewege (Zugänge, interne und externe Ansprechpersonen sowie die Zeiten und Orte, an denen man diese antreffen kann)
- geltende Dokumente (Beschwerdeformulare für Kinder, Mitarbeitende, Eltern; Beschwerden für Nicht-Sprachler*innen)
- Abläufe der Beschwerdeverarbeitung (z. B.: Wie muss Transparenz gewährleistet werden? In welchem Zeitraum wird die Beschwerde „bearbeitet? Wie kann Verbindlichkeit hergestellt werden?)
- die Dokumentation der Beschwerden (z. B. das Sammeln der Beschwerdeformulare)
- die Evaluation der Beschwerden (z. B. die Auswertung der Dokumentationsbögen) sowie die Einleitung von Veränderungen
- die adressatengerechte Information zu den vorhandenen Instrumenten (z. B. Flyer, Broschüren, Plakate, Infoveranstaltungen)

Anforderungen an interne und externe Beschwerdeverfahren

Damit Beschwerdeverfahren von allen Mädchen* und Jungen* genutzt werden, müssen sie Anforderungen auf unterschiedlichen Ebenen erfüllen. Grundsätzlich muss die Beschwerdebearbeitung folgende Kriterien erfüllen (Schubert-Suffrian & Regner 2015, S. 24):

- **Verbindlichkeit und Verlässlichkeit:** Beschwerdeverfahren müssen verbindlich gelten. Was festgelegt wurde, muss den Mädchen* und Jungen* zuverlässig ermöglicht werden.
- **Transparenz und Nachvollziehbarkeit:** Die Konsequenzen einer Beschwerde und deren Bearbeitung muss von vornherein transparent gemacht werden. Die Mädchen* und Jungen* müssen nachvollziehen können, was mit einer geäußerten Beschwerde passiert.
- **Information:** Mädchen* und Jungen* brauchen für sie verständliche Informationen darüber, was eine Beschwerde ist, warum Beschwerden wichtig sind und warum man sich beschweren darf. Informationen sind wichtig, um bei den Mädchen* und Jungen* das Gefühl zu verhindern, dass sie die Kontrolle über ihre Beschwerde verlieren. Das ist gerade bei bereits traumatisierten Kindern und Jugendlichen zentral für die Bereitschaft, eine Beschwerde zu äußern. Wissen sie nicht, was damit passieren wird, so erscheint das Risiko, dass die Situation „außer Kontrolle" gerät, schnell zu groß.
- **Vielfältige Zugangswege:** Gerade in der Arbeit mit jungen Kindern oder mit Kindern und Jugendlichen mit Behinderung ist es wichtig, auch jenseits des Meckerkastens nach Möglichkeiten zu suchen, wie man Beschwerden dieser wahrnehmen kann und das Äußern von Unzufriedenheit erleichtern kann. Gerade in der Arbeit mit Mädchen* und Jungen* mit schwerer/mehrfacher Behinderung, mit Lernschwierigkeiten oder Nicht-Sprachler*innen müssen Mitarbeitende bei der Entwicklung von Beschwerdeverfahren kreativ werden und genau in den Blick nehmen, wie Beschwerde bei diesen Kindern und Jugendlichen funktionieren kann. Hier sollten nicht nur Verfahren in Betracht gezogen werden, in denen diese sich aktiv beschweren müssen. Es sollten auch Beschwerdewege eröffnet werden, bei denen die erwachsenen Bezugspersonen dies übernehmen können, z. B. durch eine gepflegte Kultur des Sich-Einmischens oder die transparente Dokumentation von und die Auseinandersetzung mit Strafen oder Einschränkungen, die die Mädchen* oder Jungen* erfahren, über die sie sich selbst aber nicht beschweren können. *Beispiel: Wenn Max, ein 16-jähriger Junge mit schwerer Lernbehinderung, einnässt, so unterstellt Heilerziehungspflegerin Monika ihm regelmäßig Böswilligkeit und schickt ihn für mehrere Stunden alleine in sein Zimmer. Diese Bestrafung wird den anderen Kolleg*innen erst bekannt, als das Team vom Träger die Aufgabe bekommt, jede Bestrafung für Mädchen* und Jungen*, die in den stationären Wohngruppen leben, zu*

dokumentieren. Das Team kommt zu dem Entschluss, dass eine Bestrafung an dieser Stelle nicht gerechtfertigt ist, da Max seine Blase behinderungsbedingt nicht hundertprozentig kontrollieren kann. Sie bewerten den Fall als Beschwerde und finden in den kommenden Wochen eine Lösung, in der Max nicht willkürlich Bestrafungen ausgesetzt ist.

- **Zeitnahe Bearbeitung**: Sammeln Kinder und Jugendliche die Erfahrung, dass eine Beschwerde erst einmal in einer Schublade landet und sich nichts verändert, so lernen sie, dass Beschwerdeäußerungen ihnen nicht helfen und die Situation nicht verändern. Sie müssen andere Wege suchen, um gehört oder beachtet zu werden. Eine zeitnahe Bearbeitung ist darum von großer Bedeutung für das Vertrauen, das Kinder und Jugendliche in Beschwerdeverfahren entwickeln.

Beschwerden bearbeiten, bevor sie Beschwerden sind: Wie Fehlerfreundlichkeit und eine Kultur des Feedbacks die Einrichtungskultur verbessern können.

Beschwerden stellen für Einrichtungen, Leitungskräfte und Träger eine wichtige Informationsquelle dar, um zu erfahren, ob in der Einrichtung etwas schiefläuft. Einrichtungen müssen jedoch nicht warten, bis es zu Beschwerden kommt, sie können auch proaktiv handeln.

Regelmäßige Befragungen von Kindern und Jugendlichen, aber auch von Eltern und Mitarbeiter*innen sind hier wichtige und sinnvolle Instrumente. Angepasst an das Alter, die Fähigkeiten und Bedürfnisse kann hier mündlich oder schriftlich, über Gesten und Symbole erfragt werden, was die Einzelnen in der Einrichtung gut finden, wo sie sich besonders wohlfühlen, was nicht so gut ist und was sie sich anders wünschen.

Im Sinne der Prävention von (sexueller) Gewalt kann hier auch ganz explizit nach Grenzverletzungen gefragt werden, z. B.: „Ist es schon vorgekommen, dass dich jemand so anfasst, wie du es nicht magst?“ Nicht jede positive Antwort wird hier gleich auf einen sexuellen Missbrauch hinweisen, aber es können Unachtsamkeit und Tendenzen zu fachlichem Fehlverhalten ans Tageslicht kommen: „Die Paula packt immer so grob zu beim Wickeln.“

Des Weiteren empfiehlt sich auch die Befragung von Kindern und Eltern, wenn diese die Einrichtung verlassen. So bekommt man u. U. Rückmeldungen, die die Befragten nicht äußern möchten, solange sie noch Teil der Einrichtung sind und ein Machtgefälle zu den Mitarbeitenden wahrnehmen.

Bedeutung von Beschwerdeverfahren für das Team

Für Mitarbeitende ist die Einführung von Beschwerdeverfahren oft mit Ängsten verbunden. Es gibt die Befürchtung, zu Unrecht beschuldigt zu werden, und es gibt Ängste, dass Unsicherheiten in der eigenen Fachlichkeit, Lücken in der Qualifikation und Zeichen von Überforderung ans Tageslicht kommen. Es gibt die Befürchtung von Konkurrenz im Team, z. B. in Bezug auf unterschiedliche Grade der Sympathieverteilung.

Es ist deshalb auch eine wichtige Aufgabe der Leitung, das Team bei der Implementierung von Beschwerdesystemen „mitzunehmen", den Sinn deutlich zu machen und zu motivieren: Beschwerdesysteme sind nicht dazu da, einzelne Mitarbeiter*innen fertigzumachen, sondern es geht darum, als lernende Organisation immer besser zu werden – im Interesse des Wohlergehens aller Kinder und Jugendlichen in der Einrichtung.

Auch Mitarbeitende haben ein Recht darauf, dass mit Beschwerden sorgfältig umgegangen wird und deren Hintergrund geprüft wird. Ein fehlerfreundlicher Leitungsstil ist eine gute Voraussetzung dafür, dass Beschwerden wirklich dazu führen, dass etwas besser wird und nicht unnötig Energie in die Abwehr und Leugnung geht. Wo es um Schwächen in der Fachlichkeit geht, können Möglichkeiten der Nachqualifikation Einzelner oder des ganzen Teams zielführend sein.

Wichtig ist jedoch auch, dass allen in der Einrichtung klar ist, wo die Grenzen liegen, dass es gemeinsame Standards gibt, was eine gute fachliche Arbeit ausmacht und welches Verhalten der Fachkräfte und sonstigen Mitarbeiter*innen nicht akzeptiert wird. Hier zahlt es sich aus, wenn klare und tragfähige Schutzvereinbarungen erarbeitet wurden, die für alle einen Orientierungspunkt darstellen. Die Konsequenzen bei Nichteinhaltung müssen allen klar sein (vgl. Baustein 2: Nähe und Distanz).

Bedeutung von Eltern für die Implementierung von Partizipations- und Beschwerdeverfahren

Die Ermöglichung des Rechtes der Kinder und Jugendlichen auf Beteiligung und Beschwerde hat auch Einfluss auf die familiäre Situation der Mädchen* und Jungen*, denn deren Verhalten verändert sich mit hoher Wahrscheinlichkeit auch zu Hause. Darauf sollten Eltern vorbereitet werden.

Außerdem ist die präventive Wirkung umso größer, wenn Eltern und Fachkräfte in Einrichtungen und Institutionen an einem Strang ziehen. Eine enge und partnerschaftliche Elternarbeit lohnt sich darum auch bei dem Baustein „Partizipation und Beschwerde“.

Wie kann Elternarbeit zum Thema aussehen?

- Eltern frühzeitig informieren, z. B. durch Elternseminare oder Elternabende. Für Eltern, die auf diesen Wegen nicht erreichbar sind, empfiehlt sich ein Infobrief zum Thema. Ziel ist es, die Eltern der Mädchen* und Jungen* zu bilden und zu informieren: Was ist mit Partizipation gemeint und was nicht? Warum ist Partizipation und Beschwerde gut und wichtig für Kinder? Bei welchen Themen kann man Kinder wie beteiligen? Warum können Partizipation und Beschwerde zum Schutz eines Kindes vor sexuellem Missbrauch beitragen?
- Eltern bei der Umsetzung der Verfahren mit ins Boot holen: Wie können Eltern hier beteiligt werden? Was können sie z. B. als Expert*innen für ihr eigenes Kind beitragen?
- Zuverlässige und niedrigschwellige Partizipations- und Beschwerdemöglichkeiten für Eltern in der Einrichtung schaffen, damit auch sie sich ernst genommen fühlen und sehen, wie wichtig dies für die eigene Zufriedenheit und das eigene Wohlbefinden ist.

Fazit und Ausblick

Keine Frage: Die Einführung von Partizipations- und Beschwerdemöglichkeiten stellt Einrichtungen vor einige Herausforderungen. Der Einsatz lohnt sich jedoch, denn die Einführung dieser Verfahren stellt starke Instrumente zum Schutz von Kindern und Jugendlichen vor Willkür, fachlichem Fehlverhalten und (sexueller) Gewalt dar und macht die Einrichtungen zu demokratischeren und kinderfreundlicheren Orten.

Das Einführen von inklusiven Partizipations- und Beschwerdeverfahren ist nichts, was eben mal nebenbei zu erledigen ist. Die Einführung und Umsetzung dieser Verfahren wird für manche Einrichtungen einen pädagogischen Paradigmenwechsel darstellen. Leitungen und Teams stehen in der Verantwortung, diese Aufgabe für die Praxis ihrer Einrichtung zu bearbeiten. Träger und Zuschussgeber sind dafür verantwortlich, die nötigen Ressourcen für diese gesetzliche Verpflichtung zu schaffen.

Rüdiger Hansen fasst treffend zusammen: Partizipation und Beschwerde müssen gewollt sein (individuelle Haltung), beschlossen werden (strukturelle Verankerung) und pädagogisch gestaltet und gepflegt werden. Diese Instrumente zur Prävention von sexuellem Missbrauch müssen also zuverlässig in Einrichtungen verankert werden, um umsetzbar und wirksam sein zu können. Und das ist ein Prozess und ein Weg, der gemeinsam gegangen werden muss – der sich aber auf jeden Fall lohnt, gegangen zu werden. Für alle Beteiligten.

Baustein 4: Typisch Mädchen*? Typisch Junge*? Typisch ICH!

Geschlechterrollenreflektierende und -öffnende Arbeit in (inklusiven) Einrichtungen

Ausgangspunkte

- Spätestens mit der Geburt eines Kindes wird versucht, diesem anhand der sichtbaren biologischen Merkmale eines von zwei Geschlechtern zuzuweisen: weiblich oder männlich.
- Mädchen* und Jungen* erkennen sehr früh, dass die Einteilung in weiblich/männlich eines der mächtigsten Ordnungsschemata der sie umgebenden Welt ist. „In dieser Ordnung gilt es, einen Platz zu finden, sich zu positionieren, die eigene Geschlechtsidentität zu entwickeln“ (Niesel 2017, o. S.).
- Der Aufbau einer Geschlechtsidentität ist eine zentrale Entwicklungsaufgabe von Mädchen* und Jungen* im Kindergartenalter. Mädchen* und Jungen* lernen in diesem Alter, dass Mädchen*- und Frau*-sein bzw. Junge*- und Mann*-sein an einen unterschiedlichen Körperbau und unterschiedliche reproduktive Fähigkeiten gebunden ist. Sie können sich einem der beiden Geschlechter zuordnen oder nehmen in manchen Fällen wahr, dass sie sich keinem der beiden Geschlechter zugehörig fühlen.
- Was es bedeutet, weiblich oder männlich zu sein und die damit verbundenen Erwartungen an Verhaltensweisen, Bedürfnissen und Empfindungen zu erfüllen, ist in großem Maße abhängig von der Kultur und der Gesellschaft, in der ein Kind aufwächst, sowie von den Erfahrungen, die es hier sammelt.
- Mädchen* und Jungen* unterscheiden sich in Bezug auf ihre Biologie, ihren Körperbau und ihr Aussehen. Interessen, Empfindungen, Fähigkeiten und Verhaltensweisen sind aber mehr an den individuellen Menschen als an ein bestimmtes Geschlecht gebunden. Sie können sich entfalten, wenn junge Menschen in ihrer Entwicklung nicht eingeschränkt werden und wenn ihnen die nötigen Freiräume geboten werden. Es gibt kaum Verhaltensweisen, Bedürfnisse, Empfindungen etc., die nachweislich ausschließlich mit einem biologischen Geschlecht verbunden sind.

- Mädchen* und Jungen* ohne und auch diejenigen mit unterschiedlichen Beeinträchtigungen und Behinderungen brauchen darum für die Entwicklung ihrer Persönlichkeit und ihrer Geschlechtsidentität vielfältige Erfahrungsräume, in denen sie unbefangen und in geschütztem Rahmen ausprobieren und entdecken können, was es für sie persönlich bedeutet, Mädchen* oder Junge* zu sein. Geschlechtsrollenöffnende Erziehung bedeutet also, sowohl Mädchen* als auch Jungen* die gesamte Palette an Möglichkeiten, Interessen und die damit verbundenen Gefühle anzubieten und sie zu ermuntern, sich auszuprobieren. Mädchen* und Jungen* brauchen Zugänge zu den für sie „untypischen" Spielen und Verhaltensweisen, um wirklich selbst entscheiden zu können, was ihnen persönlich gefällt und wie sie selbst sind. Ein wenig reflektierter Umgang verbunden mit engen Vorstellungen von Geschlechterrollen schränkt Mädchen* und Jungen* in der Entwicklung ihrer Persönlichkeit und ihren individuellen Möglichkeiten ein.
- Geschlechterrollenöffnende Arbeit mit Mädchen* und Jungen* ist auch aus Sicht der Prävention von sexuellem Missbrauch durch Erwachsene ein wichtiger Baustein, denn tradierte Geschlechterrollen können sich einschränkend und hinderlich auf die Aufdeckung eines sexuellen Missbrauchs auswirken: Mädchen*, denen vermittelt wurde, sie seien schwächer und unterlegen, werden in ihrer Selbstschutzfähigkeit und ihrem Widerstandspotenzial geschwächt. Tradierte Geschlechterrollen geben die „Verantwortung" für Übergriffe auch häufig an das betroffene Kind zurück: *Selber schuld, wenn du dich so aufreizend verhältst oder so sexy anziehst.* Im Zusammenhang mit sexuellen Übergriffen sind solche Botschaften fatal. Auch „coole Jungs" sind keine Opfer - so wird es ihnen vermittelt. Botschaften wie „*Ein Indianer kennt keinen Schmerz.*" oder „*Sei doch kein Mädchen.*" machen es Jungen* schwer, Schwäche zu zeigen und sich in schwierigen Situationen Hilfe zu holen und Hilflosigkeit einzugestehen.

– Mädchen* und Jungen* mit unterschiedlichen Behinderungen, die im Verlauf ihrer Entwicklung wahrgenommen haben, dass ihre Umwelt sie als „anders" betrachtet, versuchen teilweise, möglichst normal zu sein, in dem sie sich besonders stark an tradierten Geschlechterrollen orientieren, d. h., Jungen* mit Behinderung verhalten sich besonders machohaft und männlich; Mädchen* verhalten sich oft besonders weiblich oder besonders angepasst. Solche verinnerlichten Geschlechterrollen können die eigene Grenzwahrung und eine Aufdeckung von erlebten sexuellen Übergriffen erschweren. Auch darum braucht es auch aus Sicht der Prävention von sexuellem Missbrauch inklusive geschlechterrollenöffnende Arbeit in Einrichtungen und Institutionen.

Ziele des Bausteins

– Mädchen* und Jungen* bekommen bei der Entwicklung ihrer Persönlichkeit und ihrer Geschlechtsidentität Unterstützung von den für sie verantwortlichen Erwachsenen. Sie bekommen einen geschützten Rahmen, in dem sie ausprobieren und entdecken können, wer und wie sie sind. Sie erwerben ein „differenziertes und vielfältiges Bild von den möglichen Rollen von Männer*n und Frauen*" (Bayerischer Bildungs- und Erziehungsplan 2012, S. 122).

– Mädchen* und Jungen* nehmen die körperlichen Unterschiede zum anderen Geschlecht wahr und erkennen diese an (vgl. ebd.). Sie erkennen andere Geschlechter sowie Menschen, die sich in keiner Kategorie wiederfinden, als gleichwertig und gleichberechtigt an.

– Mädchen und Jungen, die sich eindeutig einem der beiden Geschlechter zugehörig fühlen, erleben dies als identitätsstiftend. Sie dürfen und sollen stolz auf ihre Geschlechtszugehörigkeit sein.

– Intersexuelle und transsexuelle Kinder und Jugendliche werden in ihrer Identitätssuche unterstützt und bestärkt. Sie werden vor Ausgrenzung, Abwertung und Anfeindungen geschützt.

– Alle Kinder und Jugendlichen werden darin unterstützt, aus der Vielfalt menschlicher Potenziale zu schöpfen: Unabhängig von der Geschlechtszugehörigkeit werden ihre fürsorglichen, sozialen Seiten sowie ihr Bedürfnis nach Abgrenzung bestärkt. Sie dürfen wild und ruhig sein. Sie dürfen Stärke und Dominanz zeigen. Sie lernen aber auch, in Konflikten mal zurückzustehen und bei Streit zu vermitteln. Sie erfahren, dass es zum Leben gehört, auch Schwäche zu zeigen und schwach sein zu dürfen.

- Alle Kinder und Jugendlichen entdecken, dass ihre eigenen Interessen und Vorlieben nicht an eine Geschlechtszugehörigkeit gebunden sind und dass sie ihre eigenen Interessen und Bedürfnisse über die geschlechterbezogenen Erwartungen und Vorgaben anderer stellen dürfen (vgl. BEP 2012, S. 122). Sie lernen, mit Widersprüchen zwischen der eigenen Geschlechtsidentität und den Erwartungen anderer umzugehen (vgl. ebd.).
- Mädchen* und Jungen* mit unterschiedlichen Beeinträchtigungen und Behinderungen bekommen auf ihre Bedürfnisse und ihre Situation abgestimmte Möglichkeiten, die Geschlechtsidentität, mit der sie sich wohl und sicher fühlen, im Alltag spielerisch zu erproben. Sie erfahren Unterstützung darin, ihre Behinderung nicht als einschränkend, sondern als wertgeschätzten Teil ihrer Persönlichkeit zu erleben.
- Mädchen* und Jungen* werden durch den pädagogischen Alltag gestärkt. Sie machen die Erfahrung, genauso respektiert, akzeptiert und anerkannt zu sein, wie sie sind. Sie erfahren sich, ihre Persönlichkeit, ihren Körper, ihre Empfindungen und Wünsche als richtig, wichtig und ohne (geschlechtsspezifische) Einschränkung schützenswert.

Um die aufgezeigten Ziele zu erreichen, muss geschlechterrollensensible und -öffnende Erziehung eine Querschnittsaufgabe der Einrichtung sein, die alle Bereiche und alle Mitarbeitenden betrifft und in allen alltäglichen Abläufen, Aktivitäten und Angeboten mitzudenken ist.

Welche Aufgaben ergeben sich für wen?

Auf Ebene der Mitarbeitenden

- Mitarbeitende in Einrichtungen entwickeln ein Bewusstsein für die Existenz und die Wirkung von Geschlechterrollen. Sie reflektieren ihre eigene Haltung und ihre alltäglichen Aussagen, Verhaltensweisen und Handlungen dahingehend, ob diese die Kinder auf bestimmte Verhaltensweisen festschreiben oder sie in ihrer individuellen Entwicklung, ihren jeweiligen Stärken unterstützen und sie dort fördern, wo sie ihre Potenziale nicht selbst entfalten können.

- Mitarbeitende sind für das Thema sensibilisiert und geschult und tragen geschlechterrollenöffnende Erziehung durch ihr alltägliches Tun in den Alltag der Einrichtung.
- Sie sind sich ihrer Vorbildwirkung auf die Mädchen* und Jungen* bewusst und gehen verantwortungsbewusst mit ihr um.

Auf Ebene der Teams/des Kollegiums

- In den Teams bzw. Kollegien wird auf einen respektvollen, gleichberechtigten Umgang miteinander geachtet. Frauen* und Männer* werden gleichwertig behandelt.
- Im Team werden alltägliche Situationen dahingehend reflektiert, ob sie alle Mädchen* und Jungen* dabei unterstützen, ihre ganz individuelle Geschlechtsidentität zu entwickeln und sie nicht auf bestimmte Geschlechterrollen oder Verhaltensweisen festzulegen. Eine ungleiche Behandlung, eine diskriminierende Sprache oder wahrgenommene Hürden und Probleme werden angesprochen und konstruktiv bearbeitet.
- Es werden Zeiträume geschaffen, in denen die Mädchen* und Jungen* in gleich-, aber auch in gemischtgeschlechtlichen Gruppen Raum für die Auseinandersetzung mit Geschlechterrollen, -stereotypen, -erwartungen und Ähnlichem haben.
- Geschlechterbewusste Erziehung findet darüber hinaus auch im pädagogischen Alltag und im tagtäglichen Miteinander statt, z. B. durch die Bestärkung und Ermutigung der Mädchen* und Jungen*, eigene Interessen vor die Rollenerwartungen anderer zu stellen.

Auf Träger- und Leitungsebene

Geschlechterrollenöffnende Erziehung ist ein Qualitätsmerkmal von Einrichtungen und aufgrund ihrer präventiven Wirkung auch ein wichtiger Bestandteil von Schutzkonzepten zur Prävention von sexuellem Missbrauch. Somit liegt die Ermöglichung dieses Bausteins im Einrichtungsalltag auch im Verantwortungsbereich des Trägers und der Leitungskräfte vor Ort. Hierfür braucht es

- das Engagement und die Mitwirkung der Leitungsebene bei der Entwicklung und Implementierung einer geschlechterbewussten Haltung in der Einrichtung, z. B. durch die strukturelle Verankerung im Leitbild und/oder pädagogischen Konzept.

- zeitliche, räumliche, personelle und finanzielle Ressourcen für die Planung und Umsetzung von Angeboten sowie für die Beschaffung oder Erstellung notwendiger Materialien.
- die Ermöglichung von Austausch zum Thema in den Teams, evtl. auch in Form von Supervision.
- die Möglichkeit zur regelmäßigen Fortbildung und Qualifizierung einzelner Mitarbeitender sowie gesamter Teams zum Thema.

Geschlechterrollen im pädagogischen Alltag und ihre Wirkung

Vor Kurzem wurde im Fernsehen eine junge Mutter von Zwillingen interviewt. Sie berichtete, dass sie während ihrer Schwangerschaft die Babyausstattung mit viel Leidenschaft in pink und rosa ausgesucht habe – schließlich erwartete sie Mädchen. Bei der Geburt entlarvten sich die vermeintlichen Mädchen dann allerdings als Jungen, was die Mutter beinahe zur Verzweiflung brachte, denn: Was sollte sie ihren Jungen denn nun anziehen? Wie sollte sie die beiden transportieren? Zwei Jungen im pinken Kinderwagen? Undenkbar!

Auch eine aktuelle Werbung für Säuglingsnahrung, in der ein Mädchen als spätere Ballerina und zwei Jungen als zukünftiger Mathematiker und angehender Bergsteiger gezeigt werden, oder die Aussage einer Politikerin, die neulich in einer Talkrunde erzählte, dass ihre Tochter immer mit den Brüdern Baustelle spielte – „bis zu dem Moment, als sie im Kindergarten bemerkte, dass Mädchen *normalerweise* mit Barbies und Puppen spielen" –, bestätigen die Erkenntnis: Geschlechterrollen existieren und sie wirken! In den Köpfen vieler Menschen ist fest verankert, was „typisch Mädchen" und „typisch Junge", was in diesem Kontext „gut" und „schlecht" beziehungsweise „richtig" und „merkwürdig" ist.

Diese Einstellungen haben allerdings nicht nur Auswirkungen auf die Wahl der Kleidung, des Kinderwagens oder des Spielmaterials, sondern sie ziehen teilweise sehr viel weitreichendere Konsequenzen nach sich. Maywald betrachtet hierzu eine Studie von Véronique Ducret und Bulle Nanjoud[16]. Diese beobachteten alltägliche Situationen in elf Krippen und Kindergärten in Genf und suchten Antworten auf die Frage, wie sich

[16] In französischer Sprache verfügbar unter http://www.2e-observatoire.com/downloads/poupee_guide_interieur_simple_web.pdf [zuletzt abgerufen am 18.01.2017]

Mädchen* und Jungen* zwischen null und vier Jahren in diesen Einrichtungen verhalten und wie die pädagogischen Fachkräfte mit ihnen umgehen. Maywald fasst die gesammelten Beobachtungen dieser Studie wie folgt zusammen (vgl. 2013, S. 83):

- Die Farbe Rosa ist Mädchen vorbehalten.
- Mädchen erhalten Komplimente zu ihrer ästhetischen Erscheinung, Jungen zu ihrer physischen Kraft.
- Jungen werden häufiger (auf-)gefordert. Sie ergreifen häufiger das Wort, um Fragen zu stellen oder um zu erzählen, was sie erlebt haben. Sie sprechen länger als die Mädchen.
- Mädchen werden häufiger unterbrochen. Sie werden weniger gelobt, wenn sie sich auszeichnen. Jungen werden mehr dazu ermutigt, eine Aufgabe erfolgreich abzuschließen.
- Kinder werden nicht dazu ermutigt, sich mit den dem anderen Geschlecht zugeordneten Spielen zu beschäftigen. Sie wenden sich spontan den für ihr Geschlecht typischen Spielen zu und bekommen dafür Anerkennung und Aufmerksamkeit.
- Wenn Mädchen ein für das andere Geschlecht typisches Spiel spielen, werden sie seltener von der erwachsenen Person begleitet; demzufolge lassen sie es schnell wieder sein.
- Auch wenn die Jungen ein für das andere Geschlecht typisches Spiel spielen, werden sie selten von einer erwachsenen Person dabei begleitet.
- Bei Konflikten haben Mädchen häufig das Nachsehen, wenn die erwachsene Person nicht interveniert. Interveniert sie, schlägt sie dabei öfter den Mädchen vor, sich zu versöhnen.

Geschlechterrollen werden also schon in der frühen Kindheit angeeignet – und das bestätigen zahlreiche weitere alltägliche Beispiele und Beobachtungen, die bestimmt jeder Fachkraft an dieser Stelle in Erinnerung kommen. Oftmals ist es das Verhalten der erwachsenen Bezugspersonen, z. B. der Eltern und der pädagogischen Fachkräfte, das die Verinnerlichung von Geschlechterstereotypen unterstützt. Die zum Teil sehr nachhaltig und langfristig im Erleben und Verhalten von Mädchen* und Jungen* verankerten Rollenbilder und ihre Auswirkungen sind leider nicht immer nur positiv, sondern zum Teil auch einengend, belastend oder gar gefährdend (siehe unten). Darüber hinaus gibt es auch keinen vernünftigen Grund, warum Mädchen* und Jungen* jeweils die Entwicklung eines Teils ihrer

Potenziale verwehrt werden soll. Es zeigt sich darum ein Bedarf an geschlechterrollenreflektierender und -öffnender Erziehung in den Einrichtungen:

„Jungen und Mädchen sind gleich und [Hervorhebung i. O.] sie sind verschieden. In diesem Spannungsfeld zwischen Gleichheit und Verschiedenheit bewegt sich geschlechterbewusste Pädagogik. Alle Mädchen und Jungen genießen die gleichen Rechte und haben denselben Anspruch, ihre Potentiale bestmöglich zur Entfaltung zu bringen" (Maywald 2013, S. 73).

Der pädagogische Auftrag zur geschlechterbewussten Erziehung ist weder eine Frage des Alters noch eine Frage des Entwicklungsstandes von Kindern, denn diese entdecken in der Regel im Kindergartenalter, ob sie ein Mädchen* oder ein Junge* sind. Danach haben sie – wenn sie nicht frühzeitig eingeengt werden – ein Leben lang Zeit zu entdecken, was es für sie persönlich heißt, Mädchen* und Frau* oder Junge* und Mann* zu sein. Auch transsexuelle oder intersexuelle Menschen nehmen häufig bereits im Vorschulalter wahr, dass sie sich nicht mit dem zugeschriebenen Geschlecht identifizieren können. Auch hier kann eine offene Erziehung – jenseits stereotyper Vorstellungen der Zweigeschlechtlichkeit – Kindern die Freiheit geben, zu entdecken, wer sie sind, und ihnen die Sicherheit vermitteln, dass sie in Ordnung sind, so wie sie sind.

Um dem Bildungs- und Erziehungsauftrag der Einrichtungen gerecht zu werden, muss geschlechterrollenöffnende Arbeit wie selbstverständlich zum pädagogischen Alltag gehören und so gestaltet sein, dass sie allen Kindern – ob mit eindeutiger oder uneindeutiger Geschlechtszugehörigkeit, ob ohne oder mit unterschiedlichen Beeinträchtigungen und Behinderungen – zugänglich und gerecht wird.

Bedeutung von Geschlechterrollen bei Mädchen* und Jungen* mit unterschiedlichen Beeinträchtigungen und Behinderungen

Mirelle, ein 5-jähriges Mädchen mit Sehbehinderung, möchte beim Rollenspiel in der inklusiven Kita auch einmal die Mutter sein. Die anderen Kinder weisen ihren Wunsch ab: „Nein, du kannst nicht die Mutter sein. Mütter müssen doch was sehen, sonst können sie ja gar nicht für die Familie kochen.“*

Stefan ist ein 18-jähriger junger Mann mit Lernschwierigkeiten, der in der Jugendwohngruppe einer Einrichtung der sogenannten Behindertenhilfe lebt. Dort besucht er auch die angegliederte Förderschule. In den Pausen versucht er fleißig, sich den anwesenden Mädchen* zu nähern. Wenn ein Mädchen* ihn abweist, umklammert und küsst er sie trotzdem. Sein Bruder hat ihm nämlich einen Geheimtipp verraten: „Wenn Mädchen* nein sagen, meinen sie eigentlich ja.“*

*Die 14-jährige Maria bewegt sich im Rollstuhl fort. Obwohl sie sehr froh über die Freiheit ist, die ihr ihr Rollstuhl gibt, hat sie den Eindruck, dass dieser auch oftmals der Grund dafür ist, dass sie im Alltag wenig beachtet wird. Das ärgert sie – vor allem bei den jungen Männer*n, die als Praktikanten in dem Internat arbeiten, das sie besucht. Da war nämlich schon der ein oder andere tolle Typ dabei – aber obwohl sie schon älter aussieht, als sie eigentlich ist, nehmen diese sie wohl eher als „nettes Mädchen“ und nicht als „attraktive Frau“ wahr. Seit einiger Zeit chattet Maria darum abends im Internet. Dort weckt sie als junge Frau* reges Interesse. Sie wird sogar aufgefordert, Bilder von ihren Brüsten zu versenden und wird dafür mit Komplimenten überschüttet. Obwohl sie zuerst ein mulmiges Gefühl dabei hatte, zeigen ihr die Rückmeldungen, dass sie doch attraktiv und begehrenswert ist. Das fühlt sich erst mal super an und ist es ihr wert – obwohl das komische Gefühl manchmal immer noch da ist.*

Geschlechterrollen haben einen Einfluss auf das Leben von Mädchen* und Jungen* ohne und mit unterschiedlichen Behinderungen. Die dargestellten Beispiele machen deutlich: Bei Menschen mit Behinderung scheint bei diesem Thema teilweise sogar noch etwas mehr Handlungsbedarf zu bestehen, denn auch heute noch schildern uns junge Frauen* und Männer* mit unterschiedlichen Behinderungen, dass sie beispielsweise erleben,

- dass Menschen mit Behinderung (vor allem mit schwerer/mehrfacher Behinderung) ihre Sexualität abgesprochen wird.
- dass jungen Frauen* mit Lernschwierigkeiten oder auch mit schwerer/mehrfacher Behinderung in Einrichtungen manchmal ohne Aufklärung und wissentliche Zustimmung die Anti-Baby-Pille verabreicht wird, um eine von den Erwachsenen ungewollte Schwangerschaft zu verhindern. Frauenarzttermine zur Gesundheitsvorsorge werden allerdings nicht wahrgenommen, was einen sehr merkwürdigen Blick auf die Gesundheit und die Sexualität von Mädchen* (und jungen) Frauen* mit Lernschwierigkeiten vermuten lässt.
- dass jungen Menschen, die in stationären Einrichtungen der Kinder- und Jugendhilfe oder der sogenannten Behindertenhilfe leben, das Erleben von Sexualität und Partnerschaft „aus rechtlichen Gründen" verboten („Übernachtungen sind in der Hausordnung ausdrücklich verboten") oder erschwert wird (z. B. durch Doppelzimmer oder fehlende Zimmerschlüssel).
- dass jungen Frauen* mit Behinderung von ihrer Umwelt vermittelt wird, dass sie nicht der klassischen Frauen*rolle als Partnerin und Mutter sowie als „begehrenswerte Frau" entsprechen.
- dass junge Studentinnen mit Behinderung gefragt werden, welchen Studiengang sie als Nächstes in Betracht ziehen – in der festen Annahme, dass eine Frau mit Behinderung ja vermutlich keine feste Arbeitsstelle antreten kann/wird.
- dass junge Männer* mit Behinderung sich mit der Herausforderung konfrontiert sehen, den an sie herangetragenen vermeintlichen Widerspruch zwischen Männlichkeit (verknüpft mit dem Bild von Unabhängigkeit, Selbstständigkeit und Stärke) und Behinderung (verknüpft mit Hilfsbedürftigkeit, z. B. bei der Körperpflege, und Abhängigkeit in bestimmten Lebensbereichen) zu korrigieren.
- dass Menschen sie mit dem Irrglauben konfrontieren, Menschen mit Behinderung würden keine und nur sehr selten eine Beziehung zu anderen (nichtbehinderten) Menschen führen – geschweige denn heiraten und Kinder bekommen.

Mädchen* und Jungen* mit Behinderung nehmen folglich oft eine Diskrepanz wahr zwischen sich selbst und dem, was von ihrer Umwelt als weiblich oder männlich, normal, schön und erstrebenswert, also richtig bewertet wird.

Da auch sie verständlicherweise den berechtigten Wunsch haben, als Mädchen* oder Junge*, als Frau* oder Mann* anerkannt zu werden, kann dies dazu führen, dass sie sich in besonderer Weise bemühen, den im sozialen Umfeld geltenden und in den Medien vermittelten stereotypen Vorstellungen zu entsprechen.

Bei Mädchen* kann dies zu dem Versuch führen, sich möglichst „weiblich" im Sinne von höflich, zurückhaltend, freundlich, vielleicht auch hilfsbedürftig und „sexy" zu verhalten.

Bei Jungen* kann es dazu führen, dass diese versuchen, besonders stark, hart und unverletzlich zu wirken. Unter Umständen vermeiden sie es, über Probleme zu sprechen und um Hilfe zu bitten, um nicht „noch hilfsbedürftiger" zu erscheinen. Vielleicht befürchten sie, dass niemand sie versteht oder dass sie für ihre Probleme verspottet werden, und versuchen darum, ihre Probleme mit sich selbst zu klären.

Bei intersexuellen Kindern und Jugendlichen kommt die in den meisten Fällen berechtigte Befürchtung dazu, dass ihre Mitmenschen ihre Situation und ihre Empfindungen nicht verstehen werden. Auch dies kann zu dem Versuch führen, sich besonders stark mit dem von außen zugesprochenen Geschlecht zu identifizieren – in der Hoffnung, die eigenen Empfindungen damit zu verdrängen und wieder „richtig" zu sein.

In all diesen Fällen wird deutlich: Unreflektierte innere und äußere Vorstellungen von Geschlechterrollen sowie der berechtigte Wunsch der Mädchen* und Jungen* nach Anerkennung und *Normal*-Sein können dazu führen, dass zum Teil sehr bedenkliche Kompromisse in zwischenmenschlichen Beziehungen eingegangen werden. Im schlimmsten Fall nutzen Täter*innen diese Form von Bedürftigkeit dafür, um einen sexuellen Missbrauch anzubahnen.

Geschlechterrollenöffnende Arbeit als Baustein von Schutzkonzepten zur Prävention von sexuellem Missbrauch?

Täter*innen können nicht nur ihre Macht, sondern auch eine durch die Erfüllung von Bedürfnissen und Wünschen entstandene vertrauensvolle Beziehung zu Mädchen* und Jungen* ausnutzen, um einen sexuellen Missbrauch anzubahnen und eine spätere Aufdeckung zu verhindern (zum Beispiel, indem sie der/dem Betroffenen eine Mitschuld für den Missbrauch zusprechen oder ihnen androhen, dass ihnen ohnehin niemand glauben wird).

Wenn bewusst mit dem Wunsch nach Normalität und Begehrt-Sein gespielt wird, ist es für die Mädchen* und Jungen* noch schwieriger, die Missbräuchlichkeit einer Situation zu erfassen. Das einerseits schöne Gefühl von Zuwendung und Anerkennung tritt gleichzeitig mit einem merkwürdigen unguten Gefühl auf, das die Mädchen* und Jungen* oftmals nicht einordnen, verstehen oder benennen können. Die Person, die man mag, bei der man sich angenommen und beachtet fühlt und die für einen da ist, ist dann auch die Person, die die eigene Würde und die eigenen Grenzen verletzt und so ihre Macht und/oder das ihr geschenkte Vertrauen missbraucht.

Betroffene Mädchen* und Jungen* können in einer solchen Situation auf unterschiedliche Schwierigkeiten stoßen:

- Sie können nicht verstehen und nicht benennen, was mit ihnen passiert. Sie haben keine Worte, Symbole oder Gebärden für das, was sie erlebt haben und/oder keine Ansprechperson, bei der sie sich sicher sind, verstanden zu werden.
- Sie erkennen nicht, dass ihnen Unrecht geschieht.
- Sie fühlen sich verantwortlich und geben sich selbst die Schuld für das, was ihnen passiert ist. Folglich schämen sie sich, jemandem davon zu erzählen.
- Sie befürchten, mit einer Aufdeckung auch die positiven Aspekte der Beziehung zum Täter oder zur Täterin zu verlieren.

Alle diese Aspekte können eine Aufdeckung und Beendigung von sexuellem Missbrauch erschweren oder gar verhindern.

Flexible und reflektierte Geschlechterrollen, die auch Mädchen* und Jungen* mit Behinderung in ihrer Persönlichkeit stärken und ihrem berechtigten Wunsch nach Anerkannt-Sein nachkommen, bevor ein Kind in diesem Bereich einen Mangel spürt, wirken somit präventiv und erhöhen den Schutz von Mädchen* und Jungen* vor sexuellem Missbrauch, denn getreu dem Motto „Wer nichts weiß, muss alles glauben“ orientieren sich Mädchen* und Jungen* an dem, was sie im Alltag an Informationen und Erfahrungen sammeln. Positive und anerkennende Rückmeldungen zur eigenen Person, dem eigenen Geschlecht, dem eigenen Körper und der eigenen Sexualität zu sammeln, bestärkt Mädchen* und Jungen* mit und ohne Behinderung und macht sie selbst und ihren Körper als liebens- und schützenswert erfahrbar.

Ermutigt zu werden und zu wissen, dass andere einem etwas zutrauen, kann Spiel- und Erfahrungsräume eröffnen. Über Empfindungen, Gefühle, aber auch über den eigenen Körper und (wenn gewünscht) die Sexualität zu sprechen, ermöglicht das Erlernen neuer Begriffe, Symbole oder Gebärden sowie das Gewinnen von „Routine" beim Kommunizieren über den eigenen Körper und das eigene Befinden. Es zeigt den Mädchen* und Jungen*, dass da Erwachsene sind, an die sie sich bei diesen Themen wenden können und die nicht peinlich berührt, abwertend oder bagatellisierend reagieren. Diese Erfahrung erhöht die Wahrscheinlichkeit, dass auch bei erlebter sexueller Gewalt das Vertrauen in die Unterstützung erwachsener Bezugspersonen besteht und so die Aufdeckung der Tat(en) erleichtert oder erst ermöglicht wird.

Mädchen* und junge Frauen* sollen in ihrem Alltag erfahren, dass ihre Würde gewahrt wird und niemand etwas gegen ihren Willen tun darf. Sie gewinnen das Vertrauen, dass sie selbst mit ihren Fähigkeiten und Möglichkeiten eine schwierige Situation lösen können und dass sie dieser nicht passiv und hilflos ausgeliefert sind. Dieses Gefühl von Selbstwirksamkeit kann helfen, erlebtes Unrecht aufzudecken und die notwendige Unterstützung zu aktivieren.

Sammeln Jungen* und junge Männer* die Erfahrung, dass es nicht unmännlich und schwach ist, sich in bedrohlichen oder unangenehmen Situationen (ohne das Risiko, „blöd angemacht" zu werden) zu öffnen und Hilfe zu suchen, erleichtert auch das die Aufdeckung von erlebter Gewalt. Dürfen sie sich selbst als gefühlsbetont, fürsorglich und feinfühlig erleben und werden für diese Eigenschaften wertgeschätzt, so fällt es ihnen leichter, auch bei selbst erlebter Gewalt Gefühle nach außen zu tragen und auf die Feinfühligkeit und Fürsorge anderer Menschen zu vertrauen. Selbst die Gewissheit, dass ein „Faible für pink" keinen Hohn und Spott nach sich zieht, hat in diesem Sinne präventiven Charakter, vermittelt sie doch die Botschaft: Du kannst nichts tun, das anderen das Recht gibt, dich und deine Würde zu verletzen.

Im Gegensatz dazu können tradierte, starre und einengende Geschlechterrollen dazu beitragen, dass erlebter sexueller Missbrauch hingenommen und nicht aufgedeckt wird.

Der Beobachtung, dass Mädchen* und Jungen* sexuellen Missbrauch durch gleichgeschlechtliche Täter*innen seltener aufdecken (v. a. wenn sie in einem homophoben Umfeld aufwachsen), kann mit geschlechterrollenöffnender Arbeit ebenfalls entgegengewirkt werden, denn: Geschlechtssensible Arbeit bedeutet auch, unterschiedliche sexuelle Orientierungen als normal, gleichwertig und bereichernd anzuerkennen. Somit müssen von gleichgeschlechtlichen Täter*innen missbrauchte Mädchen* und Jungen* bei einer Aufdeckung nicht befürchten, auch noch beleidigt, abgewertet und als homosexuell „beschimpft" zu werden. Dies kann eine zeitnahe Aufdeckung begünstigen.

Es sind also die kleinen Botschaften im Alltag, die die inneren Überzeugungen von Mädchen* und Jungen* beeinflussen. Und genau darum muss geschlechterrollenöffnende Erziehung als wichtiger Baustein zur Prävention von sexuellem Missbrauch in Einrichtungen gelebt und tagtäglich spürbar sein, um den Mädchen* und Jungen* gerecht zu werden, sie bei ihrer Persönlichkeitsentwicklung zu begleiten und zu unterstützen und sie außerdem langfristig vor sexuellem Missbrauch zu schützen.

Wie kann man im pädagogischen Alltag geschlechterrollenöffnend arbeiten?

Erfahrungsräume schaffen, zum Ausprobieren ermutigen

Die Ermöglichung möglichst breiter und vielfältiger Erfahrungen ist eine wichtige Aufgabe pädagogischer Einrichtungen und Institutionen, so sagt es für das Land Bayern beispielsweise der Bayerische Bildungs- und Erziehungsplan:

„Kinder setzen sich intensiv damit auseinander, was es ausmacht, ein Junge oder ein Mädchen zu sein und welche Rolle sie als Mädchen bzw. als Junge einnehmen können. Sie sind nicht nur Empfänger der gesellschaftlichen Botschaften, wie sie z. B. durch Medien (etwa Bücher, Zeitschriften, Comics, Fernsehen, Filme, Computerspiele) vermittelt werden, sondern sie sind auch aktive Gestalter ihrer Geschlechtsidentität, indem sie aus den Angeboten ihres Umfeldes auswählen und sich im Spektrum ihrer Möglichkeiten, männlich oder weiblich zu sein, positionieren. Dafür sind die Erfahrungen maßgeblich, die Kinder in der Familie und in der Kindertageseinrichtung selber machen können" (Bayerischer Bildungs- und Erziehungsplan 2012, S. 121 f.).

Gerade in Einrichtungen, die (auch) Mädchen* und Jungen* mit unterschiedlichen Behinderungen besuchen, muss das Ziel die Schaffung inklusiver Erfahrungsräume sein.

Inklusion hat den Anspruch, dass es normal ist, verschieden zu sein. Folglich muss es normal sein bzw. werden, dass sich die individuelle, nicht auf das Geschlecht bezogene Verschiedenheit von Mädchen* und Jungen* auch in der Angebotsstruktur widerspiegelt und dass sich darum auch jedes Mädchen* und jeder Junge* darin wiederfindet und sich wahrgenommen und geachtet fühlt. Hierfür gibt es keine fertigen, standardisierten Konzepte oder Methoden. Die Ausgestaltung und die Umsetzung im pädagogischen Alltag liegt in der Verantwortung der Einrichtungen und der dort angestellten Fachkräfte: Welche Angebote gemacht werden, welche Anforderungen sich an Methoden und Herangehensweisen stellen oder welche Themen relevant sind, muss an die aktuell in der Einrichtung lebenden Mädchen* und Jungen* angepasst werden und z. B. ihren Alters- und Entwicklungsstand, ihre Fragen und Interessen, ihre Möglichkeiten und Bedarfe berücksichtigen. Der Bayerische Bildungs- und Erziehungsplan sagt hierzu: *„Die pädagogische Arbeit soll [...] genutzt werden, situationsbezogen geschlechtertypisches Verhalten nicht nur der Kinder, sondern auf der pädagogischen Fachkräfte zu hinterfragen und möglichst auch alternative Verhaltensmuster in gleich- und gemischtgeschlechtlichen Gruppen zu erproben, zu beobachten und zu evaluieren“* (BEP 2012, S. 124 f.).

Fachkräfte sollen „Erfahrungs- und Beziehungsangebote machen, welche die geschlechtsspezifisch eingeengten Fähigkeiten, Fertigkeiten, Handlungsweisen und Interessen erweitern“, so Hubrig (2014, S. 60). Durch das Anbieten vielfältiger Rollenbilder für Weiblichkeit und Männlichkeit werden Mädchen* und Jungen* darin unterstützt, eine flexible Geschlechtsidentität zu entwickeln.

Wie kann das ganz konkret aussehen?

Kinder im Kindergartenalter sind meist sehr begeistert dabei, wenn es darum geht, in Rollenspielen und mit Verkleidungen die eigene „Traumrolle“ zu erkunden (z. B. Prinz*essin, Lehrer*in, Müllabfuhr-Mitarbeiter*in). Sie können bereits zuordnen, was sie als „typisch Mädchen*“ oder als „typisch Junge*“ kennengelernt haben, und darüber kommunizieren, wie sie unterschiedliche Rollenvorbilder erleben, z. B. „Was ist die Aufgabe von Mamas? Was machen Papas?“ (vgl. Ortland 2008, S. 98). Diese bereits gesammelten Erfahrungen sind eine gute Grundlage, um spielerisch und ungezwungen mit den Mädchen* und Jungen* mit und ohne Behinderung über Geschlechterrollen ins Gespräch zu kommen.

Mit älteren Kindern und Jugendlichen bietet sich die vertiefte Auseinandersetzung mit Rollenwünschen, Rollenvorbildern, Rollenerwartungen und -klischees an (vgl. Ortland 2008, S. 98). Auch die Frage, wo(durch) sich die Mädchen* und Jungen* selbst eingeschränkt fühlen oder wie man die empfundenen und vorhandenen Rollenerwartungen aufbrechen kann, kann thematisiert und Lösungsstrategien können erprobt und eingeübt werden.

Hier empfiehlt sich ergänzend zum Fachpersonal vor Ort auch der Einsatz externer Fachkräfte. In München gibt es beispielsweise eine erfolgreiche Kooperation zwischen einer großen Einrichtung der Behindertenhilfe und den Münchner NetzwerkFrauen*, einer Organisation von Frauen* mit unterschiedlichen Behinderungen. FachFrauen* besuchen hierbei die Mädchen*gruppe der Einrichtung und stehen den teilnehmenden Mädchen* für deren Fragen zu Verfügung. Durch ihre eigene Karriere, die eigene partnerschaftliche Beziehung etc. zeigen sie den Mädchen*, dass z. B. ein Rollstuhl keine Barriere für ein glückliches und erfolgreiches Leben ist, und stellen so authentische Vorbilder dar. Die „gemeinsame" Behinderung senkt die Hemmschwelle und ermöglicht es den Mädchen*, Fragen zu stellen, die sie einer Frau* ohne Behinderung vielleicht niemals stellen würden.

Neben gleichgeschlechtlichen Gruppen, die den Mädchen* bzw. Jungen* die Möglichkeit geben, in Sicherheit Neues zu erproben und auszuprobieren und über persönliche, vielleicht intime Themen zu sprechen, ohne sich zu schämen oder darstellen zu müssen, sind auch gemischtgeschlechtliche Gruppen wichtig. Hier haben die Mädchen* und Jungen* die Gelegenheit, in geschütztem Rahmen eine von Respekt und Gleichwertigkeit geprägte Kommunikations- und Umgangskultur untereinander zu erfahren und einzuüben.

Erfahrungsräume werden auch eröffnet, wenn Teilnahmewünsche von Mädchen* an „typischen" Jungen*aktivitäten oder umgekehrt unterstützt, geschützt und nicht abgewertet werden.

Außerdem müssen Fachkräfte sicherstellen, dass Diskriminierungen und Hänseleien durch die Peergroup ausbleiben (vgl. Hubrig 2014, S. 59) und dass diese bei einer starken Einengung durch die Eltern von den Fachkräften vor Ort die Unterstützung bekommen, die sie brauchen, um in diesem wichtigen Entwicklungsschritt wichtige und gewünschte Erfahrungen sammeln zu können.

Reflexion der eigenen Haltung, Vorbild sein

„Viele Erzieher/innen sind der Meinung, dass sie Jungen und Mädchen gleich behandelten […]. Theoretisch haben Jungen und Mädchen also dieselben Möglichkeiten in der Kita, die Bandbreite an Fähigkeiten und Fertigkeiten auszuprobieren, zu erlernen und zu trainieren. Praktisch funktioniert es jedoch nicht, denn die Kinder wissen genau, was von ihnen erwartet wird, und wollen gerade im Kindergartenalter diesen Erwartungen entsprechen" (Hubrig 2014, S. 60).

Diese Aussage trifft vermutlich auch auf viele Fachkräfte sowie Mädchen* und Jungen* in anderen Einrichtungen und Altersstufen zu. Darum ist eine reflektierte, auf Fachwissen basierende Grundhaltung sowie die Fähigkeit, selbst als geeignetes Rollenmodell zur Verfügung zu stehen, eine wichtige Voraussetzung für das professionelle Verhalten und Handeln von Mitarbeitenden in Einrichtungen. Sie können den Kindern und Jugendlichen „in der Praxis" zeigen, dass alle Menschen gleichwertig und gleichberechtigt sind und dass sie alle ein Recht auf gleiche Chancen und gleiche Möglichkeiten haben.

Eine fachlich fundierte Grundhaltung setzt nicht nur Fachwissen zur Entwicklung und Bedeutung von Geschlechtsidentitäten voraus, sondern auch die regelmäßige Auseinandersetzung mit eigenen Haltungen und Handlungen. Einzelne pädagogische Fachkräfte und auch die gesamten Teams/Kollegien haben darum die spannende Aufgabe, sich in regelmäßigen Abständen zu Wahrnehmungen, Einschätzungen, Denk- und Handlungsweisen in alltäglichen Situationen auseinanderzusetzen und zu überprüfen, ob eine geschlechterrollenöffnende Erziehung im Alltag gelingt.

Hubrig bezeichnet die autobiografische Arbeit von Mitarbeitenden als Grundlage dafür, entsprechende Angebote für Jungen* und Mädchen* attraktiver zu machen und so deren Verhaltensrepertoire zu erweitern (2014, S. 60). Gerade in Anbetracht der vielen Missverständnisse und Falschaussagen, die in der Öffentlichkeit medienwirksam verbreitet werden, ist es wichtig, dass Mitarbeitende einen Standpunkt erarbeiten, den sie auch bei Widerstand oder Anfechtungen glaubwürdig vertreten können.

Reflexionsfragen können in Anlehnung an Hubrig (2014, S. 61) sein:

- Welches Bild habe ich von Mädchen*? Wie sind Mädchen*? Wie sind Mädchen* mit Behinderung? Was können sie? Was nicht? Was dürfen sie? Was nicht? Was sollen sie? Was nicht?
- Welches Bild habe ich von Jungen*? Wie sind Jungen*? Wie sind Jungen* mit Behinderung?
- Weiß ich, dass es auch transidente, intersexuelle und queer lebende Kinder und Jugendliche gibt? Habe ich mich schon einmal mit diesem Thema beschäftigt? Habe ich schon einmal ein solches Kind kennengelernt?
- Treffen meine Bilder auch auf die Mädchen* und Jungen* zu, die ich im Moment begleite?
- Wann und in welchen Situationen gehe ich unterschiedlich mit Mädchen* und Jungen* um? Bewerte ich ähnliche Handlungen und Verhaltensweisen manchmal unterschiedlich? Wie reagiere ich dann?
- Welche Wirkung habe ich als erwachsenes Vorbild auf die mir anvertrauten Mädchen* und Jungen*? Wie wirkt mein Verhalten auf sie?
- Welche Unterschiede sehe ich in der Sexualität und der sexuellen Entwicklung von Mädchen* und Jungen* bzw. von Frauen* und Männern*? Welche Ähnlichkeiten gibt es? Bewerte ich die Sexualität von Menschen mit und ohne Behinderung ähnlich? Gelingt es mir, Menschen mit Behinderung uneingeschränkt als sexuelle Wesen zu sehen?
- Was möchte ich den Mädchen* und den Jungen* mit auf den Weg geben? Was wünsche ich mir für sie? Was kann ich im Rahmen meiner Möglichkeiten und meiner Tätigkeit dazu beitragen?

Fachkräfte in Einrichtungen haben neben der bewussten Eröffnung von Erfahrungsräumen auch die Aufgabe, durch ihr eigenes Verhalten ein Vorbild für die Mädchen* und Jungen* zu sein. Erzieherinnen, die selbst Glühbirnen austauschen oder sich für neue Schminktrends, aber auch Motorräder interessieren, zeigen: Es gibt keine Aufgaben, Themen oder Interessen, die von vornherein nur einem Geschlecht „gehören". Jeder Mensch ist unterschiedlich und richtig, so wie er ist. Das bestärkt die Mädchen* und Jungen* darin, sich selbst wichtig und ernst zu nehmen und zu verstehen, dass Interessen und Empfindungen mehr an den Menschen als an ein bestimmtes Geschlecht gebunden sind.

Mit Vorbild-Sein ist allerdings nicht gemeint, sich künstlich zu verstellen, also beispielsweise vorzutäuschen, dass man als Lehrerin total fußballbegeistert ist, obwohl dies nicht der Fall ist. Mädchen* und Jungen* haben ein feines Gespür für die Authentizität von Erwachsenen.

Vor Kurzem erzählte eine Fortbildungsteilnehmerin, dass es in ihrer Gruppe eine rosa Frisierpuppe gibt, die von den Jungen lange Zeit völlig ignoriert wurde. Als sich eines Tages ein Erzieher hinsetzte und die Puppe mit großem Spaß frisierte, war das Interesse der Jungen auf einmal geweckt und sie wagten sich mit Neugier an diese neue Erfahrung des Frisierens heran – und damit an einen Erfahrungsraum, der ihnen bisher verborgen war und der es ihnen nun ermöglicht, spielerisch fürsorgliche und versorgende Handlungen auszuprobieren.

Mitarbeitende in Einrichtungen sind wichtige Bezugspersonen für die Mädchen* und Jungen* und haben darum eine große Bedeutung und Vorbildwirkung.

Darum ist es wünschenswert, dass Arbeitgeber*innen schon im Einstellungsgespräch thematisieren, ob Bewerber*innen mit der in der Einrichtung erarbeiteten fachlichen Haltung mitgehen und reflektiert mit tradierten Rollenbildern umgehen können. Vorbild ist man nämlich auch und gerade in Situationen, in denen man sich nicht als Vorbild fühlt – „anerzogenes" Verhalten ist in diesen Situationen schnell vergessen oder nicht authentisch und somit nicht zielführend. Mitarbeitende, die flexibel mit Rollenbildern und -erwartungen umgehen können, sind eine umso wichtigere Ressource für eine geschlechterbewusste Erziehung im pädagogischen Alltag unterschiedlicher Einrichtungen.

Auf eine geschlechterbewusste Sprache achten.

Ein kleiner Matrose umsegelte die Welt.
Er liebte ein Mädchen und hatte gar kein Geld.
Das Mädchen wird schwanger und wer ist schuld daran?
Der kleine Matrose mit seinem Dingel-Dang.

Dieser Reim wurde, begleitet mit passenden pantomimischen Bewegungen, vor Kurzem in einer Fortbildung zum Thema „Sexualpädagogische Arbeit mit Mädchen und Jungen mit geistiger Behinderung" als Auflockerungsübung für zwischendurch präsentiert. Der Erfahrung des Referenten zufolge kommt diese Übung bei den Jugendlichen immer sehr gut an und macht diesen großen Spaß.

Sexualpädagogische Arbeit kann, darf und soll den Mädchen* und Jungen* Spaß machen – das steht zweifelsfrei fest. Allerdings steht auch fest: Sprache schafft Bilder im Kopf der Empfänger*innen. Sie ist nicht nur eines der wichtigsten Kommunikationsmittel, sondern auch Bewusstseinsträgerin: „[Sprache] spiegelt Realität nicht nur wider, sondern sie konstruiert gesellschaftliche Wirklichkeit"[17]. Sie ist somit ein wichtiges Medium, um Stereotype zu verfestigen – oder aber, um sie aufzubrechen (vgl. BEP 2012, S. 126).

Die Aufgabe der Fachkräfte in pädagogischen Einrichtungen ist es im Kontext der geschlechterbewussten Erziehung, Bilder in den Köpfen der ihnen anvertrauten Mädchen* und Jungen* zu schaffen, die positive und wertschätzende Botschaften über sich selbst, ihr Geschlecht, ihren Körper und ihre Möglichkeiten enthalten. Und dazu gehört ein Mädchen, das scheinbar ungefragt und völlig unbeteiligt schwanger wird, leider genauso wenig wie ein junger Mann, der die „alleinige" Schuld an einer Schwangerschaft und zudem wohl auch die Verantwortung für die finanzielle Situation der beiden trägt. Abgesehen davon, dass aus fachlicher Sicht davon abgeraten wird, Kosenamen für Geschlechtsteile („Dingel-Dang") zu verwenden, entsteht bei diesem Reim wohl eher ein merkwürdiges Bild im Kopf der Jugendlichen. Von gleichberechtigter Partnerschaft oder dem Herstellen von Einverständnis in (sexuellen) Beziehungen kann auf jeden Fall nicht die Rede sein.

Nun könnte man argumentieren: „Es ist doch nur ein Spiel und es macht den Jugendlichen offensichtlich Spaß. Man muss es ja auch nicht übertreiben." Das steht außer Frage. Die Frage ist allerdings: Würde nicht auch ein anderer Reim, der eine geschlechterbewusstere Botschaft vermittelt, genauso viel Spaß machen? Findet sich für die pantomimische Darstellung von Mädchen* nicht eine Alternative zum eher plakativen und vielleicht sogar als abwertend wirkenden Nachzeichnen weiblicher Kurven in der Luft? Ist Dingel-Dang wirklich ein guter Begriff für einen Penis?

Die große Herausforderung für Fachkräfte in Einrichtungen ist es also, solche alltäglichen Sprüche, Floskeln, Begriffe, Verhaltensweisen und Situationen unter die Lupe zu nehmen: Welche Bilder schaffen sie in den Köpfen der Mädchen* und Jungen*, aber auch in denen der Erwachsenen? Welche Botschaften enthalten sie? Sind sie geeignet für die pädago-

[17] Zitat ist entnommen der Homepage der Universität Bielefeld, Projektgruppe Gendertexte. Verfügbar unter: http://www.uni-bielefeld.de/gendertexte/geschlechtersensible_sprache.html (Abgerufen am: 18.04.2016).

gische, fachlich begründbare Arbeit mit Mädchen* und Jungen*? Erweitern sie das Spektrum und die Möglichkeiten dieser und bestärken sie sie in ihrer Persönlichkeitsentwicklung?

Maywald schreibt dazu: „Sprache vermittelt Sinn und Bedeutungen. Auf welche Weise über Sexualität und das Verhältnis zwischen den Geschlechtern gesprochen wird, ist in vielerlei Hinsicht mit Bewertung, häufig mit Hierarchiebildung (besser bzw. schlechter), nicht selten auch mit Geringschätzung und Abwertung verbunden. Die Dinge beim Namen zu nennen und eine angemessene, diskriminierungsfreie und nichtsexistische Sprache zu finden, ist ein wesentliches Element geschlechterbewusster Pädagogik" (2013, S. 80). Sprüche wie „Sei doch kein Mädchen" oder „Das sieht ja schwul aus" sind darum genauso ungeeignet für Fachkräfte wie distanzlose Begriffe oder jegliche Form von sexualisierter Sprache in der Begegnung mit Mädchen* und Jungen* (und auch mit Kolleg*innen).

Ein weiterer Aspekt, der im Bereich der geschlechterbewussten Sprache von Bedeutung ist, ist die bewusste Wahl der männlichen oder weiblichen Form im alltäglichen Sprachgebrauch. Im Rahmen meiner Dozentinnen-Tätigkeit erlebe ich in Fortbildungen, dass die meist zu einem sehr hohen Prozentsatz weiblichen Teilnehmerinnen häufig von sich als „Erziehern" reden. Selbst in Teams, in denen (bedauerlicherweise) kein einziger männlicher Erzieher arbeitet, reden die Mitarbeiterinnen häufig von sich in der männlichen Form. Dabei kann man die Wirkung schnell nachvollziehen: Woran denken Sie, wenn Ihnen jemand erzählt, er gehe zum Arzt? Oder Politiker seien nicht zu beneiden? Oder Naturwissenschaftler würden einen wichtigen Job machen?

Wir denken an Männer*, obwohl die erzählende Person vielleicht bei einer tollen Ärztin war. Und obwohl es auch Politikerinnen und Naturwissenschaftlerinnen gibt, die einen wichtigen Job machen. Auch hier schafft die verwendete Sprache Bilder in den Köpfen der Empfänger*innen. „Der Wahl der weiblichen, der männlichen oder beider sprachlichen Formen kommt daher in der geschlechterbewussten Erziehung eine besondere Bedeutung zu", betont beispielsweise auch der Bayerische Bildungs- und Erziehungsplan (2012, S. 126).

Diese Aufmerksamkeit der Fachkräfte sollten übrigens auch nicht nur die Wahl der weiblichen oder männlichen Form bekommen: Fühlen sich sowohl Mädchen* als auch Jungen* angesprochen, wenn nur von „Kindern" im Allgemeinen die Rede ist? Fühlen sich Mädchen* und Jungen* mit Behinderung angesprochen, wenn sie nicht erwähnt und z. B. auch auf keinem Foto zu finden sind? Fühlen sich homosexuell orientierte Kinder und Jugendliche angesprochen, wenn sie im Alltag und bei Angeboten nie hör- oder sichtbar werden? Können Mädchen* und Jungen* einen sexuellen Missbrauch durch eine Frau aufdecken, wenn immer nur von (männlichen) Tätern gesprochen wird?

Sprache schafft Bilder im Kopf – diese Erkenntnis ist eine wichtige Grundlage für eine geschlechterbewusste Erziehung im pädagogischen Alltag. Vermutlich ist es die Aufgabe, bei der es am meisten Aufmerksamkeit und Übung braucht, genau hinzuschauen und hinzuspüren und alte Gewohnheiten zu durchbrechen. Aber: Der Aufwand lohnt sich, denn manchmal machen auch scheinbare kleine Veränderungen einen großen Unterschied für Mädchen* und Jungen*.

Baustein 5: Elternarbeit im Kontext der Prävention von sexuellem Missbrauch

Eine Bemerkung vorab: In diesem Kapitel sind mit dem Begriff „Eltern" auch alle „elternähnlichen", engen Bezugspersonen von Kindern, wie z. B. Pflegeeltern, Stiefeltern, Partner*innen eines Elternteils oder Großeltern in Erziehungsverantwortung, gemeint, die in Kontakt mit den Einrichtungen sind.

Ausgangspunkte

- Der Begriff Elternarbeit meint alle Maßnahmen zur Stärkung des Bündnisses zwischen den Fachkräften in pädagogischen Einrichtungen und den Eltern und Bezugspersonen der Mädchen* und Jungen*, die die Einrichtung besuchen. Gelungene Elternarbeit stellt eine Kernaufgabe und ein Qualitätsmerkmal von sozialen und Bildungseinrichtungen dar.
- In den vergangenen Jahrzehnten haben sich die Familien, aus denen Mädchen* und Jungen* mit und ohne Behinderungen kommen, verändert: Neben dem klassischen Familienmodell aus Mutter, Vater und Kind(ern) gehören heute auch nichteheliche Paargemeinschaften, Patchwork-Familien, Ein-Eltern-Familien oder gleichgeschlechtliche Elternpaare selbstverständlich zum Bild von Familie. Auch Eltern(teile) mit unterschiedlichen Behinderungen oder binationale Paare gehören immer selbstverständlicher zu dem, was gesellschaftlich als „normal" anerkannt ist. Diese Vielfalt unterschiedlicher Lebensentwürfe und -situationen ist heute als gleichwertig anerkannt und wird als solches auch von den Einrichtungen mitgedacht, um allen Familien gerecht zu werden und um alle Eltern mit ins Boot holen zu können.
- Kinder und Jugendliche kommen nicht nur aus ganz unterschiedlichen Familienkonstellationen, sondern sie leben auch in nicht vergleichbaren Lebenssituationen, denn Familien unterscheiden sich auch nach dem Alter und der Anzahl ihrer Familienmitglieder, ihrem kulturellem Hintergrund, ihrer Religionszugehörigkeit, ihrem sozialem Umfeld, den bereits gesammelten Erfahrungen, ihrem Bildungsstand, dem sozioökonomischen Status und vielen weiteren Faktoren. Alle Familien haben außerdem ihre eigene Geschichte sowie ihre individuellen Werte, Wünsche, Bedürfnisse und Erwartungen, die sie mit in die Einrichtung

bringen. Es wird deutlich: „Die Eltern" gibt es nicht! Kein Elternteil, kein Elternpaar gleicht einem anderen.

- Fachkräfte in Einrichtungen haben die spannende, aber auch herausfordernde und anerkennungswürdige Aufgabe, dieser „Vielfalt" an Eltern und Familien gerecht zu werden und mit ihnen „Erziehungs- (und Schutz-)Partnerschaften" zu gestalten und zu pflegen.
- Neben strukturellen Rahmenbedingungen, die den Dialog erschweren können (z. B. Zeit- und Personalknappheit, häufige Personalwechsel) gibt es auch zwischenmenschliche Herausforderungen zwischen Eltern und Mitarbeitenden: Neben Verständnis, Wertschätzung, der Offenheit und dem Wunsch, aufeinander zuzugehen, prägen oft auch Unsicherheit, Unzufriedenheit, Fremdheit, Distanz oder Überforderung die Beziehungen. So kommt es, dass viele Fachkräfte den Umgang mit Eltern als anstrengend und herausfordernd beschreiben. Für eine ganzheitliche Förderung und auch für den umfassenden Schutz von Kindern und Jugendlichen ist es allerdings nicht ausreichend, wenn beide „Seiten" ein Kind jeweils nur in ihrem eigenen System kennen, verstehen und interpretieren, nicht aber im jeweils anderen System. Der Austausch zwischen Einrichtung und Eltern ist darum nicht nur sinnvoll, sondern zwingend erforderlich, um das Kind in seiner Rolle als „Schnittmenge" zwischen beiden Welten zu entlasten (vgl. Dusolt 2008, S. 14).
- Ein weiterer hinderlicher Faktor für eine gelungene Elternarbeit ist, dass die Gestaltung von Elternarbeit im Rahmen pädagogischer Ausbildungen meist nur in Ansätzen und auf theoretischer Ebene besprochen wird. Die Situation und Bedürfnisse von Eltern mit Kindern mit Behinderung und auch die Gestaltung von Elternarbeit im Kontext der Prävention von sexuellem Missbrauch werden meist gar nicht thematisiert. Viele Fachkräfte fühlen sich dadurch nur unzureichend auf ihre berufliche Praxis vorbereitet, denn Elternarbeit ist in vielerlei Hinsicht nicht vergleichbar mit der pädagogischen Arbeit mit Kindern und Jugendlichen und darum beim Start ins Berufsleben häufig „Neuland", das man sich durch das Ausprobieren und das Sammeln von Erfahrungen erschließen muss – und das schließt das Sammeln (unnötiger?) negativer Erfahrungen mit ein. Hier gibt es einen Bedarf, diese negativen Erfahrungen mit Elternarbeit durch eine gute Bearbeitung des Themas im Rahmen der Aus- und Weiterbildung zu reduzieren.
- Durch einen wertschätzenden und verständnisvollen Umgang zwischen Eltern und Fachkräften können realistische Erwartungen aus-

gebildet und Vorurteile und/oder Ängste relativiert werden, sodass in vielen Fällen eine gute Zusammenarbeit möglich und das Kind nicht zur einzigen Verbindung zwischen zwei sehr unterschiedlichen Welten wird. So wird auch die Zusammenarbeit in schwierigen Situationen, z. B. bei Anhaltspunkten auf eine Kindeswohlgefährdung oder bei Verdacht auf sexuellen Missbrauch innerhalb oder außerhalb der Einrichtung erleichtert.

– Wenn Träger, Leitungskräfte, Teams und einzelne Mitarbeitende Verantwortung für die Elternarbeit der Einrichtung übernehmen, so kann dies nicht nur ein wesentliches Qualitätsmerkmal von Einrichtungen sein, sondern auch ein wichtiger Baustein der Prävention von sexuellem Missbrauch: Die Wahrscheinlichkeit, sexuellen Missbrauch in der Familie, im sozialen Umfeld, aber auch in Diensten, Einrichtungen und Institutionen zu verhindern, wird umso größer, je mehr erwachsene Bezugspersonen als „schützende Dritte" von Mädchen* und Jungen* ohne und mit unterschiedlichen Behinderungen Verantwortung für deren Schutz übernehmen und in diesem Bemühen auch zuverlässig zusammenarbeiten.

Ziele des Bausteins

– Mitarbeitende und Eltern bemühen sich gemeinschaftlich um das Wohl und den Schutz des Kindes vor sexuellem Missbrauch.
– Die Beziehung zwischen Eltern und Fachkräften einer Einrichtung ist von gegenseitigem Respekt und von Wertschätzung geprägt, sodass ein „Erziehungsbündnis" aufgebaut und gepflegt werden kann - auch in schwierigen Situationen.
– Die Einrichtung nutzt ihre Möglichkeit, die Eltern der Mädchen* und Jungen* durch angemessene Informationen und die individuelle Unterstützung dazu zu befähigen, Prävention als Erziehungshaltung im Familienalltag umzusetzen und ihr Kind so nachhaltig vor sexuellem Missbrauch zu schützen, z. B. durch einen guten Umgang mit kindlichen Grenzen oder Gefühlen.
– Eine gut gestaltete Zusammenarbeit mit den Eltern macht es möglich, auch schwierige Situationen anzusprechen, z. B. wenn Mitarbeiter*innen ein Grenzen verletzendes Erziehungsverhalten der Eltern beobachten oder aber, wenn Kinder ihren Eltern von übergriffigen Situationen in der Einrichtung berichten. Der Schutz des Kindes soll so schneller und zuverlässiger hergestellt werden können.

Welche Aufgaben ergeben sich für wen?

Strukturelle Verankerung durch Träger und Leitungskräfte

Einrichtungen sind zur Gestaltung einer partnerschaftlichen Zusammenarbeit mit den Eltern der ihnen anvertrauten Mädchen und Jungen verpflichtet. Diese ist nicht nur gesetzlich vorgegeben (vgl. z. B. § 22a Abs. 2, Satz 1 SGB VIII), sondern auch wichtiger Bestandteil der Sicherung pädagogischer Qualität in einer Einrichtung.

Auch für umfassende Schutzkonzepte zur Prävention von sexuellem Missbrauch müssen geeignete Formen und Möglichkeiten der Elternarbeit reflektiert und strukturell sowie in den Abläufen der Einrichtung verankert werden.

Auf Träger- und Leitungsebene muss in diesem Zusammenhang also Sorge dafür getragen werden, dass

- Elternarbeit strukturell als Aufgabe der Einrichtung verankert ist und somit auch zeitlich und personell ermöglicht wird.
- die Mitarbeitenden regelmäßig die Möglichkeit haben, sich im Bereich Elternarbeit zu qualifizieren, auch zu „Spezialthemen" wie beispielsweise „Elterngespräche bei Verdacht auf Kindeswohlgefährdung" oder „Zusammenarbeit mit Eltern im Kontext der Prävention von sexuellem Missbrauch".
- regelmäßig unterschiedliche Formen der Elternarbeit angeboten werden und Elternarbeit somit keine „Sonderveranstaltung" ist, für die einzelne Mitarbeitende verantwortlich sind. Elternarbeit muss kontinuierlich und regelmäßig wiederkehrend angeboten werden, z. B. durch Elterncafés, Elterngespräche (für aktuelle, kleinere Fragen oder Themen auch Tür- und Angelgespräche) oder Elternabende externer Referent*innen zum Thema „Schutz vor sexuellem Missbrauch".
- die besonderen Bedürfnisse verschiedener Eltern beim Angebot der Einrichtung berücksichtigt werden, z. B. deren unterschiedlicher kultureller oder religiöser Hintergrund, eventuelle Behinderungen der Eltern oder ein unterschiedlicher Wissensstand bei pädagogischen Themen. An die Elternschaft angepasste Infomaterialien (z. B. in unterschiedlichen Sprachen) sowie barrierearme und niedrigschwellige Zugangsmöglichkeiten zu Informationen können helfen, dass Eltern sich anerkannt und gesehen fühlen und ihre Bereitschaft, sich zu informieren

und/oder eine Beziehung zu den Fachkräften der Einrichtung aufzubauen, wächst.

- auch für Eltern zuverlässige und niedrigschwellige Möglichkeiten zur Partizipation und zur Beschwerde strukturell verankert sind (vgl. z. B. § 22a Abs. 2: „Die Erziehungsberechtigten sind an den Entscheidungen [der Tageseinrichtungen, sgb] in wesentlichen Angelegenheiten der Erziehung, Bildung und Betreuung zu beteiligen.").
- für Fragen rund um die Erziehung und das Familienleben, aber auch zu Spezialthemen interne und/oder externe Ansprechpersonen, Anlaufstellen und Fachberatungsstellen zur Verfügung gestellt werden, z. B. Beratungsstellen für gleichgeschlechtliche Elternpaare; Unterstützungsangebote für Ein-Eltern-Familien oder Fachberatungsstellen zu sexueller Gewalt.

Aufgaben auf Team- und Mitarbeiter*innen-Ebene

Eltern haben meist wenig oder einen recht formellen Kontakt zu Vertreter*innen des Trägers oder zu Leitungskräften der Einrichtung, die nicht in den Gruppen oder vor Ort anzutreffen sind. Sie begegnen in alltäglichen Situationen vor allem den Gruppenleitungen und den Gruppenmitarbeitenden bzw. den Lehrkräften. Diese Personen sind ihnen vertraut. Aufgabe der Teams ist es, in diesen alltäglichen Situationen ein respektvolles Vertrauensverhältnis aufzubauen und zu ermöglichen, dass Austausch und Dialog gefördert und ermöglicht werden.

Neben der alltäglichen Pflege der Beziehung zu den Eltern liegt es meist auch im Aufgabenbereich der pädagogischen Fachkräfte, die institutionelle Elternarbeit z. B. in Form von Elterntagen, gemeinsamen Festen oder Aktivitäten oder auch durch Elternabende zu gestalten. Solche Veranstaltungen sind gute Möglichkeiten, Eltern für die Prävention von sexuellem Missbrauch zu sensibilisieren, z. B. durch die Thematisierung von Kinderrechten beim Sommerfest.

Neben der Beziehungsgestaltung haben Fachkräfte allerdings auch die Aufgabe, aktiv zu werden, wenn Eltern ihrer Verantwortung für das Kindeswohl nicht gerecht werden: Durch § 8a Abs. 4 SGB VIII haben Träger von Einrichtungen und Diensten der Jugendhilfe die Verpflichtung, dass ihre Fachkräfte bei der Wahrnehmung gewichtiger Anhaltspunkte auf eine Kindeswohlgefährdung (mithilfe einer insoweit erfahrenen Fachkraft) eine Gefährdungseinschätzung vornehmen und bei den Erziehungsberechtigten auf die Inanspruchnahme geeigneter Hilfen hinwirken.

Im Falle einer vermuteten Kindeswohlgefährdung wird die Elternarbeit vor besondere Herausforderungen gestellt, die die Leitungskräfte, aber auch die Mitarbeiter*innen in den Gruppen und Klassen bewältigen müssen. Bei Verdacht auf sexuellen Missbrauch durch ein oder vielleicht auch beide Elternteile wird der Schutz des Kindes durch das Konfrontieren dieser mit der Vermutung oder dem Verdacht mit hoher Wahrscheinlichkeit gefährdet. Es ist darum sehr wichtig, dass die verantwortlichen Mitarbeitenden in einem solchen Verdachtsfall alle einzuleitenden Schritte vorab mit einer Fachberatungsstelle[18], die auf das Vorgehen bei Verdacht auf sexuellen Missbrauch spezialisiert ist, besprechen. Diese haben viel Routine und Erfahrung zum Vorgehen in einer solchen Situation und können die Einrichtungen dabei begleiten, gute Wege zu finden, mit denen der Schutz des Mädchen*s oder des Jungen* tatsächlich und vor allem langfristig gesichert ist.

Die Fortbildung und Qualifizierung aller Mitarbeitenden zu diesem Aufgabenbereich unterstützt das fachliche Vorgehen bei der Wahrnehmung und Einschätzung von Gefährdungsaspekten sowie bei der Einleitung weiterer Schritte in diesen meist sehr emotionalen und außergewöhnlichen Situationen. Hierfür sollten Fortbildungen angeboten werden, bevor sich die Einrichtung mit einem (weiteren) konkreten Fall konfrontiert sieht.

Situation von Eltern mit Kindern mit Behinderung

Vorab sei betont: Die Lebenssituationen von Familien mit Kindern mit (und auch ohne) Behinderung sind sehr unterschiedlich, denn: Menschen sind glücklicherweise sehr verschieden und so kann keine Familie einer anderen gleichen.

Eine Beschreibung „der Lebenssituation" von Familien mit Kindern mit Behinderung ist darum nur schwer bzw. nicht möglich. Allgemeine Aussagen können nie allen beschriebenen Menschen gerecht werden. Die nachfolgenden Einblicke können darum allenfalls eine Anregung sein, eigene Vorstellungen und vielleicht auch Vorurteile zu reflcktieren und zu erkennen, wie wichtig Austausch und Dialog mit den Eltern und Familien für eine gute Zusammenarbeit sind.

[18] Wo es auch in Ihrer Nähe eine entsprechende Fachberatungsstelle gibt, erfahren Sie auch bei der Deutschen Gesellschaft für Prävention und Intervention bei Kindesmisshandlung und Vernachlässigung e. V. https://www.dgfpi.de/startseite.html

Familien oder Elternteile mit Kindern mit Behinderung werden von außen betrachtet oft als „besondere Familien“ empfunden - besonders belastet, besonders stark, besonders tapfer, vielleicht auch besonders bedauernswert. Kommt man mit Familien ins Gespräch, in denen ein oder mehrere Mitglieder eine Behinderung haben, zeigt sich allerdings meist recht bald: Diese Familien selbst betrachten sich oft als „recht *normale* Familie“, denn sie haben - wie jede Familie - Sorgen und Ängste, müssen viele Entscheidungen treffen, haben Stress, fühlen sich erschöpft und müde, haben aber auch zahlreiche schöne und einzigartige Momente miteinander. Familienleben ist oftmals ein Wechselspiel aus Herausforderung und Zufriedenheit - und das trifft auf alle Familien gleichermaßen zu.

Eltern von Kindern mit unterschiedlichen Behinderungen beschreiben in Anlehnung an Eckert (2014, S. 19 ff.) und Schirmer (2009, S. 4 ff.) folgende Empfindungen:

- Sie sind stolz auf ihre Kinder und bewerten die Besonderheit des Kindes/der Familie als positiv. Das Kind ist Quelle von Glück, Glücksmomenten und Freude.
- Sie haben den Wunsch, ihren Kindern ein Leben in weitgehender „Normalität“ zu ermöglichen.
- Sie erleben eine Veränderung der eigenen Lebensperspektive. Die Behinderung wird als Quelle von Lebenssinn empfunden, die dazu führt, dass neue Prioritäten gesetzt werden (müssen). Dies kann als persönlicher Gewinn empfunden werden und Partnerschaft sowie Familienbeziehungen festigen, also den sozialen Zusammenhalt fördern. Manche Eltern berichten von einem verstärkten Sinn für Spiritualität als haltgebende Kraftquelle.

Allerdings müssen Familien mit Mitgliedern mit Behinderung auch erhebliche Belastungen meistern, welche sie ohne Beeinträchtigung ihrer Lebensqualität nur durch unterstützende soziale, politische und gesellschaftliche Rahmenbedingungen bewältigen können:

- Durch eine Beeinträchtigung oder Behinderung prägen in der Regel viele Arztbesuche und u. U. auch Krankenhausaufenthalte die ersten Lebensjahre eines Menschen. Therapien, Frühförderung und die zahlreichen dazugehörigen Verhandlungen und Schreibarbeiten mit Institutionen, Ämtern und Krankenkassen stellen hohe Anforderungen an das Zeitmanagement und die emotionale Belastbarkeit der Eltern(teile). Ein Gefühl von Überforderung ist verständlicherweise nicht selten.

- Zahlreiche medizinische, pädagogische und therapeutische Unterstützungsangebote prägen und bestimmen den Familienalltag. Das „restliche Leben" muss um diese Termine herum stattfinden.
- Auch die Betreuung und Versorgung des Kindes mit Behinderung braucht u. U. viel Zeit und Energie. Dies beschränkt nicht nur das kindliche Recht auf Spiel und Freizeit, sondern auch die verfügbare Zeit der Eltern für eigene Bedürfnisse, die Pflege von partnerschaftlichen Beziehungen sowie die Zeit und Aufmerksamkeit, die für Geschwisterkinder zur Verfügung steht. Die Situation alleinerziehender Eltern ist an dieser Stelle verschärft. Die Konsequenz ist meist, dass sowohl eigene Bedürfnisse als auch die des Partners/der Partnerin und teilweise die der (Geschwister-)Kinder zurückgestellt werden müssen, um aktuelle Anforderungen des Alltags meistern zu können. Die andauernde Vernachlässigung sozialer und persönlicher Bedürfnisse führt langfristig allerdings mit hoher Wahrscheinlichkeit zu Krankheit, Unzufriedenheit oder Erschöpfung und braucht darum die Aufmerksamkeit von Politik, Behörden und allen Verantwortlichen, die hierauf Einfluss nehmen können.
- Eltern von Kindern mit Behinderung stehen z. T. auch bei der Erziehung der Mädchen* und Jungen* vor besonderen Herausforderungen: Die eigene Unsicherheit im Umgang mit der Behinderung des Kindes kann dazu führen, dass dieses verzärtelt und verwöhnt wird. Inkonsistentes Verhalten sowie fehlende oder unangemessene Grenzen können eine Folge sein, die weder für die Kinder noch für deren soziales Umfeld positive Konsequenzen haben. Bei Mädchen* und Jungen*, die nicht sprechen oder nur wenig Kontakt zu ihrer Umwelt aufnehmen können, sehen sich Eltern und andere Familienmitglieder z. T. mit erschwerten Bedingungen für den Beziehungsaufbau konfrontiert. Auch Mädchen* oder Jungen* mit Verhaltensbesonderheiten, wie beispielsweise Unruhe, Aggressivität und Ängstlichkeit, stellen Anforderungen an die Erziehungskompetenzen der Eltern. Körperliche Behinderungen oder chronische Erkrankungen erfordern von den Eltern pflegerisches und medizinisches Wissen, das diese in den wenigsten Fällen von vornherein mitbringen. Diese Unsicherheit im Umgang mit Beeinträchtigungen und Erkrankungen macht darum meist die Qualifizierung der Eltern notwendig – und die Sorge dafür, dass sie alles erforderliche Wissen auch bekommen, müssen Eltern meist eigenverantwortlich tragen.

- Viele Eltern von Mädchen* und Jungen* mit Behinderung berichten von Problemen mit dem Älterwerden ihres Kindes, das scheinbar „plötzlich" kein Kind mehr, sondern jugendlich bzw. erwachsen ist. Neben dem Zurechtkommen mit zunehmender Körpergröße und -kraft bei Mädchen* und Jungen*, die nach wie vor Unterstützung bei Körperpflege und Hygiene brauchen, stellt vor allem das kindliche und jugendliche Recht auf Selbstbestimmung die Eltern meist vor Herausforderungen: Eltern müssen jetzt beispielsweise im Bereich der sexuellen Selbstbestimmung akzeptieren, dass ihre Kinder (die sie bislang oder weiterhin in bestimmten Bereichen begleiten und schützen mussten oder müssen) zunehmend das Recht darauf haben, in allen denkbaren Lebensbereichen für sich selbst bestimmen zu können - auch wenn sie dabei unter Umständen Fehler machen oder falsche Entscheidungen treffen. „Jeder Mensch hat das Recht darauf, Fehler zu machen" - diese Erkenntnis müssen also auch Eltern von jugendlichen Kindern mit Behinderung (meist „schmerzhaft") gewinnen, um ihre Tochter oder ihren Sohn soweit wie möglich loszulassen. Das erste Verliebt-Sein in eine aus Elternsicht offensichtlich falsche Person ist hierfür ein häufiges Beispiel, an dem Eltern das Abwägen zwischen Schutz und Selbstbestimmung üben können oder müssen.
- Eltern erleben mit der Geburt eines Kindes mit Behinderung u. U. auch eine Veränderung ihres sozialen Netzwerkes: Dieses wird vielleicht kleiner, vielleicht verändert es sich oder es wird (z. B. durch Kontakte zu anderen Familien mit Kindern mit Behinderung) erweitert. Eltern von Kindern mit Behinderung sehen sich ständig mit der Reaktion anderer Menschen in der Öffentlichkeit konfrontiert. Von Mitleid über die unterschwellige vorwurfsvolle Frage, ob man die Behinderung selbst „verschuldet" hat, bis hin zu einer Bewertung der Lebensgestaltung: Die Rückmeldung Außenstehender führt nicht immer dazu, dass Familien sich in ihrer Haut und ihrer Lebenssituation wohlfühlen. Diese Wahrnehmungen, die sie oftmals unterschwellig von ihrer Umwelt „aufschnappen", bringen sie mit in die Einrichtungen, wo die Fachkräfte vor der wichtigen Aufgabe stehen, den Familien zu signalisieren, dass sie vollkommen in Ordnung sind und dass sie genauso wertgeschätzt werden, wie sie sind und mit allem, was sie sind und was sie mitbringen. Dies ist nicht nur eine wichtige Basis für die Entstehung einer vertrauensvollen und offenen Beziehung zwischen Fachkräften und Eltern, sondern es zeigt den Eltern auch, dass ihr Anders-Sein *normal* ist, weil jede Familie ganz unterschiedlich ist. Dieses Wissen kann Eltern entspannen und es ihnen erleichtern, sich auf die

Erziehungspartnerschaft einzulassen – ohne Angst haben zu müssen, bewertet, korrigiert oder diskriminiert zu werden.

- Eltern von Kindern mit Behinderung machen sich Sorgen um die Zukunft ihres Kindes und um dessen persönliche Weiterentwicklung. Sie haben vielleicht Schwierigkeiten, ihre Verantwortung für das Kind beim Eintritt in eine soziale oder Bildungseinrichtung plötzlich teilen zu müssen und dieses für einen gewissen Zeitraum in die Hände von „Fremden" zu geben, die das Kind nicht so gut kennen wie sie selber. Sie brauchen die Gewissheit, dass die Fachkräfte durch ihre Fachlichkeit einen guten Umgang zu dem Kind pflegen können, auch wenn sie nicht die Eltern sind und manches bestimmt anders machen (müssen) als die Eltern zu Hause.

Bei all diesen Gedanken zur Situation von Eltern mit Kindern mit Behinderung ist es wichtig, zu bedenken: Diese Gemeinsamkeit von Eltern und Familien, in denen ein Mitglied eine Behinderung hat, macht sie **nicht** zu einer homogenen Gruppe – im Gegenteil! Darum verdient es jede Familie, in ihrer Individualität wahrgenommen zu werden – mit ihren Stärken, ihren Problemen, ihren Sorgen, ihren Ressourcen etc. Einrichtungen haben die Aufgabe, eigene Vorurteile, Bewertungen und Vermutungen zu reflektieren und mit den Eltern ins Gespräch zu kommen, um sie kennenzulernen und ihnen und dadurch auch ihren Kindern so möglichst gerecht zu werden.

Was bringen Eltern und Mitarbeitende in die Elternarbeit mit ein?

Eltern sind unterschiedlich. So sind selbstverständlich auch Eltern von Kindern mit Behinderung sehr unterschiedlich. Im Kontakt mit den Einrichtungen sehen sich Fachkräfte mit zahlreichen Empfindungen und Bewertungen konfrontiert: Manche Eltern sind

- verunsichert bzw. unsicher
- überfordert
- hoffnungslos
- voller Zweifel über die eigene Kompetenz
- auf der Suche nach Fehlern in der Arbeit der Fachkräfte
- desinteressiert
- (unangemessen) fordernd etc.

Das heißt: In der Arbeit mit Eltern dürfen wir nicht immer davon ausgehen, dass Eltern dankbar für die Unterstützung durch Fachkräfte sind und ohne Vorbehalt auf deren pädagogische, medizinische und therapeutische Kompetenz vertrauen.

Im Gegenteil: Manchmal führt das Gefühl, im Alltag gegen den Rest der Welt kämpfen zu müssen, dazu, dass auch professionelle Bezugspersonen des Kindes (zunächst) eher als „Gegner*innen" denn als Verbündete gesehen werden.

Dabei haben sowohl Eltern als auch Fachkräfte das Bedürfnis nach Wertschätzung der eigenen Leistung, nach sozialer Achtung und respektvoller Behandlung. Vermutlich wünschen sich auch beide Seiten eine vertrauensvolle Zusammenarbeit – nicht zuletzt im Sinne des Kindes, denn je besser die Zusammenarbeit zwischen Eltern und Einrichtung, umso mehr wird das Kind in seiner Funktion als „Schnittstelle" zwischen beiden Welten entlastet.

Darum lohnt sich ein Blick auf die Kompetenzen sowie die Bedürfnisse von Eltern, aber auch von Fachkräften.

Was bringen Eltern in die Elternarbeit ein?

Eltern kennen ihr Kind meist seit dessen Geburt. Sie stehen ihm meist zuverlässig zur Seite und sind – z. T. über unterschiedliche Einrichtungen hinweg – in vielen Fällen lebenslang Wegbegleiter*innen ihres Kindes.

Der Wunsch, ihr Kind zu behüten und hierfür alles unter Kontrolle zu behalten, kann dazu führen, dass in den Kompetenzbereich der Fachkräfte hineingewirkt wird. Eltern zeigen dann Reaktionen und Verhaltensweisen, die den Fachkräften vielleicht als merkwürdig, übertrieben, unverständlich oder auch als Eingriff in beziehungsweise als Erschwernis für ihre alltägliche Arbeit erscheinen.

Mira (12 Jahre) mag es nicht, zu essen und vor allem zu trinken. Damit sie die lebensnotwendige Menge an Flüssigkeit aufnimmt, gibt ihre Mutter ihr Zuckerwasser zu trinken. Als das Mädchen für eine Kurzzeitbetreuung in eine stationäre Kinder- und Jugendwohngruppe kommt, bittet die Mutter die Fachkräfte vor Ort, dies genauso zu handhaben, obwohl das Kind bereits jetzt Karies an vielen Zähnen hat. In diesem Moment wissen die Mitarbeitenden nicht, wie sie auf diese Anmerkung reagieren sollen, und lassen sie erst einmal so stehen.

*Da es den Gruppenbetreuer*innen aus fachlicher Sicht nicht angemessen erscheint, beschließen sie allerdings recht schnell, dass das Mädchen in der Wohngruppe – wie die anderen Kinder und Jugendlichen auch – Tee und Wasser trinken soll.*

Bereits am Ende des ersten Tages, an dem das Mädchen sich scheinbar „aus Trotz" jedes Mal erbrochen hat, wenn sie Wasser oder Tee eingeflößt bekommt, beginnt sie, sich mit diesem neuen Geschmack anzufreunden. Im Laufe der Woche kristallisiert sich sogar heraus, welchen Tee sie gerne mag und welchen nicht: Bei Pfefferminz- und Früchtetee lächelt und schmatzt sie genüsslich. Bei Fencheltee erbricht sie sich. Die Fachkräfte sind froh, einen Weg gefunden haben, wie sie dem Mädchen in dieser Frage Beteiligung ermöglichen können, ohne gesundheitliche Schäden zu riskieren.

Sie freuen sich darauf, der Mutter von dieser „Entdeckung" zu berichten. Als die Mutter in die Wohngruppe kommt, um ihre Tochter abzuholen, ist sie alles andere als begeistert von der „Eigeninitiative" der Mitarbeitenden: „Ich finde das unmöglich, dass Sie sich über meine Anweisungen hinwegsetzen. Wenn ich sage, dass meine Tochter ihre Flüssigkeit so aufnimmt, dann erwarte ich, dass Sie das auch so umsetzen. Das ist sehr unprofessionell und ich werde das auch so an Ihre Vorgesetzten weitergeben."

An diesem Beispiel wird eine weitere Beobachtung deutlich: Viele Eltern scheinen Fachkräfte in Einrichtungen auch als eine Art Konkurrenz zu empfinden, vor allem wenn diesen etwas gelingt, was den Eltern noch nicht gelungen ist, z. B. dass das Kind plötzlich Nähe und Körperkontakt sucht, seine Hausschuhe alleine anzieht, ohne großen Aufstand selbstständig duscht oder eben auch zuckerfreie Getränke freiwillig zu sich nimmt. Auch diese starken Gefühle wie Neid, Konkurrenz oder Eifersucht müssen bei der Gestaltung von Elternarbeit mitgedacht und erkannt werden, um angemessen darauf reagieren zu können.

Außerdem müssen Einrichtungen bedenken, dass Eltern die Menschen sind, die besonders im Kindesalter – häufig aber auch in der Jugend und bis ins Erwachsenenalter hinein – eine gewisse Macht über die Lebensentscheidungen eines Kindes haben. Obwohl sie bei der Betreuung ihres Kindes mit Behinderung (in vielen Fällen sehr existenziell) auf Unterstützung durch Einrichtungen oder Dienste angewiesen sind, liegt die Entscheidung, in welche Einrichtung ihr Kind geht oder wie lange welche

Behandlung oder Therapie wahrgenommen wird, oftmals einzig und alleine bei ihnen.

Auch in alltäglichen Situationen und im Kontakt mit Fachkräften entscheiden sie, welche Informationen sie an die Fachkräfte weitergeben und welche nicht. Das heißt: Von manchen Problemen, Veränderungen oder Umständen im Leben des Kindes oder seiner Familie erfährt die Einrichtung nur dann, wenn die Eltern dies möchten. Dies macht die Eltern zu Expert*innen für die Lebenssituation der Mädchen* und Jungen* in ihrer Familie - und damit zu wichtigen Kooperationspartner*innen für die Einrichtungen.

Situation der Fachkräfte in den Einrichtungen

Der Kontakt von Fachkräften zu Kindern unterscheidet sich in wesentlichen Merkmalen von dem der Eltern:

- Der Kontakt ist zeitlich begrenzt, d. h., Fachkräfte haben irgendwann Feierabend und Freizeit, ohne die in der Einrichtung anvertrauten Kinder und Jugendlichen.
- Fachkräfte haben andere Ziele für Kinder, mit denen sie arbeiten: Sie möchten die individuelle Entwicklung aller Kinder zu einer eigenverantwortlichen und gesellschaftsfähigen Persönlichkeit fördern, den Bedürfnissen aller Kinder und der Kindergruppe gerecht werden und gleichzeitig den reibungslosen Ablauf in der Einrichtung sichern sowie die Vorgaben des Gesetzgebers sowie der Einrichtung einhalten.
- Sie haben keine Vorgeschichte mit dem Kind, d. h., sie haben weniger Vorkenntnisse, aber auch weniger emotionale Vorerfahrungen (z. B. keine Schuldgefühle, keine bisherigen Konflikte, keinen Druck der Verwandtschaft oder der sozialen Umgebung der Familie an die Fähigkeiten des Kindes).
- Die Entwicklung eines einzelnen Kindes ist kein Abbild ihrer eigenen Leistung. Dieser Gedanke setzt Eltern von Kindern mit Behinderung häufig unter Druck: Lernt das Kind nicht sprechen oder gehen oder ist es kognitiv eingeschränkt, so kämpfen Eltern häufig damit, dies nicht als eigenes „Versagen“ zu bewerten. Fachkräfte spüren nicht nur weniger persönliche Betroffenheit, sondern auch weniger Konkurrenz in der Beziehung zu den Eltern.

– Auch Fachkräfte haben eine gewisse Macht in der Beziehung zu den Eltern: Sie verfügen über ein differenziertes Fachwissen über die kindliche Entwicklung, eventuell auch über die Behinderung des Kindes. Das macht sie zu Expert*innen für Kinder im Allgemeinen, was Eltern unter Umständen (ungewollt) das Gefühl des „Laien“ vermitteln kann und darum (aus dem Wunsch heraus, sich selbst zu schützen) zu einer Abwehr von Gesprächen und Auseinandersetzungen führen kann.

Eltern vergessen in der Interaktion manchmal, dass die meisten Fachkräfte ebenfalls jeden Tag aufs Neue ihr Bestes geben, um die Mädchen* und Jungen* unter den gegebenen Rahmenbedingungen zu begleiten, zu fördern und zu unterstützen. Sie sind nicht nur Expert*innen für Kinder und Jugendliche, sondern haben auch den gesetzlichen Auftrag zur Bildung und Erziehung von Kindern. Außerdem kennen sie die Einrichtung, die das Kind besucht, und deren Strukturen und Vorgaben. Die Vielfältigkeit ihrer Aufgaben führt zu dem durchaus berechtigten Bedürfnis nach Anerkennung und Wertschätzung für die von ihnen geleistete Arbeit – auch von Seiten der Eltern.

Wird ihnen das Gefühl vermittelt, dass Eltern die Haltung haben, dass man z. B. Kindererziehung nicht lernen muss oder dass Erzieher*innen den ganzen Tag herumsitzen und Kaffee trinken, so wird dies den realen Anforderungen pädagogischer Berufe nicht gerecht und wirkt so verletzend und abwertend, denn in der Realität ist meist das Gegenteil der Fall. Spüren die Fachkräfte auf Seiten der Eltern eine abwehrende oder abwertende Haltung ihnen gegenüber, so kann Elternarbeit schnell zur „lästigen und ungeliebten Pflichtaufgabe“ werden.

Abschließend soll an dieser Stelle benannt werden, dass es einerseits Eltern gibt, die nicht (gut) für das Wohl ihrer Kinder sorgen und dass es andererseits auch Mitarbeitende gibt, die ihre Sache nicht gut machen.

Professionelle Elternarbeit soll darum in beiden Fällen sicherstellen, dass das Verhalten von Erwachsenen das Kindeswohl nicht gefährdet. Darum braucht es in jeder Einrichtung nicht nur Handlungspläne zum Vorgehen bei Verdacht auf Kindeswohlgefährdung durch die Eltern, sondern z. B. auch Krisenleitfäden beim Verdacht auf sexuelle Gewalt durch Mitarbeitende und – auch bei anderem Fehlverhalten durch Mitarbeitende – die niedrigschwellige und angstfreie Möglichkeit für Eltern, sich zu beschweren, ohne z. B. Angst haben zu müssen, dass ihre Kritik dazu führt, dass sich die Situation des Kindes in der Einrichtung verschlechtert.

Elternarbeit in Einrichtungen soll darum so gestaltet und gepflegt werden, dass berechtigte und konstruktive gegenseitige Kritik als Ressource und Möglichkeit, besser zu werden, verstanden werden kann. Dies kann nur gelingen, wenn auch in schwierigen Situationen ein sachlicher und wertschätzender Dialog möglich ist.

Elternarbeit im Kontext der Prävention von sexuellem Missbrauch

Elternarbeit ist auch im Kontext der Prävention von sexuellem Missbrauch von Bedeutung und darum ein Baustein von Konzepten zum Schutz von Mädchen* und Jungen* ohne und mit unterschiedlichen Behinderungen in Einrichtungen, denn

- Eltern sind in der Regel die ersten, wichtigsten und beständigsten Bezugspersonen für Mädchen* und Jungen*. „Sie haben ein hohes Potential an Einflussmöglichkeiten und auch Rechten gegenüber ihren Kindern“ (Kubina 1999, S. 3). Eltern von Kindern mit Behinderung sind (oder fühlen sich) in ihrer Elternfunktion häufig noch stärker und/oder länger für das Wohl ihres Kindes verantwortlich.
- Familie ist oftmals der Ort, an dem die Mädchen* und Jungen* viel Zeit verbringen. Es sollte außerdem der Ort sein, an dem sie geschützt aufwachsen und sich entwickeln können. Eltern haben die Aufgabe, Mädchen* und Jungen* auf das Leben vorzubereiten und sie auf dem Weg zu einer starken, selbstbewussten, eigenverantwortlichen und gemeinschaftsfähigen Persönlichkeit zu begleiten. Sie tragen außerdem die Verantwortung für den Schutz und das Wohl ihrer Kinder. Dies beinhaltet unter anderem auch die Verantwortung für die Verhinderung oder das rasche Beenden von sexuellem Missbrauch, soweit dies in ihrer Macht liegt.
- Familie ist in manchen Fällen auch der Ort, an dem oder in deren Umfeld Mädchen* und Jungen* mit und ohne Behinderung sexuellen Missbrauch erleben. In diesem Fall gewinnen (neben den Mitarbeitenden in den betreuenden Einrichtungen) auch die nicht-missbrauchenden Elternteile an Bedeutung für die Aufdeckung der Tat(en) und die Mitwirkung beim Herstellen von Schutz für ihr Kind.

Eltern sind darum wichtige Bündnispartner*innen auf dem Weg zu einem umfassenden Schutz von Mädchen* und Jungen* ohne und mit Behinderung.

Allerdings haben die meisten Eltern keine pädagogische Ausbildung und wurden in ihrem bisherigen Leben nur selten mit sexuellem Missbrauch konfrontiert. Kommen sie mit dem Thema in Berührung, so löst dies oft Angst, Beklemmung und eine starke emotionale Betroffenheit aus, die dazu führen kann, entsprechende Veranstaltungen oder Angebote eher zu meiden mit dem Wunsch, sich selbst vor der Beschäftigung mit einem weiteren emotionalen und belastenden Thema zu schützen.

Außerdem muss bei der Gestaltung des Bausteines zur Elternarbeit bedacht werden, dass es auch Elternteile gibt, die selbst in ihrer Kindheit und/oder Jugend von sexuellem Missbrauch betroffen waren. Und es gibt auch Elternteile, die selbst sexuell missbrauchen oder den sexuellen Missbrauch ihrer Kinder „dulden", vielleicht sogar ermöglichen.

Dieser Vielschichtigkeit und Komplexität, die Elternarbeit im Kontext der Prävention von sexuellem Missbrauch kennzeichnet, können Einrichtungen nicht durch gelegentliche Tür-und-Angel-Gespräche oder einmalige Elternabende zum Thema gerecht werden. Elternarbeit sollte darum auch in diesem Bereich (ähnlich wie bei anderen Anlässen, z. B. bei der Kooperation für einen begleiteten und kontinuierlichen Übergang von der Kindertagesstätte zur Grundschule) bewusst gestaltet und geplant sein, um tatsächlich eine Basis für eine vertrauensvolle Zusammenarbeit darstellen zu können. Dies kann zum Beispiel umgesetzt oder gefördert werden, indem Elternarbeit zur Prävention von sexuellem Missbrauch zu Beginn des Kalender- oder Kindertagesstätten-Jahres (ebenfalls) im Rahmen einer Jahresplanung durchgedacht wird: Wann planen wir welches Angebot? Wer trägt die Verantwortung für das jeweilige Angebot? Wie können wir die geplanten Angebote niedrigschwellig und barrierearm gestalten? Wie können wir die Eltern dafür gewinnen? Welche Kooperationspartner*innen bieten sich dafür an? Wer nimmt Kontakt zu ihnen auf? Wie finanzieren wir die Angebote? Was finanziert der Träger? Für welches Angebot brauchen wir beispielsweise finanzielle Unterstützung durch Spenden oder die Eltern? Welche Themen im Kontext von Kinderschutz sollen dieses Jahr im Elternbrief aufgegriffen werden?

Eine solche Jahresplanung unterstützt das Team, Elternarbeit zum Thema Kinderschutz regelmäßig und kontinuierlich im Jahresverlauf mitzudenken und ihm den Raum einzuräumen, den es für eine gute Elternarbeit zu diesem Thema bedarf.

Gerade für Eltern von Kindern mit Behinderung ist es übrigens sehr wichtig, dass Angebote der Elternarbeit auch deren Bedürfnisse und Lebenssituation berücksichtigen und versuchen, dieser durch die Gestaltung von Angeboten möglichst gut gerecht zu werden, denn: Neben allen dringlichen Themen, schwierigen Fragen und Entscheidungen und zahlreichen Terminen, die diese im Alltag meistern müssen, wird die Prävention von sexuellem Missbrauch sonst schnell zu einem von vielen „Problemen", mit denen sie sich beschäftigen müss(t)en. Dies kann z. B. gelingen durch das gezielte Ansprechen der Eltern von Kindern mit Behinderung und das Aufzeigen des Mehrwertes, das sie durch die Wahrnehmung des Angebotes haben, den Einbezug der Eltern in die Gestaltung von Angeboten oder das Einladen von Referent*innen, die die Situation und die Bedürfnisse von Eltern mit Kindern mit Behinderung im Blick haben.

Schafft die Einrichtung es, den Eltern durch regelmäßige und als hilfreich und bestärkend empfundene Angebote zu zeigen, dass sich die Zusammenarbeit mit der Einrichtung lohnt und dass es auch hilft und erleichtert, Sicherheit beim Thema „Wie schütze ich mein Kind?" zu bekommen, so werden Angebote auch eher und mit größerer Motivation wahrgenommen. Vielleicht spricht sich die Qualität der Elternangebote sogar unter den Eltern herum und ermutigt auch diejenigen, die aufgrund ihrer Bedenken oder Unsicherheit bislang den unterschiedlichen Angeboten fernbleiben, mal „ganz unverbindlich" teilzunehmen oder vorbeizuschauen.

Formen und Inhalte von Elternbildung zur Prävention von sexuellem Missbrauch

Elternarbeit hat grundsätzlich unterschiedliche Aufgaben und Ziele: Sie soll Eltern informieren (z. B. über die pädagogische oder präventive Arbeit der Einrichtung), Kontakte zwischen den Eltern der Mädchen* und Jungen* herstellen und sie bei „einfachen", alltäglichen Fragen beraten bzw. sie bei „komplexen", die Kompetenzen der Fachkräfte vor Ort überschreitenden Fragen an geeignete Fachstellen weitervermitteln. Angebote der Elternarbeit sollen Eltern außerdem bilden und ihnen Möglichkeiten aufzeigen, wie sie mit der Einrichtung kooperieren können, z. B. als Elternbeirat, bei der Organisation von Festen oder bei der Durchführung von Projekten im Einrichtungsalltag.

Elternarbeit im Kontext der Prävention von sexuellem Missbrauch soll Eltern sachlich informieren, sie sensibilisieren und sie in ihrer Erziehungsverantwortung stärken. Sie soll zeigen, dass und wie Prävention als

Erziehungshaltung im Familienalltag Platz finden kann, dass sie die Beziehung zu Kindern verbessern und dass sie sogar Spaß machen kann.

Kann die Lust auf eine präventive Erziehung im Familienalltag geweckt werden, sind die Eltern für unterschiedliche Täter*innen-Gruppen und Strategien sensibilisiert und wissen sie, was bei einem Verdacht zu tun ist und an wen sie sich wenden können, so hat Elternarbeit als Baustein von Schutzkonzepten zur Prävention von sexuellem Missbrauch ihr Ziel erreicht.

Kinder sollen spüren, dass ihre Eltern wissen, dass es sexuellen Missbrauch gibt und dass diese stark genug sind, um mit ihnen über eine so verwirrende Situation zu sprechen – ohne traurig zu werden, dem Kind Vorwürfe zu machen oder aber das Geschehene zu bagatellisieren oder abzustreiten.

Formen von Elternarbeit

Als geeignete Formen der Elternarbeit haben sich vor allem Elternabende, Elternseminare und – um niedrigschwellige Zugänge zu schaffen – auch Elterncafés erwiesen. Hier steht die Prävention von sexuellem Missbrauch nicht so prominent auf dem Angebot, weil es hier ja um viele Themen geht. Trotzdem kann im Rahmen eines Inputs thematisiert werden, was man in der Fachwelt über sexuellen Missbrauch weiß und was man im Alltag tun kann, um Kinder zu schützen, und so zum Austausch und der Auseinandersetzung mit dem Thema anregen.

Gerade für Eltern aus muslimischen Ländern oder für Eltern, bei denen das Thema Sexualität sehr schambesetzt ist, kann es förderlich sein, geschlechtergetrennte Angebote anzubieten, z. B. ein Mütter-Nachmittag, zu dem auch eine externe Referentin eingeladen wird, die nebenbei zum Thema erzählt und dann im Austausch für Fragen und Tipps zur Verfügung steht.

Der Einsatz externer, spezialisierter Fachkräfte hat sich im Allgemeinen bei Elternangeboten zu sexuellem Missbrauch bewährt, da diese nicht nur über fundiertes Basiswissen verfügen, sondern auch im Umgang mit Ängsten, Befürchtungen, Unsicherheiten, Widerständen und anderen Emotionen von Seiten der Eltern erfahren sind. Fachkräfte sind an dieser Stelle oft selbst unsicher und haben Bedenken, wie oder ob sich der Alltag „danach" verändert. Manchmal erleichtern externe Referent*innen das Gespräch auch aus Sicht der Eltern: Mit einer fremden Person redet man unter Umständen offener über Fragen und Probleme als mit einer Person, die man danach jeden Tag wieder sieht und bei der man nicht weiß, ob danach das ganze Team über die Familiensituation Bescheid weiß. Diesen vertraulichen Rahmen und die Bitte, gut mit persönlichen Themen umzugehen, stellen professionelle Referent*innen von vornherein sicher.

Das Angebot von Veranstaltungen und Austauschmöglichkeiten in unterschiedlichen Sprachen, in leichter Sprache oder mit Dolmetscher*innen, z. B. auch für Gebärdensprache, kann ebenfalls ein Türöffner sein, der den Eltern zeigt: „Uns ist es wichtig, dass ihr diese Informationen verstehen und das Angebot annehmen könnt. Nur so können wir auch in diesem Punkt gut zusammenarbeiten. Darum bieten wir das Angebot in eurer Muttersprache an."

Finden regelmäßig Entwicklungsgespräche (eventuell mit Dolmetscher*in) mit den Eltern statt, so können diese ebenfalls dafür genutzt werden, Eltern zu einer präventiven Erziehung zu informieren und sie darin zu bestärken.

Ein wichtiger Bestandteil der Elternarbeit im Kontext der Prävention von sexuellem Missbrauch ist auch die Aufklärung der Eltern über das einrichtungsinterne Schutzkonzept und die Maßnahmen, die in der Einrichtung für den Schutz der ihr anvertrauten Mädchen* und Jungen* getan wird. Ist bei derartigen Veranstaltungen auch die Träger- und Leitungsebene anwesend, so macht dies deutlich, dass dem Thema Kinderschutz in der Einrichtung eine hohe Bedeutung zugeschrieben wird und sozusagen (auch) Chefsache ist.

Eine schriftliche, kurzgefasste Übersicht über die in der Einrichtung umgesetzten Schutzmaßnahmen zur Prävention von sexuellem Missbrauch an Mädchen* und Jungen* ohne und mit unterschiedlichen Behinderungen kann Eltern außerdem bereits im Aufnahmegespräch präsentiert werden und so von vornherein deutlich machen, dass die Prävention von sexuellem Missbrauch in der Einrichtung ein Thema ist, zu dem man mit den Eltern zusammenarbeiten möchte.

Schriftliche Informationen haben im Vergleich zu den beschriebenen interaktiven und persönlichen Formen der Elternarbeit weitere Vorteile: Elterninformationen, z. B. in Form von regelmäßig erscheinenden einrichtungsinternen Elternbriefen, Homepage-Einträgen oder Eltern-Flyern von Beratungsstellen zu sexuellem Missbrauch und den Möglichkeiten des Schutzes, informieren Eltern sachlich und in einer ihnen angemessenen Sprache.

Die Eltern können diese Informationen zu Hause in Ruhe nachlesen und bei Bedarf offene Fragen mit Fachkräften in der Einrichtung oder mit den ihnen empfohlenen geeigneten Fachstellen beraten und klären.

Ein großer Vorteil ist außerdem, dass schriftliche Elterninformationen in ganz unterschiedlichen Sprachen erstellt werden können. So bekommen auch Eltern, die eine andere Muttersprache als Deutsch haben oder leichte Sprache verwenden, „gute" Informationen zu einem sensiblen, vielleicht als sehr privat oder intim empfundenen Thema in der Sprache, in der sie sich wohl und sicher fühlen. Der Aufwand für eine qualitativ hochwertige Übersetzung muss dafür nur einmalig (bzw. alle paar Jahre für eine Aktualisierung) aufgewendet werden.

Des Weiteren empfiehlt es sich auch, permanent und gut (u. U. unbeobachtet) zugänglich die Flyer von spezialisierten Fach(beratungs)stellen auszulegen, an die sich Eltern bei Unsicherheiten oder Verdachtsmomenten anonym und kostenfrei wenden können.

Inhalte von Elternangeboten

Präventiv wirkende Elternarbeit hat das Ziel, Eltern das Wissen zu vermitteln, das sie brauchen, um hinzuschauen und ihren Kindern beispielsweise auch dann zu glauben, wenn diese „Geschichten" erzählen, die auf den ersten Blick vermeintlich unmöglich erscheinen, z. B. dass die Logopädin heute in die Hose gefasst hat oder ein Freund der Familie immer „so komische Sachen" sagt. Eltern(teile) sollen durch Elternangebote verstehen können, dass es vieles gibt, was ihnen auf den ersten Blick unmöglich erscheint.

Die Informationen, die Eltern im Rahmen der Elternarbeit vermittelt werden, sollen realistisch sein. Auf der einen Seite muss deutlich vermittelt werden, dass letztendlich alle Menschen, die mit den Kindern und Jugendlichen zu tun haben, auch sexuell grenzverletzend agieren können: Frauen* und Männer*, Jugendliche und Erwachsene, die Logopädin, der Pastor, der Erzieher, die Babysitterin, der Onkel und die Schulrektorin, die Busfahrerin und der Motopädagoge. Gleichzeitig muss aber auch klar sein: Die wenigsten Menschen missbrauchen Kinder.

Es geht weder für die Kinder noch für die Eltern darum, von nun an niemandem mehr zu vertrauen und allen Menschen mit Misstrauen zu begegnen. Das Wissen über Täter*innen soll den Eltern vielmehr helfen, im richtigen Moment der eigenen Wahrnehmung zu vertrauen.

- Muss der nette und hilfsbereite Nachbar der kleinen Tochter immer zwischen die Beine fassen, wenn er sie in den Rollstuhl hebt? Man will nicht unhöflich sein, denn er ist doch so hilfsbereit. Und sie ist ja noch ein Kind - da ist das ja noch nicht so schlimm, oder?
- Ist es nicht ein viel zu naher Umgang, wenn der Pastor alle Jugendlichen vor der Konfi-Gruppe umarmt und nach der Konfirmation mit ihnen in die Sauna geht? Aber dem Sohn ist die Gruppe doch so wichtig. Endlich hat er was gefunden, wo er gerne hingeht und auch mit seiner Behinderung akzeptiert wird und sich wohlfühlen kann.
- Ist es noch in Ordnung, wenn die Erzieherin die Kinder beim Wickeln ewig lange eincremt? Aber sie ist ja so eine Liebe und bei allen beliebt. Die Kinder hängen so an ihr. Sie macht das doch bestimmt nicht aus einer bösen Absicht heraus.
- Es ist doch merkwürdig, dass sich alle Kinder bei der Bewegungstherapie bis auf die Unterwäsche ausziehen mussten. Nun gut: Der Therapeut meinte, nur so könne er die Bewegungsmuster analysieren. Wenn es hilft, dann wird es schon recht sein - schließlich ist diese Therapie unsere Hoffnung und wir haben so lange dafür gekämpft.

Genau in solchen Situationen geht es darum, die Eltern (und so auch die Mädchen* und Jungen*) zu bestärken, ihre Irritation nicht einfach wegzuwischen. Sie sollen sich nicht einreden, dass etwas nicht sein kann, was nicht sein darf. Im Gegenteil: Eltern müssen bestärkt werden, dem eigenen Unbehagen nachzugehen, mit den eigenen Ambivalenzen und denen der Mädchen* und Jungen* umzugehen und zum Schutz ihrer Kinder zu handeln - auch wenn sie im ersten Moment Angst vor diesem Schritt haben oder nicht wissen, was sie machen sollen oder was passieren wird.

Eltern sollen also ermutigt werden, angemessen und konsequent zu reagieren, wenn andere sich grenzverletzend gegenüber ihrem Kind verhalten. Dies ist gerade dann von Bedeutung, wenn die Mädchen* und Jungen* zu jung sind, um sich selbst abzugrenzen, wenn sie eine Behinderung haben, die ihnen dies erschwert oder wenn ihre Erziehung oder ihre kulturelle Herkunft es ihnen eigentlich verbieten, sich Erwachsenen zu widersetzen.

Darum sind neben ganz konkreten Tipps, wie Kindern die Aufdeckung von erlebten Übergriffen erleichtert werden kann und wie Eltern in einer solchen Situation „gut“ reagieren können, auch die Bereitstellung von Adressen geeigneter Beratungs- und Hilfeeinrichtungen und die Förderung der elterlichen Motivation, diese frühzeitig zu kontaktieren, eine wichtige Aufgabe von Einrichtungen.

Für Eltern ist es außerdem wichtig, Informationen dazu zu bekommen, was in der Einrichtung getan wird, um die Mädchen* und Jungen* bestmöglich vor sexuellem Missbrauch durch Mitarbeitende zu schützen. In diesem Kontext empfiehlt es sich, in regelmäßigen Abständen schriftlich oder persönlich über das entwickelte Schutzkonzept zu informieren und den Eltern mitzuteilen, welche Formen der Zusammenarbeit in diesem Kontext vorgesehen sind.

Präventive Elternarbeit umfasst also viele Themen. Es geht darum

- den Eltern die für sie nötigen Informationen zu geben.
- sie darin zu befähigen, ihre Kinder im Alltag zu stärken.
- sie darin zu befähigen, ihre Kinder im Alltag zu unterstützen.
- ihnen einige wenige wichtige Verhaltensregeln für ihre Kinder zu vermitteln, die für die Prävention wichtig sind.
- ihnen zu vermitteln, wie sie auch das familiäre Umfeld als einen sicheren Ort für Kinder gestalten können.
- sie zu ermutigen, grenzverletzendes Verhalten durch Dritte achtsam wahrzunehmen und frühzeitig einzugreifen.
- ihnen mitzuteilen, wie man es Kindern erleichtern kann, von Grenzverletzungen und sexuellen Übergriffen zu erzählen.
- ihnen zu vermitteln, was Kinder brauchen und was zu tun ist bzw. was Kinder nicht brauchen und was nicht zu tun ist, wenn es zu Übergriffen oder sexuellem Missbrauch gekommen ist.

Fazit und Ausblick

Eine gepflegte Beziehung zu den Eltern der Mädchen* und Jungen*, die eine Einrichtung besuchen, ist eine zentrale Säule des Schutzes von Kindern vor sexuellem Missbrauch durch Personen innerhalb und außerhalb von Einrichtungen und Institutionen.

Um auch in diesem Punkt gut zusammenarbeiten zu können, sollten Einrichtungen ihre Aufgabe ernst nehmen, die Beziehung zu Eltern zu gestalten und diesen zu zeigen, dass und warum ein Erziehungs- und Schutzbündnis einen Mehrwert für alle Beteiligten darstellt:

Die Mitarbeitenden kommen ihrer Aufgabe nach, eine Partnerschaft mit den Eltern zu pflegen. Ihre alltägliche Arbeit wird durch gute Kontakte zu den Eltern erleichtert.

Die Eltern wissen nicht nur, was in der Einrichtung zum Schutz ihres Kindes getan wird, sie bekommen auch Anregungen, wie sie zum Schutz ihres Kindes beitragen können.

Letztendlich ist ein Erziehungsbündnis von Eltern und Einrichtungen aber vor allem zum Vorteil der Mädchen* und Jungen*, denn nur dann, wenn alle erwachsenen Bezugspersonen ihre Verantwortung für deren Schutz wahrnehmen, können sie sich geschützt zu gesunden und starken Persönlichkeiten entwickeln.

Elternarbeit ist darum ein Thema, das bei der Erarbeitung eines einrichtungsspezifischen Schutzkonzeptes Beachtung finden muss, um einen umfassenden Schutz vor sexuellem Missbrauch in der Einrichtung ermöglichen zu können.

Kapitel IV

Fazit und Ausblick

Wer Inklusion will, findet Wege.
Wer sie nicht will, findet Gründe.

So haben wir Hubert Hüppe zu Beginn des Buches zitiert und wollten unsere Leser*innen damit „vorwarnen“: Sowohl beim Thema Inklusion wie auch bei der Prävention von sexuellem Missbrauch gibt es meist keine Standardlösungen, mit denen man *allen* Mädchen* und Jungen* in Einrichtungen und Institutionen schnell und einfach gerecht werden kann. Bei der Gestaltung von Schutzkonzepten zur Prävention von sexuellem Missbrauch an Mädchen* und Jungen* mit und ohne Behinderung lohnt sich darum ein Blick auf den ersten Teil des genannten Zitates:

Wer will, findet Wege.

Wege müssen manchmal neu angelegt werden. Sie müssen gegangen werden, um von einem schwer zugänglichen Pfad zu einem begehbaren Weg zu werden. Sie müssen manchmal verändert werden, um tatsächlich zum Ziel zu führen. Manchmal macht man Umwege und entdeckt Neues, das man ohne Umweg nie entdeckt hätte. Manchmal geht man in eine Sackgasse, die einen dazu zwingt, wieder zum Ausgangspunkt zurückzukehren, nachzudenken und einen neuen Weg zu suchen.

Manchmal geht man auf schönen Wegen, manchmal sind Teile des Weges steinig und beschwerlich. Auf Wegen trifft man tolle Menschen, die einen ein Stück des Weges begleiten. Die einen dabei unterstützen, die Hürden zu meistern, die im Weg liegen. Manchmal trifft man auf unangenehme Menschen, an denen man vorbeigehen oder mit denen man sich auseinandersetzen muss, um weiterzukommen. Manchmal gilt es die Menschen, die man auf seinem Weg dabei haben möchte, zu motivieren und mitzureißen – sie davon zu überzeugen, dass es sich lohnt, das angestrebte Ziel zu erreichen, auch wenn man dafür einen langen Weg gehen muss. Denn: Meistens führen Wege zu einem Ziel.

Dieses Ziel erreicht man aber selten mit einem Schritt, manchmal erreicht man es auch nicht an einem Tag und nicht in einer Woche. Aber was auf jeden Fall feststeht, das wusste schon Konfuzius:

Selbst der weiteste Weg beginnt mit dem ersten Schritt.

Und er wird nur kürzer, wenn dem ersten Schritt kontinuierlich weitere Schritte folgen.

Die Gestaltung von Kinderschutz sowie die inklusive Prävention von sexuellem Missbrauch in Einrichtungen sind ein Weg, den jede Einrichtung gehen muss. Diese Wege sind keine einmaligen Aktionen und keine kurzzeitigen Projekte. Die Entwicklung eines passgenauen, einrichtungsspezifischen Schutzkonzeptes muss vielmehr ein Weg sein, den eine Einrichtung gemeinsam geht nach dem Motto: „Der Weg ist das Ziel." Und das Ziel sind möglichst „sichere Orte" für *alle* Mädchen* und Jungen* – auch wenn zu dem Weg dahin alles gehört, was eben dazugehört, sich auf den Weg zu machen.

Wir möchten alle Einrichtungen, die von Mädchen* und Jungen* mit und ohne Behinderung besucht werden, einladen, sich auf diesen Weg zu machen – und gespannt zu sein auf die Hindernisse, Schätze und Erkenntnisse, die dabei entdeckt werden können.

Denn die Prävention von sexuellem Missbrauch ist aus unserer Sicht nur dann wirklich umfassend und „rund", wenn sie Menschen in ihrer ganzen Vielfalt und mit all ihren Besonderheiten sieht, berücksichtigt und schützt – und damit eben „Prävention all inclusive" ist.

Literaturverzeichnis

Albers, Timm; Bree, Stefan; Jung, Edita & Seitz, Simone (2012). Vielfalt von Anfang an. Inklusion in Kita und Krippe. Freiburg i. B.: Herder.

AMYNA e. V. Institut zur Prävention von sexuellem Missbrauch (2009). Sexuelle Gewalt verhindern – Selbstbestimmung ermöglichen. Schutz und Vorbeugung für Mädchen und Jungen mit unterschiedlichen Behinderungen. München: AMYNA.

Arbeitsstab des Unabhängigen Beauftragten für Fragen des sexuellen Kindesmissbrauchs (Hrsg.) (2016). Häufigkeitsangaben zum sexuellen Missbrauch. Internationale Einordnung, Bewertung der Kenntnislage in Deutschland, Beschreibung des Entwicklungsbedarfs. Verfügbar unter: https://beauftragter-missbrauch.de/fileadmin/Content/pdf/Pressemitteilungen/Expertise_H%C3%A4ufigkeitsangaben.pdf (Abgerufen am: 11.04.2017).

Bange, Dirk & Deegener, Günther (1996). Sexueller Missbrauch an Kindern: Ausmaß, Hintergründe, Folgen. Weinheim: Beltz.

Bange, Dirk (2002). Umstände. In: Dirk Bange & Wilhelm Körner (Hrsg.): Handwörterbuch Sexueller Missbrauch, S. 679-682. Göttingen: Hogrefe.

Bange, Dirk (2004). Definition und Häufigkeit von sexuellem Missbrauch. In: Wilhelm Körner & Albert Lenz. Sexueller Missbrauch, Band 1. Göttingen: Hogrefe, S. 29-38.

Bange, Dirk (2015): Gefährdungslagen und Schutzfaktoren im familiären und institutionellen Umfeld in Bezug auf sexuellen Kindesmissbrauch: In: Fegert, Jörg M.; Hoffmann, Ulrike; König, Elisa; Niehues, Johanna; Liebhardt, Hubert (Hrsg.), Sexueller Missbrauch von Kindern und Jugendlichen. Ein Handbuch zur Prävention und Intervention für Fachkräfte im medizinischen, psychotherapeutischen und pädagogischen Bereich. Berlin, Heidelberg: Springer Verlag, S. 137-141.

Bayerisches Landesjugendamt (BLJA) (2012). Handreichung für den Aufbau und die Verankerung institutioneller Partizipationsmöglichkeiten und -formen in stationären Einrichtungen der Kinder- und Jugendhilfe. Abschlussbericht des Ad-hoc-Ausschusses „Partizipation in der stationären Jugendhilfe". Beschluss des Landesjugendhilfeausschusses am 10.07.2012. Verfügbar unter: http://www.blja.bayern.de/service/bibliothek/fachliche-empfehlungen/Handreichung.php (Abgerufen am: 16.03.2017).

Bayerisches Staatsministerium für Arbeit und Sozialordnung, Familie und Frauen*/Staatsinstitut für Frühpädagogik München (2012). Der Bayerische Bildungs- und Erziehungsplan für Kinder in Tageseinrichtungen bis zur Einschulung. Berlin: Cornelsen.

Beauftragte der Bundesregierung für die Belange von Menschen mit Behinderung (Hrsg.) (2014): UN-Behindertenrechtskonvention (UN-BRK). Übereinkommen über die Rechte von Menschen mit Behinderung. Bonn: BMAS. Verfügbar unter: https://www.behindertenbeauftragter.de/SharedDocs/Publikationen/DE/Broschuere_UNKonvention_KK.pdf?__blob=publicationFile (Abgerufen am: 10.12.2015).

Bullens, Ruud (1995). Der Grooming-Prozeß – oder das Planen des Mißbrauchs. In: Brunhilde Marquardt-Mau (Hrsg.). Schulische Prävention gegen sexuelle Kindesmisshandlung. Weinheim und München: Juventa, S. 55-67.

Bundesministerium des Innern (2016): Polizeiliche Kriminalstatistik des Bundeskriminalamtes 2014. Verfügbar unter: https://www.bka.de/DE/AktuelleInformationen/StatistikenLagebilder/PolizeilicheKriminalstatistik/PKS2015/Standardtabellen/standardtabellenOpfer.html;jsessionid=8FDFA6E55761D93CC2767CCDCE32F369.live0611?nn=51356 (Abgerufen am: 11.04.2017)

Bundesministerium für Familie, Senioren, Frauen* und Jugend (2012). Mutig fragen – besonnen handeln. Verfügbar unter: https://www.bmfsfj.de/bmfsfj/service/publikationen/mutig-fragen---besonnen-handeln/95882?view=DEFAULT (Abgerufen am: 03.04.2017).

Bundschuh, Claudia (2010). Sexualisierte Gewalt gegen Kinder in Institutionen. Nationaler und internationaler Forschungsstand. München: Deutsches Jugendinstitut. Verfügbar unter: http://www.dji.de/fileadmin/user_upload/sgmj/Expertise_Bundschuh_mit_Datum.pdf (Abgerufen am: 29.03.2017).

Brown, Hilary (2011). Sexual abuse of children with disabilities. In: Council of Europe (2011). Protecting children from sexual violence. A comprehensive approach. Verfügbar unter: http://www.coe.int/t/dg3/children/1in5/Source/PublicationSexualViolence/Brown.pdf (Abgerufen am: 17.07.2015).

Deutsches Jugendinstitut (Hrsg.) (2011). Sexuelle Gewalt gegen Mädchen und Jungen in Institutionen. Abschlussbericht. Verfügbar unter: http://www.dji.de/fileadmin/user_upload/bibs/DJIAbschlussbericht_Sexuelle_Gewalt.pdf (Abgerufen am 01.05.2017).

Dreisigacker, Karin (o. J.). Anders als andere?! Autismus und Sexualität. Verfügbar unter: http://www.fgz-goettingen.de/downloads/Autismus_und_Sexualitaet.pdf (Abgerufen am: 14.07.2015).

Dusolt, Hans (2008). Elternarbeit als Erziehungspartnerschaft. Ein Leitfaden für den Vor- und Grundschulbereich. Weinheim: Beltz.

Eckert, Andreas (2014). Familien mit Kindern mit einer Behinderung: Leben im Spannungsfeld von Herausforderung und Zufriedenheit. In: Teilhabe 01/2014, Jg. 53, S. 19-23.

Geschäftsstelle der Unabhängigen Beauftragten der Bundesregierung zur Aufarbeitung des sexuellen Kindesmissbrauchs (Hrsg.) (2011). Abschlussbericht. Verfügbar unter: https://www.fonds-missbrauch.de/fileadmin/content/Abschlussbericht-der-Unabhaengigen-Beauftragten-zur-Aufarbeitung-des-sexuellen-Kindesmissbrauchs.pdf (Abgerufen am: 29.03.2017).

Hansen, Rüdiger; Knauer, Raingard & Sturzenhecker, Benedikt (2011). Partizipation in Kindertageseinrichtungen. So gelingt Demokratiebildung mit Kindern! Bonn: Bundeszentrale für politische Bildung.

Hansen, Rüdiger (2015a). Inklusion und Partizipation. In: Eva Reichert-Garschhammer, Christa Kieferle, Monika Wertfein & Fabienne Becker-Stoll (Hrsg.). Inklusion und Partizipation. Vielfalt als Chance und Anspruch. Göttingen: Vandenhoeck & Ruprecht, S. 81-96.

Hansen, Rüdiger & Knauer, Raingard (2015b). Das Praxisbuch: Mitentscheiden und Mithandeln in der Kita. Wie pädagogische Fachkräfte Partizipation und Engagement von Kindern fördern. Gütersloh: Bertelsmann Stiftung.

Hansen, Rüdiger (2016). Beteiligungs- und Beschwerdemöglichkeiten für Kinder in Kindertageseinrichtungen. Grundlagen für die Konzeptionsentwicklung.
Verfügbar unter: http://www.lvr.de/media/wwwlvrde/jugend/service/dokumentationen/dokumente_95/kinder_und_familie/20160407/LVR_Partizipation_und_Beschwerdeverfahren_2016_oB.pdf (Abgerufen am 16.04.2017).

Hubrig, Silke (2014). Sexualerziehung in Kitas. Die Entwicklung einer positiven Sexualität begleiten und fördern. Weinheim und Basel: Beltz.

Kindler, Heinz & Schmidt-Ndasi, Daniela (2011). Wirksamkeit von Maßnahmen zur Prävention und Intervention im Fall von sexueller Gewalt gegen Kinder. München: AMYNA.

Knauer, Raingard (2016). Prävention braucht Partizipation, S. 1-6. In: KiTa spezial. Heft 03/2006.

Köbsell, Swantje (2010). Gendering Disability: Behinderung, Geschlecht und Körper. In: Jutta Jacob, Swantje Köbsell, Eske Wollrad (Hrsg.). Gendering Disability. Intersektionale Aspekte von Behinderung und Geschlecht. Bielefeld: transcript, S. 17-33.

Konstantreas, M. Mary & Lunsky, Yona J. (1997). Sociosexual Knowlegde, Experience, Attitudes, and Interests of Individuals with Autistic Disorder and Developmental Delay. In: Journal of Autism an Developmental Disorders, 27(4), S. 397-413.

Kvam, Marit Hoem (2000). Is sexual abuse of children with disabilities disclosed? A retrospective analysis of child disabilities and the likelihood of sexual abuse among those attending Norwegian hospitals. In: Child Abuse and Neglect, 24, S. 1073-1084.

Kubina, Simone (1999). Eltern stark machen – Ziele und Inhalte einer präventiven Arbeit mit Eltern. In: Prävention (2), Heft 6.

Landeshauptstadt München, Sozialreferat/Stadtjugendamt (2011). Leitlinien für die Arbeit mit Kindern mit und ohne Behinderung. München: LHM. Verfügbar unter: http://www.muenchen.info/soz/pub/pdf/408_leitlinien_behinderung_regulaere_sprache.pdf (Abgerufen am: 18.04.2017).

Maywald, Jörg (2013). Sexualpädagogik in der Kita. Kinder schützen, stärken und begleiten. Freiburg i. B.: Herder.

Mickler, Barbara (2009). Sexualisierte Gewalt an Mädchen und Jungen mit Behinderung. In: AMYNA e. V. Institut zur Prävention von sexuellem Missbrauch (Hrsg.). Sexualisierte Gewalt verhindern. Selbstbestimmung ermöglichen. Schutz und Vorbeugung für Mädchen und Jungen mit unterschiedlichen Behinderungen. München: AMYNA e. V., S. 25-41.

Niesel, Renate (2017). Stark wie ein Mädchen. Mädchen und ihre Rollenfindung.
Verfügbar unter: http://www.kizz.de/erziehung/kindliche-entwicklung/maedchen-und-ihre-rollenfindung-stark-wie-ein-maedchen (Abgerufen am: 18.04.2017).

Nordt, Stephanie (2015). Sexuelle Orientierung und Geschlechtsidentität im Kontext von Inklusionspädagogik.
http://www.kita-fachtexte.de/texte-finden/detail/data/sexuelle-orientierung-und-geschlechtsidentitaet-im-kontext-von-inklusionspaedagogik/ (Abgerufen am: 05.04.2107).

Ortland, Barbara (2008). Behinderung und Sexualität. Grundlagen einer behinderungsspezifischen Sexualpädagogik. Stuttgart: Kohlhammer.

Rassenhofer, Miriam; Spröber, Nina & Fegert, Jörg M. (2015). Ergebnisse der Anlaufstelle der UBSKM in Bezug auf Institutionen. In: Jörg M. Fegert & Mechthild Wolff. Kompendium „Sexueller Missbrauch in Institutionen“. Entstehungsbedingungen, Prävention und Intervention. Weinheim und Basel: Beltz Juventa.

Rooch, Theano (2015). Kühler Kopf bei heißen Eisen. Ein Arbeitsbuch für die Praxis zum Thema Gewalt gegen Frauen* und Mädchen mit Behinderung. Nürnberg: Frauen*Beratung nürnberg.

Saggau, Monika; Schubert-Suffrian, Franziska & Regner, Michael (2015): Partizipation in Kita und Krippe. In: Kindergarten heute. praxis kompakt. Themenheft für den pädagogischen Alltag.
Freiburg i B.: Verlag Herder.

Schirmer, Brita (2009): Elternarbeit mit Eltern von Kindern mit einer Behinderung. In: Krenz, Armin (Hrsg.): Handbuch für Erzieherinnen in Krippe, Kindergarten, Vorschule und Hort, 53. Lieferung, S. 1-20.

Schröttle, Monika; Hornberg, Claudia; Glammeier, Sandra; Sellach, Brigitte; Kavemann, Barbara; Ruhe, Henry & Zinsmeister, Julia (2012): Lebenssituation und Belastungen von Frauen* mit Beeinträchtigungen und Behinderungen in Deutschland. Berlin: BMFSFJ.

Schubert-Suffrian, Franziska & Regner, Michael (2014): Beschwerdeverfahren für Kinder. In: Kindergarten heute. praxis kompakt. Themenheft für den pädagogischen Alltag. Freiburg i. B.: Verlag Herder.

Sobsey, Dick & Doe, Tanis (1991). Patterns of sexual abuse and assault. In: Sexuality and Disability, 9(3), 243-259.

Stamer-Brandt, Petra (2012). Partizipation von Kindern in der Kindertagesstätte. Praktische Tipps zur Umsetzung im Alltag. Köln: Carl Link.

Strohhalm e. V. (Hrsg.) (2006). Prävention als Erziehungshaltung. In: Auf dem Weg zur Prävention. Handbuch und didaktisches Material für die 3. bis 5. Grundschulklasse. Verfügbar unter: https://www.strohhalm-ev.de/kunde/upload/all_files/allgemein/Praevention_als_Erziehungshaltung.pdf (Abgerufen am 18.04.2017).

Sullivan, Patricia & Knutson, John (2000). Maltreatment and disabilities: a population-based epidemiological study. In: Child Abuse and Neglect, 24(10), 1257-1273.

Tharinger, Deborah; Horton, CB & Millea, Susan (1990): Sexual abuse and exploitation of children and adults with mental retardation and other handicaps. In: Child Abuse & Neglect. Heft 14(3), S. 301-312.

Tschan, Werner (2012). Sexualisierte Gewalt. Praxishandbuch zur Prävention von sexuellen Grenzverletzungen bei Menschen mit Behinderung. Bern: Hans Huber.

Unterstaller, Adelheid (2009). Zahlen, Fakten, Mutmaßungen. Was wir über sexuellen Missbrauch von Mädchen und Jungen mit Behinderung wissen. In: AMYNA e. V. Institut zur Prävention von sexuellem Missbrauch (Hrsg.). Sexualisierte Gewalt verhindern. Selbstbestimmung ermöglichen. Schutz und Vorbeugung für Mädchen und Jungen mit unterschiedlichen Behinderungen. München: AMYNA e. V., S. 25-41.

Unterstaller, Adelheid (2009). Wie lässt sich sexuelle Gewalt verhindern? Prävention auf allen Ebenen. In: AMYNA e. V. Institut zur Prävention von sexuellem Missbrauch (Hrsg.). Sexualisierte Gewalt verhindern. Selbstbestimmung ermöglichen. Schutz und Vorbeugung für Mädchen und Jungen mit unterschiedlichen Behinderungen. München: AMYNA e. V., S. 85-99.

Urban-Stahl, Ulrike et al. (2013). Beschweren erlaubt. 10 Empfehlungen zur Implementierung von Beschwerdeverfahren in Einrichtungen der Kinder- und Jugendhilfe. Berlin: BMFSFJ.

Wissink, Inge, van Vugt, E., Moonen, Xavier, Stams, Geert-Jan J.M. & Hendriks, Jan (2015). Sexual abuse involving children with an intellectual disability (ID): A narrative review. In: Research in Developmental Disabilities, 36, S. 20-35.

Wolff, Prof. Dr. Mechthild; Fegert, Prof. Dr. Jörg M. & Schröer, Prof. Dr. Wolfgang (2012). Mindeststandards und Leitlinien für einen besseren Kinderschutz. In: Das Jugendamt – Zeitschrift für Jugendhilfe und Familienrecht. Heft 3/2012, S. 121-126.

Wutzke, Stefan & Stork, Dr. Remi (o. J.) Just do it now – Partizipation von Kindern und Jugendlichen in der Evangelischen Jugendhilfe Bergisch Land. Abschlussbericht. http://www.diebeteiligung.de/pdf/abschlussbericht_ejbl_1.pdf (Abgerufen am: 14.03.2013).

Anhang ...

Autorinnen

Simone Gottwald-Blaser, Jahrgang 1985, Magister-Pädagogin (Univ.), ist pädagogische Mitarbeiterin bei AMYNA e. V. Sie ist verantwortlich für das Querschnittsthema Inklusion und beschäftigt sich in Angeboten der Erwachsenenbildung, Fachveröffentlichungen und Beratungen von Einrichtungen u. a. mit der Erstellung und Implementierung von Schutzkonzepten zur Prävention von sexuellem Missbrauch an Mädchen und Jungen mit und ohne Behinderung.

Kontakt: AMYNA e. V. – Institut zur Prävention von sexuellem Missbrauch;
Mariahilfplatz 9; 81541 München; sb@amyna.de ;
Tel. (089) 890 57 45 – 107.

Adelheid Unterstaller, Jahrgang 1964, Pädagogin M.A., ist Teil des geschäftsführenden Teams bei AMYNA e.V. und ist Bereichsleitung des Instituts zur Prävention von sexuellem Missbrauch sowie bei GrenzwertICH – sexuelle Grenzverletzungen durch Kinder und Jugendliche verhindern. Als pädagogische Mitarbeiterin im Institut sind ihre Arbeitsbereiche u. a. Elternarbeit, Fachveröffentlichungen, Planung und Organisation von Fortbildungen sowie Beratung von Einrichtungen und Institutionen zur Einführung von Schutzkonzepten zur Prävention von sexuellem Missbrauch.

Kontakt: AMYNA e.V. – Institut zur Prävention von sexuellem Missbrauch;
Mariahilfplatz 9; 81541 München; au@amyna.de;
Tel. (089) 890 57 45 - 108

AMYNA stellt sich vor

AMYNA e. V. setzt sich in allen Arbeitsbereichen für den Schutz von Mädchen und Jungen vor sexueller Gewalt ein. Kein Kind kann sich allein schützen. Daher sind die Zielgruppen der Arbeit von AMYNA e. V. diejenigen Erwachsenen, die für Kinder Verantwortung tragen.

Die Säulen der Arbeit von AMYNA e. V. sind: „AMYNA – Institut zur Prävention von sexuellem Missbrauch“, „GrenzwertICH – sexuelle Übergriffe durch Kinder und Jugendliche verhindern“ sowie „Projekte & überregionale Angebote“.

AMYNA e. V. bietet Eltern, pädagogischen Fachkräften und Trägern von Einrichtungen Information und Beratung zu Möglichkeiten des Schutzes, differenzierte Qualifizierungsangebote, Unterstützung bei der Entwicklung von Schutzkonzepten, Fachbücher im Eigenverlag, Informationen zu Möglichkeiten der Verdachtsabklärung, Weitervermittlung an geeignete Beratungsstellen sowie die Durchführung innovativer Präventionsprojekte.

AMYNA e. V. gehört dem Paritätischen Bayern an und ist Mitglied in der Deutschen Gesellschaft für Prävention und Intervention bei Kindesmisshandlung und -vernachlässigung (DGfPI e. V.).

Weitere AMYNA-Publikationen ...

Gar nicht so schwer?! Aspekte der Prävention sexueller Gewalt in Themenfeldern der Jugendarbeit (2016)

AMYNA e. V. (Hg.)
Yvonne Oeffling
Kartoniert, 108 Seiten,
Softcover, 15,00 €

Mit den schnellen und herausfordernden Veränderungen in Gesellschaft und Politik, werfen sich auch neue Fragen für die Kinder- und Jugendarbeit auf. Darf oder soll ich mich mit Jugendlichen auf Facebook und anderen sozialen Netzwerken befreunden? Kann ich als Jugendleiter*in eine Beziehung mit einer Teilnehmerin haben? Wie ist das Posing von Jugendlichen einzuschätzen, muss ich mich damit auseinandersetzen? Was tue ich, wenn „meine" Jugendlichen Sexfotos auf ihren Smartphones hin- und herschicken?

Das vorliegende Buch informiert praxisnah über die Möglichkeiten, als Ehrenamtliche*r oder als Fachkraft Kinder und Jugendliche vor sexuellem Missbrauch in der Jugend(verbands)arbeit zu schützen. Gar nicht so schwer!

Die langjährige Erfahrung der Autorin zeigt sich in der Bearbeitung der Themen für die Praxis. Für Ehrenamtliche und hauptberufliche Mitarbeitende der Kinder- und Jugendarbeit empfohlen!

War doch nur Spaß ...? Sexuelle Übergriffe durch Jugendliche verhindern (2014)

AMYNA e. V. (Hg.)
Elke Schmidt
Kartoniert, 136 Seiten,
Softcover, 15,00 €

Immer häufiger werden sexuelle Übergriffe von Jugendlichen gegenüber Gleichaltrigen bekannt. Studien belegen, dass Mädchen wie Jungen alltägliche „blöde Anmache“ oder sexualisierte Beschimpfungen kennen und Jugendlichen auch massivere sexuelle Grenzverletzungen durch Gleichaltrige erleben.

Sexuelle Gewalt von Jugendlichen richtet sich aber nicht nur gegen Gleichaltrige, immer wieder werden auch Fälle von sexueller Gewalt gegenüber Kindern bekannt. Fachkräfte sind daher gefordert, hinzuschauen und bei sexuellen Grenzverletzungen von Jugendlichen einzuschreiten. Sie müssen zum Schutz von Mädchen und Jungen präventive Maßnahmen ergreifen, die sexuelle Übergriffe weitgehend verhindern.

Der neu erschienene Reader bietet Fachkräften einen Überblick über den aktuellen Forschungsstand und die fachliche Diskussion zum Thema sexuelle Übergriffe durch Jugendliche. Zudem gibt er Anregungen dazu, wie Einrichtungen und Fachkräfte den Schutz von Mädchen und Jungen vor sexuellen Grenzverletzungen durch Gleichaltrige erhöhen können.

Der Reader wurde ermöglicht durch die Unterstützung der Auerbach Stiftung und der Georg Niedermair-Stiftung.

Verletzliche Patenkinder – Prävention von sexuellem Missbrauch in Patenschaftsprojekten. Ein Praxishandbuch (2013)

AMYNA e. V. (Hg.)
Bianca Karlstetter, Christine Rudolf-Jilg
Kartoniert, 168 Seiten,
Softcover, 19,50 €

Im Rahmen von Patenschaften werden Tausende von benachteiligten Kindern und Jugendlichen in Deutschland durch ehrenamtliche und engagierte Einzelbetreuung gefördert und unterstützt. Gleichzeitig steht fest, dass viele dieser Kinder besonders gefährdet sind, sexuell missbraucht zu werden. Die Verantwortung von Patenschaftsprojekten und Vermittlungsstellen ist daher hoch.

Mit der vorliegenden Publikation hat sich AMYNA der Fragestellung gewidmet, was Patenschaftsprojekte tun können, um den Kinderschutz im Rahmen ehrenamtlicher Patenschaften zu verbessern und zu stärken. Erstmalig werden praxisnahe Vorschläge und Maßnahmen zusammengestellt, die Patenschaftsprojekten konkret zeigen, wie sie aktiven Kinderschutz im Bereich „Prävention von sexuellem Missbrauch" leisten können.

Wenn benachteiligte Kinder und Jugendliche, die in Einzelbetreuung von Paten und Patinnen hervorragend gefördert und unterstützt werden, zukünftig dort auch optimal vor sexuellem Missbrauch geschützt sind, wäre ein weiterer wichtiger Meilenstein in der Prävention von sexuellem Missbrauch erreicht.

Auf der Empfehlungsliste des Unabhängigen Beauftragten sexuellen Kindesmissbrauchs der Bundesregierung.

Gut gestiftet!
Geld für Prävention (2013)

AMYNA e. V. (Hg.)
Yvonne Oeffling
Kartoniert, 80 Seiten, Softcover,
kostenfrei für Stiftungen, alle anderen
gegen Schutzgebühr

Durch Stiftungen und fördernde Institutionen fließt viel Geld in den Bereich der Kinder- und Jugendhilfe. Doch ob und gegebenenfalls wie Stiftungen und fördernde Institutionen auf Maßnahmen im Bereich „Prävention von sexuellem Missbrauch" Einfluss nehmen, blieb bislang offen.

Mit der vorliegenden Publikation haben sich CHILDREN und AMYNA der Fragestellung gewidmet, was Stiftungen und fördernde Institutionen bereits jetzt zum Thema systematischer Kinderschutz tun und wie Stiftungen und fördernde Institutionen den Kinderschutz zukünftig noch mehr stärken können. Erstmalig wurden Stiftungen und fördernde Institutionen unterschiedlicher Größe in einer Studie befragt und als Konsequenz Instrumente zusammengestellt und beschrieben, die zeigen, wie Stiftungen und fördernde Institutionen ihren Beitrag zu aktivem Kinderschutz im Bereich „Prävention von sexuellem Missbrauch" leisten können.

Prävention geht alle an! Ansätze interkultureller und struktureller Prävention von sexuellem Missbrauch (2010)

AMYNA e. V. (Hg.)
Parvaneh Djafarzadeh, Christine Rudolf-Jilg
Kartoniert, 108 Seiten,
Softcover, 14 €

Immer mehr Fälle von sexuellem Missbrauch durch MitarbeiterInnen in Einrichtungen (nicht nur) der Kinder- und Jugendhilfe werden bekannt. Träger von Angeboten, Einrichtungen und Diensten sind deshalb gefordert, wenn sie den Schutz für Mädchen und Jungen vor sexuellem Missbrauch durch MitarbeiterInnen kontinuierlich verbessern und damit bestmöglich sicherstellen wollen. Auch in Arbeitsfeldern, in denen viele ehrenamtliche MitarbeiterInnen bzw. HelferInnen zum Einsatz kommen, wie z. B. in der offenen Kinder- und Jugendarbeit oder in Patenschaftsprojekten, ist es wichtig, dem Schutz von Kindern und Jugendlichen hohe Priorität einzuräumen.

Häufig sprechen bestehende Angebote MigrantInnen nicht an oder laufen ins Leere. Damit Prävention von sexuellem Missbrauch auch für Kinder verschiedener Herkunft greift, ist es daher wichtig zu prüfen, wie Angebote für MigrantInnen gestaltet werden können, damit die Ideen des Schutzes auch für sie nutzbar zu machen sind. In diesen Buch werden Anregungen gegeben, wie Prävention in den Strukturen der offenen Kinder- und Jugendarbeit und in verschiedenen Ehrenamtsprojekten verankert und wie mit spezifischen Anforderungen in der Arbeit mit MigrantInnen umgegangen werden kann.

Sexuelle Gewalt verhindern – Selbstbestimmung ermöglichen Schutz und Vorbeugung für Mädchen und Jungen mit unterschiedlichen Behinderungen (2009)

AMYNA e. V. (Hg.) 2. überarb. Auflage,
kartoniert, 118 Seiten,
Softcover, 9,50 €

Das Risiko von Mädchen und Jungen mit Behinderung, im Laufe ihrer Kindheit und Jugend sexuelle Gewalterfahrungen machen zu müssen, ist deutlich erhöht. Diese Tatsache fordert die Verantwortlichen im Bereich der Behindertenhilfe und im Bereich der Jugendhilfe gleichermaßen. Dieser Reader liefert Fachkräften aus der Jugend- und Behindertenhilfe, Einrichtungsleitungen und Verantwortlichen aus Politik, Verbänden und Initiativen vielfältige Informationen, Ansatzpunkte und Anregungen zur Verbesserung des Schutzes von Mädchen und Jungen mit unterschiedlichen Behinderungen vor sexueller Gewalt.

Auf der Empfehlungsliste des Unabhängigen Beauftragten sexuellen Kindesmissbrauchs der Bundesregierung.

Bestellung

Alle Bestellungen sind über den üblichen Buchhandel sowie über www.amyna.de möglich. Alle Buchpreise zzgl. Verpackungs- und Versandkosten. Bitte beachten Sie, dass bei Auslandsbestellungen erhöhte Porto- und Überweisungsgebühren anfallen. Bestellungen aus dem Ausland sind nur gegen Vorauskasse möglich.

AMYNA e. V. – Institut zur Prävention von sexuellem Missbrauch

Mariahilfplatz 9, 81541 München
fon (089) 890 57 45-100
fax (089) 890 57 45-199
info@amyna.de

Telefonzeiten:

Dienstag	von 10–12 Uhr
Dienstag	von 14–16 Uhr
Donnerstag	von 10–12 Uhr

Zahlreiche weitere Informationen und die Möglichkeit der Onlinebestellung bzw. -anmeldung zu Veranstaltungen finden Sie im Internet unter www.amyna.de.